中國史學基本典籍叢刊

國語彙校集注

二

俞志慧 撰

中華書局

國語卷第三

周語下

1 單襄公知晉齊君臣之敗〔一〕

柯陵之會〔一〕，柯陵，鄭西地名。《經》書：「公會尹子、單子、晉侯、齊國佐、邾人于柯陵以伐鄭。」在魯成十七年〔二〕。 ○《正義》：《成十七年經》杜注：「柯陵，鄭西地。」《淮南·人間訓》「晉厲公合諸侯于嘉陵」，邵晉涵曰：「加、柯聲相近，加陵即柯陵也。」案：《爾雅·釋地》：「陵莫大於加陵。」◎志慧按：韋昭與杜預所指之「鄭」，當係今新鄭。加陵，即《淮南子》之「嘉陵」，今人以爲在今河南臨潁縣城北之巨陵鎮，則是在新鄭之南。單襄公見晉厲公視遠步高。襄公，王卿士單朝之謚也。時命事而不與會，故不書〔三〕。厲公，晉成公之孫、景公之子厲公州蒲也〔四〕。視遠，望視遠。步高，舉足高。晉卿錡見單子〔五〕，其語犯。郤錡，晉卿，郤克之子駒伯也。犯，陵犯人。郤犨見〔六〕，其語迂〔七〕。郤犨，晉卿，郤錡之族父、步揚之子苦成叔也。迂，迂回〔八〕，加誣於人。◎志慧按：《尚書・盤庚》「倚乃身，迂乃心」，孔安國傳釋「迂」爲迂僻，孔穎達同其説，可知韋注有據。但明正德吉府本賈誼《新書・禮容語》與《周語下》相應的三處「迂」字皆作「訐」，《説文・言部》：「訐，面相斥罪，告訐也。」《論語・陽貨》「惡訐以爲直者」，魏何晏《論語集解》引包咸曰：「訐爲攻發人之隱私。」疑此「迂」或係「訐」字之訛。此前一年沙隨之會郤犨「取貨於宣伯，訴（魯成）公於晉侯」，其語訐，所指或即此。是敘述者誤置，抑或是郤犨舊病復發？文獻不足徵。下文「迂則誣人」同。**郤至見，其語伐。**郤至，晉卿，郤犨之弟子温季昭子也〔九〕。伐，好自伐其功〔一〇〕。○《漢書・五行志》顔注：犯，侵也。迂，夸誕也。伐，矜尚也。**齊國佐見，其語盡。**國佐，齊卿，國歸父之子國武子也。盡者，盡其心意，善惡褒貶無所諱也。**魯成公見，言及晉難及郤犨之譖。**魯成公〔一一〕，宣公之子成公黑肱也。言及晉難，語次及晉將罪己之難，及爲郤犨所誣。晉將伐鄭，使欒黶乞師於魯，成公將如會。叔孫僑如通於成公之母穆姜，欲去季、孟氏〔一二〕，而取其室。姜氏送公〔一三〕，使逐季、孟，公以晉難告，請反而聽命。姜怒，公子偃、公子鉏趨過，指之曰：「汝不可，此皆君也〔一四〕。」公懼，待於壞隤，儆守而後行，故不及戰。郤犨受僑如之賂，爲之譖魯於晉侯，曰：「魯侯後至者，待於壞隤，將以待勝者也。」晉侯怒，不見公。故公爲單子言之〔一五〕。○《補音》：譖，側鴆反。隤，徒回反。◎志慧按：單襄公見以上六人，當在魯成公十六年七月中下旬，鄭西柯陵之會所，其時魯師已與諸侯之師會師，並聯合展開對鄭國的軍事行動。由於鄭軍在七月二十四日戊午采取軍事行動（「鄭子罕宵軍之」），因此諸侯會師必在此日前後。

【彙校】

〔一〕穆文熙《鈔評》題作「單襄公論齊晉君臣之敗」，葉明元《抄評》題作「單襄公言晉侯三郤之必亡」，傅庚生選本題作「單襄公知晉將有亂」，爲體現内容的完整性和預言特色，今綜合諸家改題如上。

〔二〕《補音》：「今本或作『加陵』，按《内傳》及二傳並作『柯』，又無别音，設作『加』字，亦當讀音柯。」其説是。

〔三〕齊國佐，明道本、正統本作「齊侯、宋公、衛侯、曹伯」，下文有齊國佐而未見齊侯，《四庫薈要》據明道本，秦鼎亦謂「此解舊有誤脱，今從明本補正之」。《考異》則云公序本是也，「單子」係後人誤增，並云：「『單襄公『時命事而不與會，故不書』，是注無此二字矣。韋宏嗣所據之《經》在魯成公十六年。《經》書：『公會尹子、晉侯、齊國佐伐鄭。』《内傳》云：『公會尹武公及諸侯伐鄭。諸侯之師次於鄭西。』杜預云：『柯陵，鄭西地。』然則鄭西即柯陵。《内傳》鄭西之師即《外傳》柯陵之會。下文《傳》云：『十一年，諸侯會于柯陵。』簡王十一年，正魯成公十六年。會柯陵在前，而盟柯陵在後，本屬兩時兩事，故韋注云『于柯陵以伐鄭』，此通内外《傳》以釋之，其説當矣。明道本乃據十七年《經》書『同盟於柯陵』，遂誤合《國語》，改竄韋注，不知《傳》、《注》皆不可通也。」又謂韋注「七」當作「六」，分析能得其委曲，可從。「伐鄭」下，明道本、正統本尚有「六月乙酉同盟于柯陵」九字，則是誤合十六年柯陵之會與十七年柯陵之盟之故。

〔四〕《刪補》謂「時命」以下十字係他篇錯簡，《增注》、秦鼎從其説，疑因《春秋》與《左傳》未書，故韋昭於此作一點補充説明，渡邊操所疑無據。所謂「時命事而不與會」，謂有所差遣，没有出現在正式會議上。

〔五〕州蒲，各本同，《正義》據《左傳·成公十年》正義引應劭《諱議》作「州滿」，《史記·晉世家》作「壽曼」，滿、曼聲近，《考正》、《考異》、《史記會注考證·周本紀》皆作如是説，則是「蒲」係「滿」之形訛。

〔六〕卿，明道本、遞修本、正統本、静嘉堂本、弘治本、秦鼎本皆作「郤」，據韋注和此下正文，後者是，作「卿」者疑涉注而誤。明道本、《諸子瓊林》後集卷九選用門無「單子」二字，秦鼎謂公序本衍，《考異》、《集解》、《斠證》則謂當有，據文義，明道本脱。

〔七〕犨，明道本、正統本作「犫」，《説文·牛部》段注：「唐以前所據《説文》無不从言者，凡形聲多兼會意，『讎』从言，故牛息聲之字从之。」則是作「犨」者爲省文。

〔八〕回，明道本、《諸子瓊林》作「迴」，形符加旁字也。

〔九〕郤犨之弟子，明道本、正統本作「犨之弟」，《左傳・成公十一年》杜注：「郤犨，郤克從父兄弟。」《成公二年》杜注：「（郤）至，郤克族子。」明道本、正統本因脱而誤。

〔一〇〕明道本、正統本無「自」字，於義有者稍密。

〔一一〕明道本、正統本「魯」字置於「宣公」之前，據注例當依公序本。

〔一二〕季孟，《漢書・薛宣朱博傳》顏注引同，明道本無「孟」字，據史實當有。

〔一三〕姜氏，明道本、正統本及《左傳・成公十六年》俱作「穆姜」，是明道本從《左傳》改，或公序本誤傳，不可知，於義無殊。

〔一四〕此語明道本、正統本及《左傳・成公十六年》作「女不可，是皆君也」，義同。

〔一五〕明道本、正統本「公」前有「成」字。秦鼎云：「『爲單，疑當作『見單』。」有理。

單子曰：「君何患焉！晉將有亂，其君與三郤其當之乎！」魯侯曰：「寡人懼不免於晉，今君曰『將有亂』，敢問天道乎，抑人故也？」故，事也。將以天道占之乎，以人事知之也〔一〕？　○賈逵：故，謀也（《文選》何平叔《景福殿賦》李善注引）。◎志慧按：從天意與人謀相對而言，賈逵説是。唯韋昭重在單襄公所預測之晉亂，因晉將有內亂，故單襄公寬慰魯侯不必過慮，則指與天道相對者爲人事似更合語境意義，故韋不取賈注，然賈亦無誤。對曰：「吾非瞽、史，焉

知天道？瞽，樂太師，掌知音樂、風氣，執同律以聽軍聲，而詔吉凶。史〔二〕，太史，掌抱天時，與太師同車。皆知天道者〔三〕。　○帆足萬里：瞽能吹律，知風氣之盛衰；史主書史，知天文、占候。　○《標注》：瞽、史，多記故事，博通天文，好道災祥，亦其職掌也，故云。此何太、少官銜之論？　◎志慧按：《周禮・春官》：「大史：大師，抱天時，與大師同車。」韋注本此，作爲職位的「大師」乃瞽之長者。先鄭注云：「大出師，則大史主抱式以知天時，處吉凶。史官主知天道。」點校本《集解》未將「瞽史」點斷，韋注將瞽與史分釋，抱式盤以察知形勝的職掌亦斷非盲瞽所能承擔，兹從上海師大點校本點斷。**吾見晉君之容，而聽三郤之語矣，殆必禍者也**〔四〕。**夫君子目以定體，足以從之，**體，手足也，《論語》曰：「四體不勤。」　○《漢書・五行志》「君子目以定體，足以從之」顏注：體定則目安，足之進退皆無違也。**是以觀其容而知其心矣。**心不固則容不正。**目以處義**〔五〕，義，宜也。**足以步目。**　○《漢書・五行志》「目以處誼，足以步目」顏注：視瞻得其宜，行步中其節也。　○秦鼎：淇云：「處義，謂目避其害而處義也。」按：步目，謂足行於目之所視也。　◎志慧按：《禮記・曲禮》：「天子，視不上於祫，不下於帶；國君，綏視；大夫，衡視；士，視五步。凡視，上於面則敖，下於帶則憂，傾則奸。」又，《論語・鄉黨》、《新書・禮容語》等篇俱有當時貴族容禮的記載，俱可參。**今晉侯視遠而足高，目不在體，**在，存也。　○《爾雅・釋詁》：在，存也。　○《辨正》：《爾雅・釋詁》、《尚書・舜典》「在璿璣玉衡」孔傳、《詩・大雅・文王》「在帝左右」鄭箋、《逸周書・大聚》「王親在之」孔晁注皆訓「在」爲察，《讀書雜志・荀子・修身》「自存」條亦云：「《大戴記・曾子立事篇》：『存往者，在來者。』在、存，皆察也。」主語是目，訓爲察，句義較訓爲「存」明白得多。而足不步目，其心必異矣。目體不相從，何以能久？夫合諸侯，國之大事也〔六〕，於是乎觀存亡。故國將無咎，其君在會，步言視聽〔七〕，必皆无謫〔八〕，則可以知德矣。謫，譴也〔九〕。 ○《補正》：謂無可見謫於人也。 ○《校補》：謫，讀爲「讁」，瑕疵也。視遠，日絶其義〔一〇〕；言日日絶其宜也。足高，日棄其德；人君容止，佩玉有節。今步高失儀〔一一〕，棄其德也。言爽，日反其信；爽，貳也。反，違也。 ○《爾雅・釋言》：爽，差也，忒也。 ○賈逵：爽，貳也（《文選》張平子《東京賦》李善注引，王、黄、蔣輯）。 ○《存校》：前卷「爽，亡也」，後又云「爽，差也」，當定從「差」。 ◎志慧按：韋注解此「爽」字從賈逵不從《爾雅》，其實此「貳」猶《詩・衛風・氓》「二三其德」之「二」，故曰「日反其信」，故有差忒，知賈、韋注與《爾雅》貌異而實同也。至於下文「晉侯爽二」之「爽」，視爲「喪」之通假字亦無不可。聽淫，日離其名。淫，濫也。離，失也。名，聲也。失所名〔一二〕。 ○《增注》：離，去也。名，君臣尊卑之名分。夫目以處義，足以踐德，踐，履也。動履德行。 ○《漢書・五行志中之上》顔注：所履皆德行也。口以庇信，庇，覆也。言行相覆爲信。耳以聽名者也，耳所以聽，别萬物之名聲〔一三〕。 ○《略説》：名，名號。故不可不愼也。偏喪有咎，喪，亡也。步、言、視、聽四者而亡其一，爲偏喪。偏喪有咎〔一四〕，咎及身也。○《標注》：喪一喪三皆爲偏喪，不必以二爲限。**既喪，則國從之。**既，盡也。四者盡喪，國從而亡。**晉侯爽二，吾是以云。**爽，當爲「喪」，字之誤也。喪二，視與步也，是爲偏喪，故言晉君當之。○《補音》：爽，亦「喪」之意也。韋公以上有「偏喪」，故改此字，似失之。○《存校》：爽，即差失之義，不必改。○秦鼎：《周語上》曰「實有爽德，協於丹朱」，注：「爽，亡也。」此「爽」亦未必改字。○《翼解》：《釋言》：「爽，差也，忒也。」《詩》「女也不爽」傳亦本《爾雅》爲義，云：「差也。」爽二者，言晉侯視與步有差忒。○《補正》：爽，差也，義自可通，不必改。◎志慧按：「爽」、「喪」二字於義通，於古音又同，或訓爲本字，或視爲通假，要不以爲字之誤可也。

【彙校】

〔一〕也，明道本、正統本作「乎」，作「也」者或爲「耶」之通假字，並正文「也」亦疑爲「耶」之通假字。

〔二〕明道本無首「史」字，疑脱。

〔三〕明道本作「也」字，疑脱「者」字。

〔四〕《新書·禮容語》相應文字作「殆必有禍矣」，似有「有」字義更完足。

〔五〕義，《漢書·五行志》引作「誼」，據韋注，則似本作「義」。

〔六〕國，正統本、南監本同，明道本、遞修本、《諸子瓊林》作「民」，載籍或引作「國」，或引作「民」，於義俱通，但明道本與遞修本俱爲早期版本，疑南監本與金李本因該字模糊而臆補，正統本用以參校的公序本亦屬元末明初補版後的印本。

〔七〕步，静嘉堂本、弘治本作「交」，後者誤。

〔八〕讁，《補音》：「或作『讁』，皆通。」

〔九〕讁，明道本作「讁」，所見唯金李本不與正文同，疑爲「譴」字的類化。「讁譴也」三字，明道本置於「日絶其義」之下，似當從公序本，檢正統本正同公序本。

〔一〇〕日絶其義、日棄其德、日反其信、日離其名，《新書・禮容語下》、《漢書・五行志》四「日」字皆作「曰」，《考正》從作「日」，《平議》從作「曰」，於義則兩通。

〔一一〕「有節令」三字，日本林羅山訓點本作「而爲失」，《删補》、户埼允明疑後者誤，是。儀，明道本、正統本、《諸子瓊林》作「宜」，疑因上文「日日絶其宜」而誤。

〔一二〕明道本無「失」字，疑脱。

〔一三〕物，明道本、《諸子瓊林》作「事」。

〔一四〕明道本、《諸子瓊林》「偏喪」下有「者」字，於文義爲密。

「夫郤氏，晉之寵人也，三卿而五大夫，可以戒懼矣。三卿，錡、犨、至也。復有五人爲大夫[一]，故號「八郤」也。高位寔疾僨[二]，高者近危。疾，速。僨，隕也[三]。○賈逵：顛，隕也（《文選》張景陽《七命》李善注引，王、汪、黄、蔣輯）。厚味寔腊毒。厚味，喻重禄也。腊，亟也，讀若「廟昔酒」[四]焉。味厚也[五]，其毒亟也。○賈逵：腊，久也，言味厚者其毒久（《文選》張景陽《七命》李善注引，王、汪、黄、蔣輯）。○《舊音》：腊，音昔。○《刪補》：腊，《周禮·酒正》疏引之作「昔」，昔酒，正三酒之一。疏：「昔酒者，久釀乃熟。」○《補正》：《説文》：「昔，乾肉也。」即「腊」字。乾肉有毒，故《易》曰「噬腊肉，遇毒」，無亟義。○《集解》：腊訓久，是「久毒」與「疾顛」對文，如吴説，則以腊爲名詞用，與此文意不合。◎志慧按：「讀若酋昔酒焉」句疑有誤。又，吴曾祺謂乾肉有毒，不合常識，並連《易·噬嗑》六三爻辭亦訓釋錯誤。《説文·日部》：「昔，乾肉也。」今傳《周禮》「腊人」，係義符加旁字。循韋昭之「亟」和賈逵之「久」，似黄丕烈援《鄭語》「毒之酋腊者」之語作解最爲切合原意，云：「精孰爲酋。」渡邊操《刪補》訓解亦明白。韋注以「厚味喻重禄」或恐求之過深，視厚味爲戕生之物，實古人平和樸素美學思想的重要一翼，《楚語下》葉公子高引述聞之語曰：「國家將敗，必用奸人，而嗜其疾味。」《吕氏春秋·去私》：「黄帝言曰：『聲禁重，色禁重，衣禁重，香禁重，味禁重（高注：「不欲厚味勝食氣，傷性也。」），室禁重。』」准此，這裏的「厚味」用的是本義，即疾味、重味。今郤伯之語犯，叔迃，季伐。伯，錡也。叔，犨也。季，至也。犯則陵人，迃則誣人，伐則揜人〔六〕。揜人之美。有是寵也，而益之以三怨，其誰能忍之！益，猶加也。三怨，陵〔七〕、誣、揜也。○《略説》：忍，堪也。雖齊國子亦將與焉。與，猶與於禍也〔八〕。立於淫亂之國，而好盡言，以招人過〔九〕，怨之本也。招，舉也。○帆足萬里：招，揭示也。《韓非子》「其招甚高」，謂酒旗也。◎志慧按：蓋於淫亂之國盡言爲怨之本也，《左傳・成公十七年》載：「齊慶克通于聲孟子，與婦人蒙衣乘輦而入于閎。鮑牽見之，以告國武子。武子召慶克而謂之，慶克久不出，而告夫人曰：『國子謫我。』夫人怒。國子相靈公以會，高、鮑處守。及還，將至，閉門而索客。孟子訴之曰：『高、鮑將不納君，而立公子角，國子知之。』秋，七月壬寅，刖鮑牽而逐高無咎。」此正國武子因揭人之短而賈禍之事也。唯善人能受盡言，思聞過以自改。齊其有乎？言無也。吾聞之，國德而鄰於不修，必受其福。國德，己國有德也。鄰於不修〔一〇〕，與不修德者爲鄰也。◎志慧按：《管子・霸言》云：「國修而鄰國無道，霸王之資也。」疑此爲其時之通識。今君偪於晉而鄰於齊，○賈逵：逼，迫也（《文選》張平子《思玄賦》舊注引，蔣曰豫將此條置於《鄭語》「不可偪也」下）。○《補音》：偪，彼力反，通作「逼」。○《國語疑義新證》：「偪」與「逼」同，訓「近」，有「鄰近」之意，引申而有親近之義。齊、晉有禍，可以取伯。無德之患，何憂於晉？○《補正》：謂公當以無德爲患，不憂晉也。◎志慧按：無德之患，猶云「無德是患」，「之」、「是」同訓，如《莊子・逍遥游》「之人也，之德也，將旁礴萬物以爲一」之二「之」字。且夫長翟之人利而不義〔一一〕，長翟之人，謂叔孫僑如也。僑如之父得臣敗翟于鹹，獲長翟僑如〔一二〕，因名其子爲僑如。利者〔一三〕，好利而不義。通於穆姜〔一四〕，欲逐季、孟而專魯國〔一五〕。○秦鼎：長翟之人，諱不斥其名也。

其利淫矣，流之若何？」言其所利驕淫之事耳〔一六〕。流，放也，放之若何〔一七〕。

【彙校】

〔一〕明道本、《諸子瓊林》「大夫」前有「五」字，衍。

〔二〕僨，正統本同，《元龜》卷七九五引作「憤」，明道本、《諸子瓊林》作「顛」，注同，《舊音》出「顛」，並云「或作『僨』。」《補音》云：「善本多作『僨』。《舊音》作『顛』，此雖《内傳》舊語，然與本注相違，宜從『僨』讀。」但最後又云「字雖不同，義則一也」，《左傳》未見此語，疑宋庠偶誤。《考正》據李善注《文選》張景陽《七命》引《國語》作「疾顛」，又引賈逵曰「顛，隕也」，謂韋氏所本。《備考》謂「作『疾僨』亦可，《晉語》云『重僨可疾』，注：『僨，僵也。』」錢大昕《天聖明道本國語序》認爲當從作「顛」，《札記》據高誘注《呂氏春秋》、李善注《文選》皆引作「顛」，認爲「僨」蓋「傎」之譌，「顛」、「傎」古通用字，秦鼎、《正義》、《考異》、《斠證》從《札記》，是。注同。

〔三〕隕，《補音》作「殞」。

〔四〕廟，遞修本同，明道本、正統本作「廣」，《札記》引夏文燾説云：「當作『酋』，《鄭語》『毒之酋腊者』，韋解云：『精孰爲酋。』本《禮記》鄭注『酒孰曰酋』爲義，是韋以酋腊爲酒之名也。此又以酋腊酒解腊毒耳。廟，本『庿』字，『庿』與『廣』、『酋』字形相似，故輾轉致訛也。」《上海博物館藏戰國楚竹書·孔子詩論》「廟」書作「」，可爲夏説補證。

〔五〕也，明道本、遞修本、正統本、《增注》俱作「者」，《考正》謂作「也」非，據句式及賈逵注，可從。

〔六〕揜，明道本、正統本作「掩」，古同，注同。

〔七〕陵，明道本作「犯」，依正文當以「陵」爲是。

〔八〕明道本、正統本句首無「猶」字，秦鼎從無，可從。

〔九〕明道本此下空一格，《札記》：「此所空乃《舊音》『音翹』二字也。」《漢書·五行志》顔注：「蘇林曰：招，音翹。招，舉也。」《後漢書·鍾皓傳》作「昭」，王引之《述聞》更據《賈子·禮容語》該句作「好盡言以暴人過」云：「暴，亦明著之詞，則其字之本作『昭』甚明，韋本作『招』者，借字耳。」《集解》從之，檢《諸子瓊林》、《永樂大典》卷二千九百七十八正文「招」下有韋注「舉也」二字，疑明道本原刻本於「招」下録韋注，礙於體例，韋注當置於句下，遂將小字之注文「舉也」二字挖去，遂有此空格，引來黄丕烈的猜測。

〔一〇〕修，金李本此正文及韋注皆作「修」，遞修本此正文與韋注同，與該本常例不一；弘治本作

「脩」，與正文不一，次「修」字，弘治本亦作「脩」。

〔一一〕此與下句凡四「翟」字，明道本與此同，不與他處一致。

〔一二〕翟，静嘉堂本漫漶不可識，弘治本作「孫」，涉上句「叔孫」而誤。

〔一三〕利者，遞修本同，明道本、正統本作「利而不義者」，秦鼎謂「似是」，《考異》則疑明道本衍，據正文和注例，當以明道本爲勝。

〔一四〕姜，静嘉堂本漫漶不可識，弘治本作「叔」，後者誤。

〔一五〕逐，静嘉堂本模糊不可識，弘治本作「遂」，後者形訛。

〔一六〕耳，明道本作「自」，字之訛也。

〔一七〕明道本「放之」下有「者」字，疑衍，上海師大本從删，是。

魯侯歸，乃逐叔孫僑如。簡王十一年〔一〕，諸侯會于柯陵。簡王十一年，魯成十七年〔二〕。十二年，晉殺三郤。十三年，晉侯殺〔三〕，厲公既殺三郤，欒書、中行偃懼誅，執厲公而殺之於匠麗氏〔四〕。於翼東門葬，以車一乘。翼，晉别都也。《傳》曰：「葬之於翼東門之外。」不得同於先君也。禮，諸侯七命，遣車七乘。以車一乘，不成喪。○《删補》：以一乘葬，非禮也，故韋注云「不成喪」。○《正義》：今山西平陽府翼城縣東南有古翼城。自武公滅晉而都曲沃，故虚翼以爲别都。○秦鼎：遺車，謂將葬柩，朝廟畢，將行，設遺奠，竟，取遺奠之牲臂臑，折之爲段，用此車載之，遺送亡者之入壙也。

齊人殺國武子。是年，齊人又殺國佐也。◎志慧按：今山西省翼城縣南梁鎮故城村遺址即此翼所在地。齊慶克通於靈公之母聲孟子〔五〕。國佐召慶克而謂之，慶克以告夫人，夫人愬之於靈公，靈公殺之。在魯成十八年〔六〕。◎志慧按：《左傳·成公十八年》記其事：「春，王正月庚申，晉欒書、中行偃使程滑弒厲公，葬之于翼東門之外，以車一乘。」當公元前五七四年夏曆十一月初五，二十四天以後，十一月二十九日，「甲申晦，齊侯使士華免以戈殺國佐于内宫之朝」。

【彙校】

〔一〕十一年，《述聞》：「正文及注之『十一年』皆當爲『十二年』，《史記·十二諸侯年表》簡王十二年正當魯成公十七年。」其實，正文「十一年」與下文「十二年」「十三年」並列，不誤，所誤者在今本韋注之「十七年」，當如下引《考異》所説之「十六年」。疑王引之誤以爲會柯陵與盟柯陵是一回事，故以魯成十七年爲是，進而否定正文。

〔二〕《考異》：「案『七』當作『六』，字之誤也。簡王十二年，晉殺三郤，在魯成十七年。十三年，晉殺厲公，在魯成十八年。然則簡王十一年爲魯成十六年無疑矣。『劉康公聘魯』篇注作『十六年』不誤，此本改竄。」可從。

〔三〕殺，南監本同，《補音》謂申志反，明道本、正統本作「弒」，後同，公序本作「殺」而可解作「弒」者，明道本多作「弒」，《元龜》多從本字，與明道本同，但此處引作「殺」，靜嘉堂本漫漶不可識，弘治本、許宗魯本改從「弒」，其實不必。

〔四〕匠麗，《吕氏春秋·禁塞》高注引同，明道本作「酈」，陳樹華校《國語補音》謂「當讀如酈商、酈食其之『酈』」，可從，蓋匠麗（酈）一如匠石、師曠、弈秋之類稱謂。

〔五〕克，明道本、正統本作「剋」。

〔六〕明道本句前有「殺」字，疑衍。

2　單襄公論晉周將得晉國

晉孫談之子周適周，事單襄公，談，晉襄公之孫惠伯談也。周者，談之子，晉悼公之名。晉自獻公用驪姬之讒〔一〕，詛不畜羣公子〔二〕，故孫周適周事單襄公〔三〕。　○秦鼎：按《史記》，襄公少子名捷，號桓叔，談，其子也。**立無跛，**跛，偏任也。　○賈逵：跛，行不正也（釋慧琳《一切經音義》卷十六引）。**視無還，**睛轉復反爲還。　○《補音》：還，音旋。　○《辨正》：目不轉睛祇説明專注，但下文單襄公有云：「視無還，端也。」若此，則上下文意義不接。《禮記·曲禮上》有云：「將入户，視必下。入户奉扃，視瞻毋回。」其中之「回」即本條之「還」。《曲禮下》亦云：「天子，視不上於袷，不下於帶；國君，綏視；大夫，衡視；士，視五步。凡視，上於面則敖，下於帶則憂，傾則姦。」鄭注：「辟（僻）頭旁視，心不正也。」孔穎達正義曰：「傾，欹側也。若視尊者而欹側旁視，流目東西，則似有姦惡之意也。」准此，則「無還」乃不回不傾，唯不回不傾方顯其端莊。**聽無聳**，不聳耳而聽。**言無遠**。遠，謂非耳目所及也。○户埼允明：聽無聳，即勿側聽也。聽聳耳，心不正，或有悚則必側聽。故下曰「聽無聳，成也」，成，定也。言無遠，即「安定辭」也。修齡曰：「遠，迂遠也。」是也。○帆足萬里：無遠，不大言也。◎志慧按：《曲禮》亦云：「視瞻毋回，毋側聽，立毋跛。」疑此皆當時貴族容禮的一部分。**言敬必及天**，象天之敬，乾乾不息。○《略説》：及，猶至也。敬莫大於敬天，故言敬必至天。○户埼允明：語敬則必以敬天爲本，即上文所謂「天事恒象」意。○《標注》：及天，謂天之明威可畏之意，注「天之敬」不成語。**言忠必及意**，出自心意爲忠。**言信必及身**，先信於身，而後及人。**言仁必及人**，博愛於人爲仁。○帆足萬里：仁以及人爲先，物爲後。**言義必及利**，能利人、物，然後爲義。《易》曰：「利物足以和義。」**言知必及事**〔四〕，能處事物爲知。**言勇必及制**〔五〕，以義爲制也，勇而不義，非勇也。**言教必及辯**，辯，別也。能分別是非，乃可以教。○《述聞》：辯，當讀爲「徧」，古字「辯」與「徧」通。言教必及徧者，言教必及於徧施也。◎志慧按：王説可備一説，復可與孔子「有教無類」互證，下「施辯能教」同訓。**言孝必及神**，孝於鬼神，則存〔六〕者信矣。○户埼允明：孝者，善繼先人之志者也。人本於祖，故孝子祭薦祖廟，次序昭穆，能孝，故言孝必及鬼神。**言惠必及龢**〔七〕，惠，愛也。和，睦也。言致和睦，乃能親愛〔八〕。**言讓必及敵**。雖在匹敵，猶以禮讓。**晉國有憂，未嘗不戚**；急其宗也。**有慶，未嘗不怡**。慶，福也。怡，説也〔九〕。○《標注》：慶謂凡嘉慶可賀之事也。

【彙校】

〔一〕麗，明道本、正統本作「驪」，《札記》謂「麗」、「驪」字同。

〔二〕不，《左傳》作「無」，《補音》出「無畜」，《考正》指作「不」者誤，可從。

〔三〕明道本、正統本無「孫」字，於義兩可。

〔四〕知，明道本、正統本及《元龜》卷七九五引作「智」，注同，下「知，文之輿」、「事建能知」及相應韋注同，明道本系統作「智」者，公序本多作「知」。

〔五〕《略説》：「據『勇，文之帥也，帥義能勇』，『制』恐『帥』字訛。」可備一説。

〔六〕存，明道本、正統本作「孝」，因形近並涉正文「孝」字而訛。

〔七〕龢，注文及明道本、正統本經注皆作「和」，公序本經注不一致。

〔八〕乃能，明道本、正統本作「乃爲」。

〔九〕説，明道本、正統本作「悦」，出本字也。

襄公有疾，召頃公而告之，頃公，單襄公之子也。曰：「必善晉周，將得晉國。其行也文，經緯天地曰文。○《略説》：「文」無主稱，多謂禮文，其實美也、善也。經緯天地，聖人之德，不可輕施。○《增注》：動而有禮文也。◎志慧按：《略説》所言是也，故《增注》襲其説，高木熊三郎《標注》亦謂「不得援《謚法》作訓詁」，韋注未免過甚其詞。能文則得天地。○《略説》：能有文德，則得合天地之德。天地所胙〔一〕，小而後國。胙，福也。天之所福〔二〕，小則得國，大則得天下〔三〕。○賈逵：胙，禄也（《文選》班孟堅《西都賦》李善注引，王、汪、黄、蔣輯）。○葉明元《抄評》：言天地所福雖小，而後必得國也。◎志慧按：《洪範》五福爲壽、富、康寧、攸好德、考終命，禄乃「富」的下位概念，韋注不從賈注，良有以也。葉明元之解亦可備一説。夫敬，文之恭也；文者，德之總名。恭者，其别行也。十一義皆如之。○《增注》：敬，行事不惰也。恭，容貌不驕也。言行事不惰，則所以禮容之不驕也。文，禮文也。下同。◎志慧按：《增注》較韋注切實允當。忠，文之實也；忠自中出，故爲文。實，誠也〔四〕。○皆川淇園：實，即充也。信，文之孚也；孚，覆也。○《補音》：孚，扶又反。據注，當如此音，「言可復」之「復」也。若以爲庇，則音芳富反，兩義通。○《增注》：孚，誠實也。言行不違，則所以禮文之誠實也。○秦鼎：鷄伏卵爲孚，故訓覆。伏卵不失其期，故爲信。**仁，文之愛也；**仁者，文之慈愛。**義，文之制也；**義所以制斷事宜。○《略説》：義所以制欲，舊注未允。◎志慧按：制欲之説似多見於後來理學家筆下，即戰國時之孟子，力主收放心，但「放心」並不等於欲；孟子還説「可欲之謂善」，《禮運》肯定「男有分，女有歸」，分者，職分，兼包權利與義務，故此間仍以韋注爲勝。**知，文之輿也；**知，所以載行文德。○《增注》：智者，知理以處事物，故禮文之所以載行則爲智也。**勇，文之帥也；**謂以勇帥行，其心義。**教，文之施也；**所以施布德化。○《增注》：禮文之所以施陳於民，則教也。**孝，文之本也；**言人始於事親，故孝爲文本。○皆川淇園：本，謂報親也。**惠，文之慈也；**慈，愛也。**讓，文之材也。**材，用也。○皆川淇園：材，猶器也。以讓而自定其材分之當否也。○《略説》：材，猶裁也，言自裁抑以先人。**象天能敬，**言能則天，是能敬也。○《集解》：古「能」、「而」二字多互用，此文十二「能」字疑皆與「而」同，而，猶則也。**帥意能忠，**帥，循也。循己心意〔五〕，恕而行之爲忠。**思身能信，**思誠其身，乃爲信也。《易》曰：「體信足以長人。」〔六〕**愛人能仁，**言愛人乃爲仁。**利制能義，**以利爲制〔七〕，故能義也。**事建能知，**能處立百事爲知。**帥義能勇，**循義而行〔八〕，故能勇。君子有勇而無義爲亂。**施辯能教，**施其道化〔九〕，能辯明之，故能教也。**昭神能孝，**昭，顯也。尊而顯之，若周公然。○《爾雅·釋詁》：顯、昭，光也。**慈和能惠，**慈愛和睦，故能惠也。**推敵能讓。**與己體敵，猶推先之，故能讓也。○秦鼎：十一「能」字注解不一，讀亦從而異。**此十一**

者，夫子皆有焉。夫子，晉周。

【彙校】

〔一〕本句《文選》班孟堅《西都賦》李善注、湛慧《阿毘達磨俱舍論指要鈔》第二十六、釋慧琳《一切經音義》卷四十六、七十、七十二等引作「天地之所祚」，據韋注「天（地）之所福」，疑本有「之」字，或後人據韋注添「之」字。胙，明道本、正統本作「祚」，《説文》有「胙」無「祚」，《肉部》云：「胙，祭福肉也。」胙從肉，指祭祀時所用之供品；祚從示，指乞求福禄的祭祀。二者實爲一事，故文獻中二字每通用，於義無殊。注同。

〔二〕《略説》云：「『天之所福』，恐脱『地』字。」可從。

〔三〕明道本無次「則」字，弘治本則無「下」字，疑俱脱。静嘉堂本「則得國」前、「得天」後一字皆漶漫不可識。

〔四〕「實誠」前，明道本、正統本與《正義》有「之」字，「忠自中出故爲文」似於義不通，據下文「仁者文之慈愛」，則此間有「之」字似更密合。

〔五〕心意，明道本作「之意」。

〔六〕體信，今傳《易傳》作「體仁」。《删補》、《訂字》、《增注》俱謂「信」當作「仁」，《增注》、秦鼎且謂宜移在「愛人能仁」下，或是也。

〔七〕以，明道本同，静嘉堂本漫漶不可識，弘治本作「言」，疑後者涉上句韋注誤。

〔八〕循，明道本作「修」，《札記》謂當作「循」。

〔九〕明道本「道化」下尚有「而行」二字。

「天六地五，數之常也。天有六氣，謂陰、陽、風、雨、晦、明也。地有五行，金、木、水、火、土也。**經之以天，緯之以地。**以天之六氣爲經，以地之五行爲緯，而成之。○賈逵：經者，道上也。緯者，所成經也（《原本玉篇殘卷·糸部》引）。**經緯不爽，文之象也。**爽，差也。**文王質文，故天胙之以天下**〔一〕。**夫子被之矣**〔二〕。質文，其質性有文德也。被，被服之也。言文王質性有文德，故得天下〔三〕。晉周則被服之，可以得國。**其昭穆又近，可以得國。**父昭子穆，孫復爲昭，一昭一穆，相次而下。近者，言周子之親與晉最近。**且夫立無跛，正也；視無還，端也；聽無聳，成也；**成，定也。**言無遠，慎也。**◎志慧按：《禮記·玉藻》云：「君子之容舒遲，見所尊者齊遬。足容重，手容恭，目容端，口容止，聲容静，頭容直，氣容肅，立容德，色容莊。」知其時人們對貴族儀容儀表之重視，可與此互參。**夫正，德之道也；**德之道路。○皆川淇園：言德存於中以從其道也。**端，德之信也；**端慤，故信。○龜井昱：端不含慤義，端與正大義如一。**成，德之終也；**志定，故能終也。○《增注》：凡有所成就，則德之所終也。○龜井昱：物之成即終也，樂一終曰一成。**慎，德之守也。**守，守德也。**守終純固，道正事信**〔四〕，**明令德矣。**言周子明於善德。○皆川淇園：於道則正，於事則信。○《述聞》：明，成也。言守終純固，道正事信，則善德已成。守終即是成德，故上文曰「成，德之終也」，非但明於善德而已也。又下文説鍾律云：「和平則久，久固則純，純明則終。」亦謂純成則終也，故古謂樂一終爲一成。○《集解》：道，由也。謂所由正，所事信。**慎、成、端、正，德之相也。**相，助也。慎、成、端、正，覆述上事，爲下出〔五〕。○《爾雅·釋詁》：相、助，勴也。○龜井昱：相，質也。《大雅》「追琢其章，金玉其相」，毛云：「相，質也。」德之質即德之本。**爲晉休戚，不背本也。**休，喜也。○《補正》：即指上「有憂未嘗不戚，有慶未嘗不怡」二句。**被文相德，非國何取？**被服文德〔六〕，又以四行輔助之。非國何取，言必得國。

【彙校】

〔一〕弘治本無句首「天」字，脱。胙，明道本、正統本作「祚」。

〔二〕之，《元龜》卷七九五引同，明道本、正統本作「文」，據注則作「之」是也，《集解》徑從改。

〔三〕明道本、正統本「得」前有「能」字，《考正》從補，然《元龜》引並無「能」字。

〔四〕秦鼎云：「守終純固，道正事信，此覆述上事也，而上無『純固』等，蓋衍字，或因『穆王征戎』章而誤。」

〔五〕爲下出，明道本作「爲下出也」，静嘉堂本、弘治本作「爲下也」，脱「出」字。

〔六〕被服，静嘉堂本作「被之」，弘治本作「神之」，後者誤。

「成公之歸也，吾聞晉之筮之也，成公，晉文公之庶子成公黑臀也。歸者，自周歸于晉〔一〕。晉趙穿殺靈公〔二〕，趙盾逆公子黑臀于周而立之。○秦鼎：歸時，單襄蓋年三四十，故親聞其筮也。成公歸，晉周立，其間相去三十四年。蓍曰筮，筮立成公。**遇《乾》之《否》，曰：『配而不終，君三出焉。』**乾下乾上，《乾》。坤下乾上，《否》。《乾》初九、九二、九三變而之《否》也。乾，天也，君也，故曰配，配先君也。不終，子孫不終爲君也。《乾》下變爲坤〔三〕，坤，地也，臣也。天地不交曰否，變有臣象。三爻，故三世而終。上有乾，乾，天子也。五亦天子〔四〕，五體不變，周，天子國也。三爻有三變，故君三出於周。○秦鼎：「曰」者，筮辭，「焉」字指周。○帆足萬里：《乾》内卦變，是配外卦而不終也。陰臣陽君，下三爻變，故曰「三出」，下文「三取君於周」，是其象也。◎志慧按：《乾》之《否》，則《乾》卦宜變之爻是初九、九二和九三，從初爻至上爻的營數分别是九、九、九、七、七、七，如此，宜變之爻在上九，唯上九的營數是七，不需變。因此，這裏只有兩種可能性：一是求變爻爻位時，先自初爻往上數，數至上爻，不是按通常的再從上爻往下數，而是仍從初爻往上數，所得變爻爲初九，初九營數爲九，循老變少不變之例，《乾》卦初、二、三由陽變陰，唯此種可能性並無佐證，故不敢取；二是當時的數字卦形式並不像今天這樣單一，本人在殷墟博物館和洛陽博物館就曾見刻有營數爲一和五的上古陶片。又，「配而不終，君三出焉」一語，不見於《乾》與《否》的卦爻辭，當係卦師據本卦《乾》卦三爻變的判斷。**一既往矣，後之不知，其次必此。**一，謂成公。已往，爲晉君也。後之不知，不知最後者在誰也。其次必此，次成公而往者，必周子也。○秦鼎：成公、悼公二人，自周往矣，最後者誰，《世家》不載。**且吾聞之**[五]**，成公之生也，其母夢神規其臀以墨**[六]**，曰：『使有晉國，**規，畫也。臀，尻也[七]。**三而畀驩之孫。』**畀，予也。三世爲君[八]，而更予驩之孫。驩，晉襄公之名也。孫，曾孫周子也。自孫以下皆稱孫[九]，《詩》云[一〇]「周公之孫」，謂僖公也。○《補音》：畀，必利反。驩，呼官反。**故名之曰『黑臀』，於今再矣。**賈侍中云：「於今，單襄公時也[一一]。晉厲公即黑臀之孫也，黑臀之後二世爲君[一二]，與黑臀滿三世矣。」唐尚書云：「時晉景公在位，成公生景公，故言再。」昭謂：魯成十七年[一三]，單襄公與晉厲公會于柯陵，後二年而單襄公卒[一四]，其歲厲公殺[一五]，則襄公將死時，非景公明矣，賈君得之。○秦鼎：二世，謂景、厲也。◎志慧按：晉成公黑臀子景公，孫厲公，厲公被弒後，大位爲襄公驩之曾孫悼公周所獲，此所謂「三而畀驩之孫」，韋注承賈注之後，對唐注有正誤之功，秦鼎注亦簡明。**襄公曰驩**[一六]**，此其孫也。**此周子者，晉襄公之孫。**而令德孝恭**[一七]**，非此其誰？**○張以仁《國語虛詞訓解商榷》：其誰，猶今語「那一個」。◎志慧按：舊時疑問代詞「哪」與指示代詞「那」同形，張氏此處的「那一個」，相當於今「哪一個」。**且其夢曰：『必驩之孫，實有晉國。』其卦曰：『必三取君於周。』**○皆川淇園：「於周」二字，即就前筮辭有「焉」字而言之也。**其德又可以君國，三襲焉。**襲，合也。三合，德、夢、卦。○《標注》：襲者，重習之義也。**吾聞之《大誓故》曰：『朕夢協于朕卜〔一八〕，襲于休祥，戎商必克。』**《大誓》，伐紂之誓也。故，故事也〔一九〕。朕，武王自謂也〔二〇〕。協，亦合也〔二一〕。休，美也。祥，福之先見者也〔二二〕。戎，兵也。言武王夢與卜合，又合美善之祥，以兵伐殷，當必克之〔二三〕。○賈逵：襲，受也（《文選》顏延年《赭白馬賦》李善注引，王、黃輯，按，《訂譌》將此賈注置於《晉語二》「大國道，小國襲焉」下，似於文義不合，今置於此）。○《補韋》：故，當是書名，《漢書·藝文志》《毛詩故訓傳》，今注疏本改「故」爲「詁」，故者，通其指義也。◎志慧按：孔廣栻《訂譌》將此賈注置於《晉語二》「大國道，小國襲焉」下，似於文義不合；蔣曰豫輯《國語賈景伯注》則將此條置於上句「三襲焉」之下，亦不合文義，今置於此。**以三襲也。**言武王夢、卜、祥三合，故遂克商有天下也。今晉周德、夢、卜亦三合〔二四〕，將必得國。○《辨正》：《大誓故》當爲解《大誓》之作，其詳則不可得而聞，不宜以秦漢某一種解經之作之體例比附之。從「朕夢」到「戎商必克」爲《大誓》之文，「以三襲也」四字則是解釋《大誓》的《大誓故》之文。上文標點以此。**晉仍無道而鮮胄，其將失之矣。**仍，數也。鮮，寡也。胄，後也。晉厲公數行無道，晉公族之後又寡少，將失國也〔二五〕。**必**

蚤善晉子〔二六〕，其當之也。」晉子，周子。　○《略説》：厲公之後承而得國者，實當周子之身。頃公許諾。

【彙校】

〔一〕明道本、正統本無「于」字，且不重下「晉」字。

〔二〕殺，明道本、正統本作「弑」。

〔三〕《元龜》卷七九五引同，明道本、正統本「爲」前有「而」字。

〔四〕明道本無此四字，疑脱，《考正》從存。

〔五〕明道本、正統本無「之」字，《御覽》方術部九、《元龜》卷七九五引有「之」字，《左傳・桓公六年》正義引無之，於義無殊。弘治本、許宗魯本作「晉」，孔廣栻批注謂本作「晉」，據弘治本、許宗魯本爲説耶，但孔氏在《訂譌》中則謂其説出自胡竹巖，是又可知其所依據者斷非此二本；或者弘治本等據義改耶？俱不可知，唯據前文即有「成公」之稱，則此「晉」字亦非必有。

〔六〕墨，《國語》諸本同，《非國語》及上述《左傳・桓公六年》正義、《御覽》卷三七二、七二八引皆作「黑」，疑殘，或涉下「黑臀」而誤。

〔七〕尻，正統本作「尻」，《補音》「注尻也」條：「苦刀反。」《龍龕手鏡·尸部》：「尻，俗；尻，正。苦刀反。臀也。」

〔八〕明道本、正統本「君」前有「晉」字。

〔九〕以，明道本、正統本作「已」。

〔一〇〕云，明道本、正統本作「曰」。

〔一一〕襄，弘治本作「相」，後者因同音而誤。

〔一二〕明道本無「黑臀之後」四字，《增注》有「景公之子」四字，未出所據，秦鼎從之，於義似不必補。

〔一三〕十七年，當作「十六年」。《晉語六·范文子論勝楚必有内憂》韋注：「十六年敗楚于鄢陵，會于柯陵，伐鄭；十七年同盟于柯陵。」成公十八年厲公被弑，韋注下云「後二年」，可知此亦當爲十六年。此疑後人因混淆「柯陵之會」與次年「同盟于柯陵」而改，詳見《周語下·單襄公知晉齊君臣之敗》辨正。

〔一四〕二年，明道本、正統本作「三年」，《札記》謂當作「二年」，秦鼎則云：「後二年，當作『明年』。」秦鼎係基於誤本「十七年」而立説。

〔一五〕殺，明道本、正統本作「弑」，下同。

〔一六〕「襄公」前，明道本、正統本有「單」字，《御覽》方術部九和《元龜》卷七九五引均無之，段玉裁云：「有『單』字者誤也。」《札記》、《考異》從之，是。吴闓生則曰：「此『單』乃『晉』之誤。」然未見所據。

〔一七〕而，《御覽》方術部引同，明道本作「今」。

〔一八〕明道本、正統本無「于」字，《左傳·襄公三十一年》杜注引亦無之，《考正》從删。

〔一九〕静嘉堂本、弘治本無「事」字，脱。

〔二〇〕弘治本重「朕」字，衍。

〔二一〕明道本、正統本無「亦」字。

〔二二〕明道本無「見」字，於義似脱。

〔二三〕明道本、正統本無「當」字。

〔二四〕卜，明道本、正統本作「卦」，於義是。

〔二五〕《元龜》卷七九五引句首尚有「殆」字。

〔二六〕蚤，明道本、正統本《御覽》《元龜》引作「早」，「蚤」通假字，「早」本字。

及厲公之亂，召周子而立之，是爲悼公。亂，謂殺也〔一〕。○《補音》：殺，申志反。

○《增注》：魯成公十八年，晉欒書、中行偃殺厲公，使荀罃、士魴逆周子于京師而立之，晉於是乎始復伯。　○《標注》：厲公殺三郤，欒書弑厲公，通謂厲公之亂也，注過簡，敗文意。

【彙校】

〔一〕殺，《御覽》卷七二八引同，明道本、正統本作「弑」，出其本字，《補音》摘「殺」字。

3　大子晉諫靈王壅穀水

靈王二十二年，靈王，周簡王之子靈王大心也〔一〕。二十二年，魯襄之二十四年〔二〕。是歲，齊人城郟。穀、洛鬭〔三〕，將毁王宫〔四〕。穀、洛，二水名也。鬭者，兩水格〔五〕，有似於鬭〔六〕。洛在王城之南，穀在王城之北，東入于瀍。至靈王時，穀水盛出於王城之西，而南流合於洛水，毁王城西南，將及王宫，故齊人城郟〔七〕。　○賈逵：穀、雒二水合，有似鬭。雒在王城南，穀在城北者（《御覽》皇王部十注引，汪遠孫輯）。鬭者，兩會似于鬭（《文選》潘安仁《西征賦》李善注引）。兩水會，似於鬥（《初學記》卷六地部中引，王、黄、蔣輯）。　○《補韋》：王鳴盛曰：「穀，即澗也。」靈王時偶值暴水，兩川相觸，故謂之鬭。」　◎志慧按：穀水，古水道，出河南澠池，經函谷關，東流注於洛，《水經注・穀水》有酈道元基於實地考察的詳細介紹，在洛陽境内現已與澗河合二爲一，通謂之澗河。王欲壅之〔八〕。欲壅防穀水，使北出也。　○《辨正》：下文云：「王而（如）飾之（宮），無乃不可乎？」「見亂而不惕，所殘必多，其飾彌章。」該句韋注云：「言見禍亂之戒，不恐懼修省以消災咎，而壅飾之，禍敗終將章（彰）著。」下文又云：「王將防鬭川以飾宮，是飾亂而佐鬭也」、「將焉用飾宮？其以徼亂也。」准此，則原文「王欲壅之」以下當有「飾宮」之文，譬如「壅」下著一「飾」字，或者「壅之」之下尚有「且飾宮焉」四字，衹有這樣纔會前後銜接。**大子晉諫曰**〔九〕：**「不可。**晉，靈王太子也〔一〇〕，蚤卒不立〔一一〕。**晉聞古之長民者，**長，猶君也。**不墮山，**墮，毁也。　○《補音》：墮，許規反。字本作「隓」，《說文》「敗也」，後又作「隓」〔一二〕。今相承用此「墮」。**不崇藪，**崇，高也。澤無水曰藪。　○《爾雅·釋詁》：崇，高也。　◎志慧按：以澤無水爲藪，疑韋昭承自鄭玄，後者於《周禮·天官·大宰》「四曰藪牧，養蕃鳥獸」下注云：「澤無水曰藪。」唯鄭玄於《周禮·夏官·職方氏》「其澤藪曰具區」下復注曰：「大澤曰藪。」《說文·艸部》亦云：「藪，大澤也。」渾言之，藪爲大澤；與下文「不竇澤」相對而言，則以無水爲藪，有居水爲澤。**不防川，**防，鄣也〔一三〕。流曰川。　○賈逵：防，障（《令集解》卷三十引）。**不竇澤。**澤，居水也。竇，決也。不爲此四者，爲其反天性〔一四〕。　○賈逵：竇，決也（《御覽》皇王部十注引，汪遠孫輯）。　○《備考》：不竇澤，顔師古曰：「竇，穴也。」　○《補正》：竇，穴也，爲穴以漏之也。　◎志慧按：《黃帝書·十大經·三禁》：「地之禁，不墮高，不曾（增）下，毋逆川，毋逆土，毋逆土功，毋壅民明。」較太子晉所引者爲詳，或爲古人敬畏自然之共識。**夫山，土之**

聚也；藪，物之歸也；物所生歸也。○帆足萬里：藪澤納污，故曰「物之歸也」。**川，氣之導也；**導，達也。《易》曰：「山澤通氣。」○户埼允明：川，導利水氣者也，注解「氣」字未盡。**澤，水之鍾也。**鍾，聚也。**夫天地成而聚於高**〔一五〕，**歸物於下。**聚，聚物也。高，山陵也。下，藪澤也。○秦鼎：聚土，即土之聚，物之歸也，注疑有誤。○《集解》：「聚聚物也」四字疑在下文「聚不阤崩」下。◎志慧按：與「歸物」相對者爲「聚土」，唯韋昭所見之本「聚」下已脱「土」字，遂與下句合釋作「聚物也」，秦鼎承韋昭之誤，亦將「歸物於下」一句合併到「聚」下，唯「聚」如聚沙成塔之「聚」，「歸」如水之歸下之「歸」，二者相反相對，是二而非一，故又啟秦鼎與徐元誥之疑竇。**疏爲川谷，以導其氣；**疏，通也。○賈逵：疏，除也（《文選》孫興公《游天臺山賦》李善注引，王、黄將此條置於《晉語四》「公令疏軍而去之」下，汪遠孫將此條置於《楚語上》「教之樂，以疏其穢而鎮其浮」下，蔣曰豫輯）。○秦鼎：爲，治也。**陂唐汙庳**〔一六〕，**以鍾其美。**畜水曰陂。唐，堤也〔一七〕。美，謂滋潤。○賈逵：聚萬物合之。美，大也（《御覽》皇王部十引，汪遠孫輯）。○户埼允明：滋潤能生育萬物，故曰美。○秦鼎：「庳」、「埤」通，下濕也。○《標注》：美，指魚蝦、菰蒲而言。○《詳注》：汙，聚也，池停水之名。庳，衆水之所湊也。◎志慧按：盛、大、充實、甘、好皆「美」之義項，鍾其大不成語，此或爲韋昭不取賈注的原因，然鍾其滋潤亦不詞，故有户埼允明爲之彌縫，此「美」係動詞「鍾」的對像，高木氏之解較長。**是故聚不阤崩，而物有所歸；**大曰崩，小曰阤。○賈逵：小崩曰阤（《後漢書·蔡邕傳》李賢注引，《册府元龜》總録部二十注引同，王、汪、黄輯）。○《舊音》：阤，直氏反。○《補韋》：二水鬬，是不歸其壑也；將毀王宫，是聚者阤崩也。○《發正》：《方言》：「阤，壞也。」郭璞注云：「謂壞落也。」**氣不沈滯，而亦不散越**〔一八〕。沈，伏也。滯，積也。越，遠也〔一九〕。○賈逵：滯，止也（《原本玉篇殘卷·水部》引）。○《述聞》：越，揚也。「散揚」與「沈滯」正相反。下文「揚沈伏而黜散越」韋注亦曰：「越，揚也。」○户埼允明：上句謂川，下句謂山。越，散也。◎志慧按：《爾雅·釋言》：「越，揚也。」《左傳·昭公四年》：「風不越而殺，雷不發而震。」杜注：「越，散也。」皆可爲王引之與户埼允明説補證，不知韋昭何以不取《爾雅》此訓，《晉語二》「隱悼播越」韋注：「越，遠也。」同誤。《晉語三》「播於外而越於民」韋注：「越，揚也。」是也。**是以民生有財用，而死有所葬。**物有所歸，故生有財用。山陵不崩，故死有所葬。《齊語》曰：「陵爲之終。」**然則無夭、昏、札**〔二〇〕**、瘥之憂，而無飢、寒、乏、匱之患，**短折曰夭。狂惑曰昏。疫死曰札〔二一〕。瘥，病也。○《爾雅·釋詁》：瘥，病也。○《舊音》：瘥，才何反。○《述聞》：昏之言泯没也。○《集解》：而，猶「與」也。**故上下能相固，以待不虞，**虞，度也。**古之聖王唯此之慎。**慎逆天地之性。

【彙校】

〔一〕大心，《史記·周本紀》作「泄心」，上古「世」、「大」同作，故「泄」、「大」亦得互用。

〔二〕之，明道本、正統本作「公」。二十四年，《考異》據《左傳·襄公二十四年》正義謂韋注誤，當作「二十三年」，是。

〔三〕洛，《考異》據《御覽》皇王部十、人事部九十七引謂當作「雒」，係古字也，但《御覽》皇親部十二、地部二十七引卻作「洛」，更早的《文選·西征賦》李善注引亦作「洛」，《集解》云：「古西周之洛水，東周之雒水，劃然兩字，魏丕始詭其辨以亂之耳。」《文選》潘安仁《西征賦》李善注引「鬭」前有「二水」二字。

〔四〕將，《文選》潘安仁《西征賦》李善注引作「欲」。

〔五〕格，明道本作「激」，《補音》：「俗本作『激』，非是。」

〔六〕「鬭者」以下九字，明道本置於「東入於瀍」之後，《考正》據《水經注》「兩水相格，有似於鬭」二句在「合於洛（水）」句之下（見下注），謂文較明順，而《補音》摘「兩水格」三字在「瀍」字之下，是其所據之本並無「相」字，並與《水經注》所據之本異矣。今檢文淵閣《四庫全書》本《國語補音》，「兩水格」三字在「瀍」字之上，至於無「相」字，或者係酈道元意引。

〔七〕《水經注·穀水篇》引韋昭注曰：「洛水在王城南，穀水在王城北，東入於瀍。至靈王時，穀水盛出於王城西，而南流合於洛，兩水相格，有似於鬭，而毁王城西南也。」與今傳本有别。

〔八〕《補音》：「壅，字本作『廱』，今通作『壅』，加『土』者俗。」

〔九〕大子，明道本、正統本作「太子」。

〔一〇〕太，張一鯤本作「大」。

〔一一〕蚤，明道本、正統本作「早」，《舊音》摘「早」字，陳樹華校以爲後者與《補音》合，實《舊音》也。

〔一二〕隓，微波榭本作「隳」。文淵閣《四庫》本作「篆文作𡐦」。《説文・阜部》「隓」字下徐鉉注：「今俗作隳。」疑微波榭本近是。

〔一三〕鄣，明道本、正統本、弘治本從阜不從邑，《考正》從明道本，於義是也，唯載籍亦偶有通作。

〔一四〕正統本同，明道本無「其」字，據義無者脱。張一鯤本「其反」二字互乙，後者誤。

〔一五〕林羅山謂「聚」下宜補「土」字，於句法是也。

〔一六〕唐，明道本、正統本、弘治本、《御覽》卷八五作「塘」，《補音》：「今俗本多加土於傍，與古字通。《説文》無『塘』字。」弘治本韋注仍作「唐」，「塘」爲「唐」之後起加旁字，《斠證》疑作「塘」者後人改，是，注同。

〔一七〕明道本、正統本「唐」作「塘」。明道本無「堤」字，《札記》謂當有，是，正統本正有之，遞修本、静嘉堂本、弘治本、《正義》則作「隄」，義符更旁字也。

〔一八〕亦，各本同，《增注》改作「水」，秦鼎亦云：「疑『水』之誤，但散越似謂氣也，此須再論。」皆似疑所不當疑。

〔一九〕遠，静嘉堂本、弘治本作「連」，後者形訛。

〔二〇〕札，正統本同，明道本作「扎」，注同。

〔二一〕札，明道本、正統本作「扎」，正統本與正文異，疑係據公序本改訂且又未盡之跡。

「**昔共工棄此道也**，賈侍中云：「共工，諸侯，炎帝之後，姜姓也。顓頊氏衰，共工氏侵陵諸侯，與高辛氏争而王也〔一〕。」或云：「共工，堯時諸侯，爲高辛所滅。」昭謂：爲高辛所滅〔二〕，安得爲堯諸侯？又堯時共工與此異也。　○秦鼎：《漢・律曆志》共工在大皡、炎帝之間。史：共工與祝融戰，賈誤矣。　○《補正》：共工有三：在太皡之末（者），處於冀州，爲女媧所滅。在堯時者，乃少皡之子，即驩兜所薦。在舜時者，炎帝之裔垂也，即讓於殳斨、伯夷（與）者。在太皡時，乃人名，餘皆官名，見羅泌《路史》。觀本文，決是堯之共工無疑，韋注未考。　○《集解》：堯時共工乃諸侯也，即四凶之一，見全祖望《經史問答》。《内傳》云：「少皡氏有不才子，謂之窮奇。」即此也。舜時共工，柏有之後，見《淮南・本經訓》，高誘注：「二共工皆嘗治水，故並以水官名也。」大皡時共工名康回，見《楚辭・天問》，王逸注所謂「與顓頊争爲帝」，或云「與高辛争帝」者，即此也。　◎志慧按：賈逵等以共工爲諸侯，雖不合古代政制史實，要亦庶幾近之，蓋如部落之長耳，後文似此者不贅。**虞于湛樂，**虞，安也。湛，淫也。 ○《舊音》：湛，音耽。 ○户埼允明：虞、娱通。 ○《集解》：湛，與「沈」同。 ◎志慧按：《説文·虍部》「虞」下段注：「凡云樂也、安也者，娱之假借也。」則户埼允明出本字，韋注釋其義。《集解》於「湛」字解無誤，唯尚可有説：《詩經·小雅·鹿鳴》「和樂且湛」毛傳：「湛，樂之久。」釋文：「湛，都南反。字又作耽。」陳奂《詩毛氏傳疏》：「湛，讀爲媅。此假借字也。《説文》：『媅，樂也。』今字皆作湛，通作耽。」《説文·水部》：「湛，没也。」段注：「古書浮沈字多作湛，湛、沈古今字。」然湛樂與沈浸義可通，故《漢書·五行志》「湛湎于酒」顔師古注：「湛，讀曰沈，又讀曰耽。」**淫失其身，** ○岡島順《訂字》：失，與「逸」同，又通「泆」。 ◎志慧按：《漢書·地理志》顔注謂「失，讀曰泆」，《存校》謂「失」當作「佚」。《札記》及吴汝綸則謂「失」、「泆」古同字。《説文·人部》：「佚，佚民也。」段注：「古『失』、『佚』、『逸』、『泆』字多通用。」《訂字》、顔注及後三説皆可從。**欲壅防百川，墮高堙庳，以害天下。**堙，塞也。高，謂山陵。庳，謂池澤。 ◎志慧按：韋注釋「堙」在前，「高」在後，所見各本同，是傳抄過程中互乙，還是韋昭作注時之本來面貌，無考。**皇天弗福，庶民弗助，禍亂並興，共工用滅。**

【彙校】

〔一〕秦鼎云：「而王，疑『爲王』之誤，下注作『自王』，可從。」

〔二〕明道本、正統本句首有「言」字。

「其在有虞，有崈伯鮌〔一〕，有虞，舜也。鮌，禹父。崈，鮌國。伯，爵也。堯時在位，而言有虞者，鮌之誅，舜之爲也。　○賈逵：崇，國名。伯，爵也（《尚書·舜典》正義引，王、汪、黄輯）。○《日知録》卷二十七：據下文「堯用殛之於羽山」，當言「有唐」，而曰「有虞」者，以其事載于《虞書》。　○《校文》：當云「有虞，舜有天下之號」。　○《釋地》：崈，鮌國。伯，爵。在今西安府鄠縣。　◎志慧按：賈、韋都指伯鮌之「伯」爲爵，未見後來學者提出異議，唯五等爵位制是否在堯舜時代就已存在委實可疑。復次，陝西户縣，商時爲崇國，春秋爲扈國，秦代改扈爲鄠，漢字簡化後，一九六四年改爲户縣，二〇一六年，改隸西安市，稱鄠邑區。其地之崇國即西伯所伐者，然非有虞時之崈，後者或在嵩山附近，蓋夏人活動的中心區域在以嵩山爲中心的伊、洛、河和潁河上游一帶以及山西南部，近年考古界對河南省登封市王城崗遺址的斷代可爲佐證。復次，正文「崈」前「鮌」後，韋注反之，所見各本同，是傳抄過程中互乙，還是韋昭作注時之本來面貌，無考。**播其淫心，稱遂共工之過，**播，放也。稱，舉也。舉遂共工之過者，謂鄣洪水〔二〕。**堯用殛之于羽山。**殛，誅也。舜臣堯，殛鯀於羽山。羽山，今在東海祝其縣南〔三〕。○《爾雅·釋言》：殛，誅也。○《發正》：韋注《晉語八》云：「殛，放而殺也。」《周禮·大宰》：八柄，七曰廢以馭其罪。鄭注：「廢，猶放也，舜殛鯀於羽山是也。」然則殛是放廢之義。○《釋地》：羽山，山名，在今沂州府郯城縣東北七十里。◎志慧按：《漢書·地理志》：「東海郡：《禹貢》羽山在南，鯀所殛。」《山海經·海內經》「帝令祝融殺鯀于羽郊」郭注：「羽郊，羽山之郊。」《南山經》有羽山，郭注：「今東海祝其縣西南有羽山，即鯀所殛處，計其道里不相應，似非也。」然則於羽山之地望早在郭璞之時已不可知其詳，後來者文獻更不足徵，考古材料又闕如，相關傳説過而存之以廣異聞可也，皆不足奉爲信實。復次，《尚書·舜典》「流共工于幽洲，放驩兜于崇山，竄三苗于三危，殛鯀于羽山」，孔疏：「《釋言》云：『殛，誅也。』《傳》稱流四凶族者，皆是流而謂之『殛、竄、放、流』，皆誅者，流者移其居處，放者使之自活，竄者投棄之名，殛者誅責之稱，俱是流徙，異其文，述作之體也。」王先謙《尚書孔傳參正》云：「殛與流、放、竄同義，非誅殺也。」《天問》：「永遏在羽山，夫何三年不施？」是戰國時人以鯀所受刑罰爲流放。段玉裁據《説文·歺部》「殛，殊也」和《釋言》「極，誅也」斷此「殛」爲「極」之通假，非誅殺也，並韋注《晉語八·鄭子産論黄能》「放而殺也」亦當解作放而死也。其説甚詳，可參段注《説文·歺部》「殛」條。

【彙校】

〔一〕崈伯鯀，明道本、正統本作「崇伯鮌」，《舊音》：「崈，古『崇』字。」《補音》：「此書『崇』字多矣，惟此用古字，經典亦然。」鯀、鮌亦異體字，下同，不一一。

〔二〕此「鄣」字明道本、正統本同，疑前從阜者係明道本改。

〔三〕今在東海祝其縣南，正統本作「在今東海祝其縣南」，明道本作「在今東海祝其南也」，《考正》謂當從「在今」，是。

「其後伯禹念前之非度，度，法也。**釐改制量，**釐，理也。量，度也。○賈逵：量，數也（《法華經釋文》上引）。○《增注》：制量，法制度量也。**象物天地，**取法天地之物象也。在天成象，在地成形。**比類百則，**類，亦象也。**儀之于民，**儀，準也〔一〕。○《發正》：《說文》：「儀，度也。」是儀亦度也，訓儀爲準，失之。◎志慧按：釋「儀」爲度固然有據，唯法度與準則義近，故韋注亦無誤，下「不儀生物之則」同。**而度之于羣生。**度之，謂不傷害也。○秦鼎：觀群物所生，度其類而養之。**共之從孫四岳佐之**〔二〕，共，共工也。從孫，昆弟之孫也〔三〕。四岳，官名，主四岳之祭，爲諸侯伯。佐，助也。言共工從孫爲四岳之官〔四〕，掌帥諸侯，助禹治水。○賈逵：共，共工也。從孫，同姓末嗣之孫。四岳，官名，大岳也，主四岳之祭焉（《左傳·隱公十一年》正義引，《莊公二十二年》正義、《襄公十四年》正義引同，汪遠孫輯）。　○《備考》：從昆弟之子爲從子，從子之子爲從孫。○《標注》：四岳者，方各一人矣，《國語》、《左傳》諸書多以四岳爲一人，失古義。**高高下下，疏川道滯**〔五〕，高高，封崇九山也。下下，陂鄣九澤也〔六〕。疏川，決江疏河也。道滯，鑿龍門、闢伊闕也。**鍾水豐物**，鍾，聚也〔七〕。畜水潦，所以豐殖百物。　○《日知録》卷二十七：謂不墮高，不埋卑，順其自然之性也。申胥諫吳王曰：「高高下下，以罷民于姑蘇。」謂臺益增而高，池益浚而深，以竭民之力也，語同而意則異。**封崇九山**，封，大也。崇，高也。除其壅塞之害，通其水泉，使不墮壞，是謂封崇。凡此諸言九者〔八〕，皆謂九州之中山川、藪澤。　○《略説》：封，土益高也。封訓爲大非。　○《標注》：「封崇」連讀一意。**決汩九川**，汩，通也。　○賈逵：汩，通其川也（釋慧琳《一切經音義》卷九十四引）。　○《舊音》：汩，音骨。　○《補音》：汩，古忽反。下「汩越」同。　◎志慧按：《説文·水部》：「汩，治水也。」此正其義。**陂障九澤**〔九〕，障，防也。**豐殖九藪**〔一〇〕，豐，茂也。殖，長也。　○《爾雅·釋詁》：豐，茂也。**汩越九原**，越，揚也。　○《爾雅·釋言》：越，揚也。　○賈逵：淈，亂也〔一一〕（《後漢書·張衡傳》注引，《册府元龜》總録部十九引，汪遠孫輯）。　○《略説》：《爾雅》曰：「越，揚。」注云：「揚，發揚也。」愚謂蓋墾辟土地，以通氣發脈。　○《述聞》：汩、越，皆治也，謂平治九州之土也。　○《平議》：王（念孫）説下句是矣，而於「決汩九川」句不置一詞，則亦未得其義，蓋兩「汩」字義各不同，「汩越」之「汩」，其本字也；「決汩」之「汩」則當爲「抇」，乃「搰」之或體也。《玉篇》手部：「搰，胡没切，掘也。」又曰：「扫，亦搰字，穿也。」決、扫義相近，扫亦決也。　◎志慧按：韋於「汩」字之解承賈注，賈義與《説文》通，《述聞》即取《説文》義，曲園之解雖輾轉可通，唯本字能解何勞借義？故不敢取。　韋於「越」字取義《爾雅》，《述聞》另辟蹊徑訓爲平治雖不乏文獻實證，唯不及《略説》「通氣發脈」一詞更得韋義。**宅居九隩**，隩，内也。九州之内皆可宅居。　○《補音》：隩，於六反。《説文》作「墺」，四方土可居也，《尚書》作「隩」，《玉篇》於報反。　○《略説》：隩，謂土可居也。《夏書・禹貢》曰：「四隩既宅。」傳云：「四方之宅已可居。」訓「内」者疏。　○《標注》：山川抱環，宜於民居者爲隩。　◎志慧按：《爾雅・釋丘》：「厓内爲隩，外爲隈。」觀韋注似無脱文，則不知其何以不取《爾雅》而獨解爲内，有失周延。**合通四海**。使之同軌。　◎志慧按：韋以「使之同軌」釋「合通四海」，乃取四海之内義，唯此語從上文「疏川導滯」而來，將九山、九川、九澤、九藪、九原、九隩之水疏導到四海，義同《尚書・益稷》「予決九川，距四海」，孔傳：「距，至也。決九州名川通之至海。」可正韋昭之誤。**故天無伏陰**，伏陰，夏有霜雹。**地無散陽**，散陽，李梅冬實。　○《正義》：散陽不專指此一事，宏嗣舉此以見意也。**水無沈氣**，沈，伏也。無伏積之氣。**火無灾燀**[一二]，燀，焱起皃[一三]。天曰灾，人曰火。　○《舊音》：燀，音闡。　○《補音》：燀，昌善反。焱，必遥反，火飛也，《説文》作「熛」，音同，作[redacted][一四]，此「焱」者，羣犬走貌[一五]，古字通。**神無閒行**，閒行，姦神淫厲之屬[一六]。　○《存校》：謂乘閒而行其淫厲之氣。　○户埼允明：下有「滑夫二川神」語，謂穀、洛鬥，毀王宮類，即是「間行」。　○《正義》：此言無閒行者，民神不相雜糅，無敢乘沴氣以興災也。**民無淫心，**陰陽調，財用足，故無淫濫之心。**時無逆數，**逆數，四時寒暑反逆。**物無害生**〔一七〕。蝗螟之屬不害嘉穀。　○《集解》：生，疑與「性」通，謂物無賊害之性也。　○《辨正》：「害生」之義，韋注無誤，徐氏求之過深耳。文獻中「生」、「性」相通的例子甚夥，唯此「生」字當作本字解，係生命而非情性，有下文爲證：「皇天嘉之，胙以天下，賜姓曰姒，氏曰有夏，謂其（禹）能以嘉祉殷富生物也。胙四岳國，命爲侯伯，賜姓曰姜，氏曰有吕，謂其能爲禹股肱心膂，以養物豐民人也。」殷富生物、養物豐民人，正是「物無害生」的正面表達。《周語下·伶州鳩論鍾律於景王》「律吕不易，無姦物也」韋注云：「律吕不變易其常，各順其時，則神無姦行，物無害生也。」韋昭之語即從此條化出，其中之「生」亦明顯作本字解。**帥象禹之功，度之于軌儀，**帥，循也。軌，道也。儀，法也。　○賈逵：軌，法也（《原本玉篇殘卷·車部》引，《文選》張平子《歸田賦》引同，王、汪、黄、蔣輯）。**莫非嘉績，克厭帝心**〔一八〕。謂禹與四岳也。嘉，善也。績，功也。克，能也。厭，合也。帝，天也。　○《爾雅·釋詁》：嘉，善也。績，功也。又《釋言》：克，能也。　○賈逵：厭，合（《原本玉篇殘卷·厂部》引）。　○唐固：厭，合也（《補音》引，汪、黄輯）。**皇天嘉之，胙以天下**〔一九〕，胙，禄也。《論語》曰「帝臣不蔽，簡在帝心」是也〔二〇〕。　○賈逵：祚，禄也（《文選》班孟堅《西都賦》李善注引，釋慧琳《一切經音義》卷四十六、釋玄應《一切經音義》卷一引，蔣曰豫輯）。

賜姓曰姒，氏曰有夏，堯賜禹姓曰姒，封之於夏。　○《釋地》：《地理志》云：潁川郡陽翟縣，夏禹國。《水經注》云：「潁水東逕陽翟縣故城北，夏禹始封於此，爲夏國。」即鄭櫟邑，今開封府禹州也。**謂其能以嘉祉殷富生物也。**祉，福也。殷，盛也。賜姓曰「姒」、氏曰「有夏」者，以其能以善福殷富天下，生育萬物。姒，猶祉也。夏，大也，以善福殷富天下爲大也。　○《爾雅·釋詁》：祉，福也。**胙四岳國**〔二一〕**，命爲侯伯**〔二二〕**，**堯以四岳佐禹有功，封於呂〔二三〕，命爲侯伯，使長諸侯。**賜姓曰姜，**姜，四岳之先，炎帝之姓也。炎帝世衰，其後變易，至四岳有德，帝復賜之祖姓〔二四〕，使紹炎帝之後。　○賈逵：姜，炎帝之姓。其後變易，至於四岳，帝復賜之祖姓，以紹炎帝之後（《左傳·隱公十一年》正義引，又《襄公十四年》正義引同，汪遠孫輯）。**氏曰有呂，**以國爲氏。**謂其能爲禹股肱心膂**〔二五〕**，以養物豐民人也。**肱，臂也。豐，厚也。氏曰有呂者，以四岳能輔成禹功，比於股肱心膂。呂之爲言膂也。　○賈逵：膂，脊也（《文選》庾元規《讓中書令表》李善注引，釋慧琳《一切經音義》卷七十九、八十五、八十七引同，王、汪、黄輯）。

【彙校】

〔一〕準，明道本作「准」，古同。

〔二〕岳，明道本、正統本作「嶽」，古同，注同，下同。

〔三〕昆弟，明道本、正統本作「昆季」，義同。
〔四〕從孫，金李本原作「後孫」，兹據文義及遞修本、静嘉堂本、明道本改。
〔五〕道，正統本及《通鑑前編》卷一、《元龜》儲宫部六引同，明道本、《御覽》地部三十七引作「導」，注同。
〔六〕鄣，遞修本、正統本同，明道本從阜。
〔七〕明道本無「也」字。
〔八〕諸，明道本作「諸侯」，衍「侯」字，正統本不衍。
〔九〕障，遞修本、正統本同，明道本從邑，注同，各本於二字之使用並無規律。
〔一〇〕藪，正統本作「數」，疑字殘。
〔一一〕《輯存》：「『滬』、『汩』古字通用，蓋賈本作『滬』。《爾雅·釋詁》：『滬，治也。』郭注：『滬，《書序》作汩，音同耳。』亂亦治也。」
〔一二〕灾，明道本、正統本作「災」，《舊音》摘「災」，注同，《文選》何平叔《景福殿賦》李善注引作「炎」，《考異》謂作「炎」是也，作「災」者涉注「天曰災」致誤，《集解》據此徑改，然《校補》則據《白氏六帖事類集》卷一、《太平御覽》卷七十二等引謂作「災」不誤。
〔一三〕焱，明道本、正統本、許宗魯本作「焱」，《考異》謂「炎」誤作「焱」，又誤作「焱」，唯流於猜測，

《札記》：「此『焱』字從三火，《説文》云：『火華也。』」《文選》何平叔《景福殿賦》李善注引韋注：「燀，炎起貌。」疑「炎」爲「焱」字之省，則是作「焱」者字之訛也，《補音》復據訛文爲説。皃，明道本、正統本、弘治本、張一鯤本作「貌」，張一鯤本、《正義》凡舊本「皃」字俱改從「貌」，《考正》於《晉語五》「吾見其皃而欲之」條下云：「皃乃『貌』本字，非省文也。《外傳》刻本自宋迄明嘉靖猶多遵舊，此篇『皃』字不可改也。」其説有理。下文凡金李本、遞修本作「皃」，明道本、正統本、張一鯤本及其子本作「貌」者不再出校。

〔一四〕■，弘治本、正德本、正學書院本作空格，微波榭本、文淵閣《四庫全書》本無此墨釘。

〔一五〕走，遞修本、静嘉堂本、弘治本原作「定」，字訛，茲徑從微波榭本、文淵閣《四庫全書》本及《説文》改。

〔一六〕屬，明道本、正統本作「類」，於義無殊。

〔一七〕物無害生，遞修本同，《删補》、秦鼎本作「物害無生」，疑後者誤倒，《略説》即依盧之頤本「物無害生」正之。

〔一八〕厭，《補音》及《太平御覽》卷七二地部三七作「猒」。

〔一九〕胙，明道本、正統本、《御覽》卷七二作「祚」，下同。

〔二〇〕《訂字》：「《論語》曰以下十一字當在上注『帝天也』下。」秦鼎云：「引《論語》者證帝爲天也，當在『帝，天也』下。」皆可從。

〔二一〕胙，明道本、正統本作「祚」。岳，明道本、正統本作「嶽」，下同。

〔二二〕爲，正統本同，《左傳・隱公十一年》正義、《玉海》藝文引同，明道本作「以」，「以」有「爲」義，故於義兩可。

〔二三〕封於呂，明道本、正統本作「封之於呂」，《考正》從補，於上文「封之於夏」句例可從。

〔二四〕復，静嘉堂本、弘治本作「後」，後二者形訛。

〔二五〕膂，《説文・呂部》「呂」下云：「昔大嶽爲禹心呂之臣，故封呂侯。」《説文》並謂「呂」篆文作「膂」。

此一王四伯，豈緊多寵？皆亡王之後〔一〕。王〔二〕，謂禹。四伯，謂四岳也，爲四岳伯，故稱四伯。豈，辭也〔三〕。緊，是也〔四〕。言禹與四岳豈是多寵之人，乃亡王之後。禹，鯀之子，禹郊鯀而追王之。四岳，共工從孫，共工侵陵諸侯以自王〔五〕。言皆無道而亡，非伯王所起，明禹、岳之興非因之也。○《補正》：緊，是也，不訓之，下「豈緊無寵」同。◎志慧按：如韋注所説，此「四伯」爲四岳伯，爲一人，《朱子語類》卷七十八云：「四岳只是一人，四岳是總十二牧者。」但清戴震《尚書義考》卷一以爲係四人，薛安勤、王連生《國語譯注》在翻譯時亦以「他們」指代，蓋以此「四」與「一」並提，以爲是複數，誤。繄作「是」解，或源於《詩・邶風・雄雉》「自詒伊阻」鄭箋，實非。《左傳・隱公元年》「鄭莊公曰：『爾有母遺，繄我獨無。』」杜注：「繄，語助。」《襄公十四年》「王室之不壞，繄伯舅是賴」杜注：「繄，發聲。」當依改。**唯能釐舉嘉義**，舉，用也。○秦鼎：釐舉嘉義，指一王四伯而言。**以有胤在下，守祀不替其典。**下，後也。典，常也。○《略説》：胤，子孫也。◎志慧按：釋「典」爲常，於義無誤，唯揆諸下文「典圖刑法」，此「常」的内涵當係記録於典册、圖籍中的度數器物、采章服物，如《尚書・多士》「惟殷先人，有册有典」、《孟子・萬章下》「周室班爵禄」「諸侯惡其害己也，而皆去其籍」中之册、典、籍之類。**有夏雖衰，杞、鄫猶在**〔六〕：杞、鄫，二國，夏後也。猶在，在靈王之世。○秦鼎：鄫以襄六年莒人滅之，距今十九年前矣。○《詳注》：杞，在今河南杞縣。鄫，今山東嶧縣有繒城。◎志慧按：《春秋・襄公六年》：「莒人滅鄫。」同年《左傳》載：「莒人滅鄫，鄫恃賂也。」秦鼎説有理，唯當時邦國的存在形式相當複雜，在一時一地滅亡之後，仍可能在某時某地重現，《春秋・昭公四年》載：「九月，取鄫。」同年《左傳》云：「九月，取鄫，言易也。莒亂，著丘公立而不撫鄫，鄫叛而來，故曰取。」則是分明其時尚有一個鄫國。更晚近的《戰國策・魏策四》亦載：「繒恃齊以悍越，齊和子亂，而越人亡繒。」凡此可證太子晉時鄫國仍以某種形式在活動。**申、吕雖衰，齊、許猶在。**申〔七〕、吕，四岳之後，商、周之世或封於申〔八〕，齊、許其族也〔九〕。**唯有嘉功，以命姓受祀**〔一〇〕**，迄于**〔一一〕**天下。**受祀，謂封國受命，祀社稷山川也。迄，至也。至於有天下，謂禹也。祀，或爲氏。**及其失之也，必有慆淫之心閒之。**慆，慢也。閒，代也。以慢淫之心代其嘉功，謂若桀也。○《標注》：閒，猶言投隙也。**故亡其氏姓，踣獘**〔一二〕**不振；**踣，僵也。振〔一三〕，救也。○賈逵：振，救也（《文選》揚子雲《長楊賦》李善注引，又潘安仁《西征賦》李善注引，王、黄將此條置於《魯語上》「陷而不振」下，汪、蔣輯，蔣同時將此條置於《吴語》「無姬姓之振也」下）。○《舊音》：踣，音匐。○《補音》：踣，蒲北反。獘，婢世反，或本作「斃」，古字通。踣，一音敷，顔師古又音妨付反。按：經典訓「仆」字卻有作蒲北反者，蓋「踣」、「仆」二字互爲讀。○《補正》：振，宜訓起爲是。◎志慧按：踣、斃皆有仆倒之義，則於「振」字之義，吴曾祺訓起爲最勝。**絶後無主，**無祭主也。**堙替隸圉**〔一四〕。堙，没也。替，廢也。隸，役也。圉，養馬者。○賈逵：湮，下也（《原本玉篇殘卷·水部》引）。**夫亡者豈繄無寵？皆黄、炎之後也。**鯀，黄帝之後。共工，炎帝之後。○《詳注》：炎，當作「帝」，禹出顓頊，四岳出少皞，皆黄帝之後，炎帝在黄帝前，不當倒稱。◎志慧按：關於黄帝、炎帝的真實身份及相互關係是一回事，周秦漢人觀念中的黄帝與炎帝及相互關係又是一回事，此間正文將黄帝、炎帝並列，並將黄帝置於炎帝之前；《晉語四》亦載：「昔少典娶於有蟜氏，生黄帝、炎帝。」《晉語四》韋昭引賈逵注云：「少典，黄帝、炎帝之先。」虞翻、唐固亦云：「少典，黄帝、炎帝之父。」《左傳·僖公二十五年》卜偃占卜，遇黄帝戰於阪泉之兆，卜偃之意爲黄帝戰於阪泉之兆係指周襄王與王子帶之争，以後者的兄弟關係類比黄帝、炎帝之關係，則在卜偃看來，二帝亦爲兄弟。綜合以上材料，可知在周秦漢人的觀念中，黄帝、炎帝爲兄弟，且黄帝長於炎帝。類似的記載還見於《大戴禮記·五帝德》、《帝繫》，爲太史公所取材，可參。唯不帥天地之度，○《集解》：帥，循也。度，法也。不順四時之序，不度民神之義，義，宜也。不儀生物之則，儀，準也。以殄滅無胤，至于今不祀。及其得之也，必有忠信之心間之。以忠信之心代其慆淫也[一五]。度於天地而順於時動，順四時之令而動也。○户埼允明：時動，謂時序之運轉，注非也。龢於民神而儀於物則[一六]，故高朗令終，顯融昭明，朗，明也。終，猶成也[一七]。融，長也。○《爾雅·釋言》：明，朗也。又《釋詁》：融，長也。○賈逵：終，猶成也（《原本玉篇殘卷·糸部》引）。○《删補》：《大雅·既醉》曰：「昭明有融，高朗令終。」古人喜誦詩，故常語亦暗類詩。○秦鼎：《鄭語》云：「祝融能昭顯天地之光明。」此謂長顯其昭明之德也。○《校補》：融，明也。◎志慧按：《爾雅·釋詁》：「融，長也。」《詩·大雅·既醉》「昭明有融，高朗令終」毛傳：「融，長。朗，明也。」韋昭釋融爲「長」於古有據，唯此處與秦鼎所引《鄭語》之文合觀，則《校補》説是，《左傳·昭公五年》「明而未融」杜注：「融，朗也。」孔疏：「則融是大明。」可爲補證。秦鼎讀「顯融」作「融顯」，於文法不合，彼與「昭顯」類比，適足以證明此「融」當釋作「明」。命姓受氏，而附之以令名。附，隨也。若啓先王之遺訓，啓，開也。訓，教也。省其典圖刑法，典，禮也。圖，象也。○《增注》：典圖，典籍圖書也。○《標注》：典，法也，章也。而觀其廢興者，皆可知也。其興者，必有夏、吕之功焉；其廢者，必有共、鯀之敗焉。今吾執政，無乃實有所避〔一八〕，避，違也。○户埼允明：所回避，是穀洛鬥，將毁王宫，故防壅之也。○《增注》：避，疑當爲「僻」字。○《札記》：「避」、「辟」古同字，宜讀爲淫辟之「辟」，罪也。○秦鼎：避，僻也，《荀子》「夷固避違」，即「僻」。◎志慧按：今傳《荀子·修身》作「僻」，《增注》以下諸説皆可從。而滑夫二川之神〔一九〕，滑，亂也。○賈逵：滑，淈亂也（《後漢書·張衡傳》李賢注引，蔣曰豫輯）。○《補音》：滑，古忽反。○《發正》：《堯典》「蠻夷猾夏」鄭注訓猾爲亂，「滑」、「猾」古字通。使至於爭明，以妨王宫，明，精氣也。○《漢書·五行志中下》臣瓚注：明，水道也。○《補韋》：明，靈爽也。二川鬬，是其神以靈爽爭勝也。○《增注》：明，謂二川之神靈也。妨，害也。◎志慧按：「爭明」的具體表現是爭水道，但不可以説「明」即水道，韋注、《補韋》説可從。王而飾之，無乃不可乎！○户埼允明：飾之，與「小人之過必文之」同，謂益之也，言不導其氣而壅之，益其禍也。故下文云「見亂而不惕，所殘必多，其飾彌章」。

【彙校】

〔一〕明道本、正統本句下有「也」字。

〔二〕「王」前，明道本、正統本有「一」字，《考正》、秦鼎從明道本，是，疑公序本脱。

〔三〕明道本、正統本無「豈辭也」三字。

〔四〕是，明道本作「之」，之、是古有互訓。

〔五〕明道本無「陵」字，《元龜》儲宫部六引則作「凌」，後者字訛，疑明道本脱。

〔六〕鄫，《補音》：「或作『繒』，通。」文獻或作「鄫」，或作「繒」，《考異》謂「鄫」本字，「繒」通假字。其實「鄫」、「繒」皆爲「曾」之加旁字。

〔七〕《考異》謂「申」字當衍，韋義則否。

〔八〕陳奂謂「申」下當補「吕」字，可從。

〔九〕「其族」前，明道本、正統本有「亦」字，《考正》從補。

〔一〇〕上文「姓氏」並説，《存校》、《略説》、《述聞》、户埼允明、皆川淇園、《增注》與秦鼎、《補正》皆謂當作「氏」字，可從，音訛，下文即作「命姓受氏」，《集解》徑改。

〔一一〕于，張一鯤本作「於」。

〔一二〕獘，明道本作「斃」，張一鯤本、《正義》及《元龜》儲宫部六、《文章正宗》卷四引作「弊」，疑係「獘」字稍變其筆畫耳。《説文》「獘」字在犬部，然《廣韻》去聲祭韻云：「獘，困也，惡也。《説文》曰：『頓仆也。』俗作『斃』。」則皆一字之異構。

〔一三〕振，黄刊明道本作「拔」，後者形訛，影鈔明道本不誤。

〔一四〕堙，明道本、正統本作「湮」，《考正》字從氵。

〔一五〕慆，遞修本作「舀」，字殘；静嘉堂本、弘治本作「將」，字之訛也。

〔一六〕龢，明道本、正統本作「和」。

〔一七〕明道本、正統本無「猶」字，據韋注承賈注之例，則似有者近真。

〔一八〕避，《初學記》地部中、《御覽》卷六二引作「僻」，《書鈔》地理部二引作「辟」，《備考》云：「《漢書》『避』作『辟』，師古曰：辟，邪辟之『辟』。」作「避」者通假字，作「僻」者後起加旁字也。

〔一九〕滑，《文選》潘安仁《西征賦》李善注引作「禍」。二，弘治本作「三」，據「穀、洛」，知後者誤。

「人有言曰：『無過亂人之門。』亂人，狂悖怨亂之人也〔一〕。過其門〔二〕，干其怒也。○《標注》：是有不虞之連累者耳，非恐于怒。◎志慧按：孔子「危邦不入，亂邦不居」與此義近。又曰：『佐雝者嘗焉〔三〕，雝，亨煎之官也〔四〕。○《標注》：有作饔饋者，而我佐營之也，非指官。佐鬬者傷焉。』又曰：『禍不好，不能爲禍。』猶財色之禍，生於好之〔五〕。《詩》曰：『四牡騤騤，旟旐有翩。亂生不夷，靡國不泯。』《詩》，《大雅·桑柔》二章也〔六〕。騤騤，行皃。鳥隼曰旟〔七〕，龜蛇曰旐。翩翩，動摇不休止之意。夷，平也。靡，無也。泯，滅也。疾厲王好征伐，用兵不得其所，禍亂不平，無國不見滅〔八〕。○《舊音》：騤，求眉反。旟旐，上音余，下音兆。又曰：『民之貪亂，寧爲荼毒。』《桑柔》之十一章也。寧，安也。荼，苦也。言民疾王之虐，貪樂禍亂，安爲苦毒之行〔九〕。○《爾雅·釋詁》：寧，安也。夫見亂而不惕，所殘必多，其飾彌章。惕，惕然恐懼也。彌，終也。章，著也〔一〇〕。言見禍亂之戒，不恐懼脩省〔一一〕，以銷灾咎〔一二〕，而壅飾之〔一三〕，禍敗終將章箸。○《爾雅·釋言》：彌，終也。○賈逵：没身爲殘（《文選》曹子建《三良詩》李善注引，汪遠孫將此條置於《晉語一》「乃易殘也」下，蔣曰豫將此條置於《晉語四》「將殘其民」下）。彰，著也（《文選》顏延年《應詔宴曲水作》注引，王、黄將此條置於《晉語四》「其章大矣，不可廢也」下，汪、蔣輯）。○《標注》：彌，猶益也。◎志慧按：韋訓彌爲終有據，此處依《標注》解作益亦通。全書韋昭釋章（彰）爲著（箸）者尚有《魯語下》：「君之所以章使臣之勤也，敢不拜章。」韋注：「章，著也。」兹依先後之序將賈注著録於此，唯如此，則賈所見本「章」作「彰」。民有怨亂，猶不可遏〔一四〕，而況神乎？王將防鬭川以飾宮，是飾亂而佐鬭也，其無乃章禍且遇傷乎？自我先王厲、宣、幽、平而貪天禍〔一五〕，至於今未弭。弭，止也。此四王父子相繼，厲暴虐而汖〔一六〕，宣不務農而料民，幽昏亂以滅西周，平不能修政，至於微弱，皆已行所致，故曰貪天禍，禍敗至今未止。○賈逵：弭，忘也（《文選》潘安仁《夏侯常侍誄》李善注引，王、汪、黄輯）。○王鐸《手批》：周宣王獨《國語》以不賢斥之，或亦多有未善也。《詩經》或未可盡信歟？◎志慧按：《説文·弓部》「弭」下段注：「弭可以解紛，故引申之訓止，凡云『弭兵』、『弭亂』者是也。」賈逵釋弭爲忘未安，故爲韋昭所不取。我又章之〔一七〕，懼長及子孫，王室其愈卑乎！其若之何？

【彙校】

〔一〕也，靜嘉堂本漫漶不可識，弘治本作「無」，《考正》據此謂當屬下句。

〔二〕韋注「過」前，弘治本尚有「無」字，似衍。

〔三〕雝，《舊音》摘「雍」，云：「或作『饔』。」明道本、正統本作「饝」，注同，「饝」爲「饔」之或體，二者皆本字，「雝」通假字。

〔四〕亨，明道本、正統本作「烹」，古亨、烹、享同字。

〔五〕明道本、正統本無次「之」字。

〔六〕「二章」前，明道本、正統本有「之」字，似有者較勝，《考正》從補。

〔七〕隼，金李本原作「集」，黄刊明道本亦作「集」，遞修本、靜嘉堂本、孔氏詩禮堂本、李克家本、葉邦榮本、弘治本、道春點本、正統本及影鈔明道本作「隼」，作「集」者字訛，今改。

〔八〕明道本句下有「之」字，疑衍。

〔九〕「言民」下，弘治本作「疾王之虐貪悖亂無安爲苦毒之行」，後者不與他本同，當誤。又，靜嘉堂本「貪」後、「爲苦」前數字漫漶不可識。

〔一〇〕著，《補音》摘「箸」，説明本條韋注兩處公序本原貌都應作「箸」。

〔一一〕脩，明道本、遞修本、正統本、静嘉堂本、弘治本作「循」，《札記》、《翼解》指後者字之誤也。張一鯤本作「修」，從俗改。

〔一二〕銷灾，明道本、正統本作「消災」，於水爲「消」，於金爲「銷」，渾言之則同。

〔一三〕而，明道本作「以」，李慈銘以爲作「而」者是，「而」取假設或轉折義，較勝。

〔一四〕遏，秦鼎據《補音》謂「或作『過』，據『無過亂人之門』，作『過』爲是。」其説有理，然無旁證。

〔一五〕秦鼎云：「『貪』字應前。」可從，且「天禍」爲主謂短語，唯依韋注亦通，正文之斷句從之。

〔一六〕汖，明道本、弘治本作「流」，「汖」係「流」的古文。

〔一七〕章，静嘉堂本漫漶不可識，弘治本作「寧」，據上文「其飾彌章」與「章禍」，作「寧」者形訛。

「自后稷以來寧亂〔一〕，寧，安也。堯時鴻水〔二〕，黎民阻飢，稷播百穀，民用乂安。及文、武、成、康而僅克安民。自后稷之始基靖民〔三〕，十五王而文始平之〔四〕，基，始也。靖，安也。自后稷播百穀，以始安民，凡十五王，世修其德〔五〕，至文王乃平民受命也。十五王，謂后稷、不窋、鞠陶〔六〕、公劉、慶節、皇僕、差弗〔七〕、毁隃、公非、高圉、亞圉、公祖〔八〕、大王〔九〕、王季、文王也。○《爾雅・釋詁》：基，始也。○賈逵：基，始也（釋慧琳《一切經音義》卷二十一引，汪遠孫輯）。○《補校》：

韋注「基，始也」，本《釋詁》，然「后稷之始始靖民」不辭，《釋詁》又云：「基，謀也。」言始謀靖民，與下文基德、基禍訓始別。　○《補韋》：十五王，皆指其賢而有聞者，非謂后稷至武王千餘年而止十五世也，太史公亦迂哉。　○《正義》：稷與禹、契同時，禹有天下四百五十年，而後湯有天下。自湯元祀至帝乙八祀，文王嗣父位之時，又五百四十六年，共九百九十六年，而周家父子相繼止十五世，則每代必六十六歲而生子，且每代必甫生而即爲君，此事所必無者。周本西垂小國，未必立有史官，況竄狄避戎，即有譜牒亦必殘缺。太子晉所言十五王，就先君之能修稷業而有聲譽者言之，非謂相繼爲次，止有此十五代也。　○秦鼎：十五王，世數有可疑，前輩論之，未有定説，今存而不議云。　○《發正》：不窋不得爲稷子。　戴氏震《毛鄭詩考正》曰：「不窋已上世爲后稷之官，不知凡幾。」然則周自棄以下至不窋已上世爲后稷之官，其間年遠莫考，故該稱后稷不得專主棄一人。　○《辨正》：董增齡的推論有一個前提，那就是歷史上被反復傳述的這樣一個傳説：夏、商、周三代的英明先祖們恰巧同朝爲官，至於《史記·周本紀》特别是太子晉的口述，其可信度反不如那個充滿巧合的傳説。一旦碰到二者無法彌縫的情況，衹好等本正末，犧牲原始材料而去將就傳説，謂「太子晉所言十五王，就先君之能修稷業而有聲譽者言之」，衹是這裏無法回避這樣一個事實：下文的「十八王」、「十四王」、「基禍十五」皆爲實指，並不以諸王能否修稷業爲標準。**十八王而康克安之，**十八者，加武王、成王、康王〔一〇〕，並上十五。**其難也如是。厲始革典，十四王矣。**革，更也。典，法也。厲王無道，變更周法，至今三十四王也〔一一〕。謂厲、宣、幽、平、桓、嚴、僖、惠、襄、頃、匡、定、簡、靈。○《補正》：嚴，即「莊」，避漢諱改。◎志慧按：韋昭生於東漢獻帝年間，但其解《國語》時當已入吴既久，故無需避漢諱，疑其中避漢諱如「莊」、「恒」者，係承自鄭衆、賈逵，故其《國語解》中或避或不避。復次，厲始革典，據《國語》所載，一爲壹山澤，即任用榮公壟斷山林藪澤之利，將本來與貴族、國人共享的自然資源收歸中央大宗，是革利權或曰財産權，利出一孔，可視爲後世法家貧民、弱民思想的先聲；二是壹言論，任用衛巫監視國人中之持不同意見者，禁絶了國人的言路以及部落聯盟以來的協商傳統，是革國人與長老的話語權或曰政治參與的權力，可視爲後世法家愚民、辱民思想的先聲。基德十五而始平，基禍十五，其不濟乎！至景王十五世〔一二〕。吾朝夕儆懼，曰：『其何德之脩，而少光王室，以逆天休？』少，猶裁也。光，明也。逆，迎也。休，慶也。○《述聞》：光之言廣也，謂廣大王室也。上文曰「王室其愈卑乎」，「卑」與「光」義正相對。王又章輔禍亂，將何以堪之？章，明也。輔，助也。王無亦鑒于黎、苗之王〔一三〕，下及夏、商之季，鑒，鏡也。黎，九黎。苗，三苗也。少皞氏衰〔一四〕，九黎亂德，顓頊滅之。高辛氏衰，三苗又亂，堯誅之。夏、商之季，謂桀、紂也，湯、武滅之。上不象天，而下不儀地，中不龢民〔一五〕，而方不順時，不共神祇〔一六〕，方，四方也。謂逆四時之令。○吴汝綸：方，同「旁」。◎志慧按：四方亦「方」之常訓，如《尚書·益稷》「皋陶方祇厥敘」孔傳、《詩·商頌·長發》「禹敷下土方」朱熹集傳皆作「四方」解。方有借爲「謗」者，如《論語·憲問》「子貢方人」，從本段上——下——中——四方的思維邏輯看，釋作四方較解爲「旁」更穩。**而蔑棄五則。**蔑，滅也。則，法也。謂象天、儀地、和民、順時、共神也。○《標注》：蔑，無之也。**是以人夷其宗廟，而火焚其彝器，**夷，滅也。彝，尊彝，宗廟之器。○《增注》：《周書》云：「紂取天智玉琰五，環身以自焚。」「火焚其彝器」，蓋亦此類也。**子孫爲隸，下夷於民**〔一七〕，隸，役也。○《補正》：謂尚不得齒於平民也。**而亦未觀夫前哲令德之則，則此五者而受天之豐福，饗民之勳力，子孫豐厚，令聞不忘，是皆天子之所知也。**

【彙校】

〔一〕寧，南監本同，静嘉堂本漫漶不可識，弘治本、許宗魯本作「民」，後者誤。

〔二〕鴻，明道本、正統本作「洪」，古通。

〔三〕「始基」下，秦鼎云：「各本舊脱『德』字，解同，今據下文補之。」但證據不足。靖，《文選》干令升《晉紀總論》引作「静」，古通。

〔四〕《文選》傅亮《爲宋公修楚元王墓教》李善注引《國語》云：「基德十五王而始平也。」可參。干寶《晉紀總論》此句下有「十六王而武始居之，十八王而康克安之」之語。

〔五〕修，遞修本同，明道本、正統本作「循」，二字形體相類，義亦可通，典籍多互用。

〔六〕鞠陶，正統本同，《世本》、《詩·大雅·公劉》孔疏引同，明道本只作「鞠」。《補音》：「《史記》《漢書》及諸本但云『鞠』，此本作『鞠陶』，今檢陸公《古文尚書釋文》注作『鞠陶』，與此本合，其必有來矣。」《補音》所指在孔穎達《尚書正義·武成》、《酒誥》，而非《釋文》。

〔七〕差弗，明道本作「羌弗」，經傳兩作，然必有一誤。

〔八〕公祖，明道本、正統本作「公叔祖類」，《札記》：「宋公序云：『《周本紀》、《古今人表》皆作公祖。』考今《集解》、索隱皆作『公祖叔類』，是韋正用《周本紀》文，公序誤也，唯《人表》作『公祖』。」《考異》：「當是『公祖』之僞，蓋韋注一本作『公組』，一本作『叔類』，今明道本誤並又誤倒矣。」古史茫昧不可考，於此類問題存疑可也。關於「公祖」之稱，《史記會注考證·周本紀》以下文字或可備參：「古公亶父者，猶言昔公亶父也，公亶父相連成文而冠之以古，猶所謂公劉、公非、公叔類者也。」

〔九〕大王，明道本、正統本作「太王」。

〔一〇〕成王康王，明道本無二「王」字，《考異》謂當有，於義無殊。

〔一一〕至今三十四王，弘治本、張一鯤本同，遞修本、靜嘉堂本、許宗魯本作「至今王十四王」，金李本字訛。明道本、正統本作「至今靈王十四王」，《考正》從補，《考異》謂公序本脱「靈」字。

〔一二〕世，弘治本、許宗魯本同，明道本作「也」，遞修本無「世」字，南監本則作「王」，疑「世」與「王」

皆係補版時據正文增補。又，静嘉堂本「十五世」三字皆漫漶不可識。

〔一三〕《補音》：「五帝之世未有稱王者，作『主』者其近之，但無本可據。」

〔一四〕《考正》：「睥字偏旁當從日月之『日』。」

〔一五〕龢，明道本、正統本作「和」。

〔一六〕祇，張一鯤本作「衹」，後者形訛。

〔一七〕下，正統本同，明道本作「不」，《考異》、《斠證》及李慈銘皆以爲作「下」者是，《斠證》曰：「謂下平於民也，下淪爲普通百姓。」「下」與「不」形近致誤耳，然不敢必其一爲是。

「天所崇之子孫，或在畎畝，由欲亂民也。崇，高也。賈侍中云：「一耦之發，廣尺深尺爲畎，百步爲畝。」昭謂：下曰畎〔一〕，高曰畝。畝，壠也。《書》曰〔二〕：「異畝同穎。」◎志慧按：賈説、韋注各有所當，唯所指不同。**畎畝之人，或在社稷，由欲靖民也。**靖，治也。○《爾雅·釋詁》：靖，治也。○《增注》：在社稷，謂在君位也。○《集解》：上文「自后稷之始基靖民」韋注曰：「靖，安也。」此亦宜同。◎志慧按：靖有治義，復有安義，韋昭隨文釋義，各有所據，亦各有所當。**無有異焉。**唯所行也。○《補正》：謂無有異於斯道也。**《詩》云：『殷鑒不遠，近在夏后之世**〔三〕**。』**謂湯伐桀也。**將焉用飾宮**〔四〕**，以徼亂也**〔五〕**？**○賈逵：邀，求也（《文選》劉孝標《廣絶交論》李善注引，王謨將此條置於《吴語》「吾欲與之徼天之衷」下，汪、蔣輯，按《吴語》「吾欲與之徼天之衷」韋注：「徼，要也」，疑本此，此爲首見，故將賈注置於此）。○《補音》：徼，字或从人，或从彳，並音古堯反，皆訓要也。經典通用，此兩字惟邊徼者但從彳，音古弔反。度之天神，則非祥也；比之地物，則非義也；類之民則，則非仁也；方之時動，則非順也；◎志慧按：度、比、類、方皆近義詞，下文「比度」可證，比度、比方、比類，下復有比儀義，《國語》多有重言句法。咨之前訓，則非正也；咨，議也。觀之《詩》、《書》與民之憲言，《詩》、《書》，上「亂生不衷」之屬。民之憲言，「無過亂人之門」。皆亡王之爲也〔六〕。◎志慧按：邢文《帛書周易研究》第九章《「五則」與「五行」》結合《尚書·甘誓》「五行」與帛書《二三子》「五行」，認爲此「五則」，就是「淪隱五千年的『五行』古義——『天、地、民、神、時』」，若准其説，則上文「度之天、神」兼具二「則」，「天」與「神」當視爲並列而非偏正關係；「五則」到「非順也」爲止。唯下文「上非天刑，下非地德，中非民則，方非時動」，對應上文所云的四種概念，似難謂「天神」爲二則；再驗諸上文「天地」、「四時」、「民神」、「生物」等並列概念，則五者似又係交互共生的關係。不敢必其説爲是，兹録以備參。上下儀之〔七〕，無所比度，王其圖之！夫事大不從象，小不從文，象，天象也。文，《詩》、《書》也。上非天刑，下非地德，刑，法也。德，猶利也。中非民則，方非時動，而作之者，必不節矣。作又不節，害之道也。」王卒壅之。

【彙校】

〔一〕靜嘉堂本、弘治本「曰」作「田」，後者形訛。

〔二〕「書」下，孔廣栻校增「序」字。秦鼎云：「『《書》曰』，《歸禾序》，疑注脱『序』字。」皆是也。

〔三〕遞修本同，明道本、正統本無「近」字，今傳《詩·大雅·蕩》亦無之，《考正》從删，疑傳抄過程中以意補。

〔四〕焉，靜嘉堂本漫漶不可識，弘治本作「欲」，後者誤。

〔五〕明道本、正統本句首有「其」字，《考正》從補，《斠證》更以「豈」釋「其」，皆是也。《輯存》：「邀，俗『徼』字。」靜嘉堂本「徼」字漫漶不可識。弘治本本句作「以徼亂民也」，與文義明顯不合，誤。

〔六〕明道本、正統本句首有「則」字，《御覽》皇王部十、《元龜》儲宮部六引皆有「則」字，據上文各並列句子，可斷此脱，《考正》從補。

〔七〕儀，《書鈔》政術部四引同，明道本、正統本、監本作「議」，與下文「比度」合勘，則本字當作「儀」。

及景王，多寵人，亂於是乎始生。 景王，周靈王之子〔一〕、太子晉之弟也。多寵人〔二〕，謂寵子朝及臣賓孟之屬也〔三〕。 ○《標注》：多寵人，是景王之愆矣，與壅川何干？ ◎志慧按：高木氏之問似是，唯在此因果鏈條上，壅川是主因，亂於是乎生、王室大亂、王室遂卑皆爲果。在太子晉的敘事中，景王多寵人，既是壅川的其中一果，也是後來三種果的其中一因。穀、洛鬥，意味着政有所缺，以致驚動二川之神，故當疏川導滯，而非壅遏；當恐懼修省，而非飾宫；當寧亂，而非佐鬥。否則就是徼亂，景王多寵人則是亂的其中一端。本則與稍晚孔子「迅雷風烈必變」的表述有較多交集。

景王崩，王室大亂。 景王無適子〔四〕，既立子猛，又許賓孟立子朝，未立而王崩，單子、劉子立子猛而攻子朝，王室大亂。 ○賈逵：子朝，景王之長庶子也（《文選》潘安仁《西征賦》李善注引，汪遠孫將此條置於下文「景王既殺下門子」下，蔣曰豫輯，按汪遠孫《輯存》將此條置於《周語下·賓孟見雄鷄自斷其尾因而感王》下，云：「《國語》正文無子朝，當是此篇注文。」王子朝已先見於此，故依蔣曰豫輯《國語賈景伯注》置於此）。

及定王，王室遂卑。 定王，頃王之子、靈王祖父。而言「及定王，王室遂卑」，非也。定當爲貞〔五〕，貞王名介〔六〕，敬王子也。是時大臣專政，諸侯無伯，故王室遂卑。 ○《發正》：索隱云：如《史記》，則元王爲定王父，定王即貞王也。依《世本》，則元王爲貞王子。必有一乖誤。韋以貞王爲敬王子，據《世本》也。 ○《補正》：定王，當作貞定王，名介，敬王之孫，元王子也。 ○《集解》：哀十九年《内傳》疏引《世本》又云：「敬王崩，貞王介立。貞王崩，元王赤立。」是以元王爲貞王子，貞王是否定王亦未可知。諸説紛歧，難爲定論矣。

◎志慧按：從時序上看，此定王斷非頃王子、靈王祖父，韋昭駁之是，《周語下》最後一篇幾乎有同樣的結尾，云：「是歲也……及范、中行之難……及定王」，亦以此定王（貞王）爲時間坐標，於此，既可見《周語》統一編輯之跡，復可知該部分編輯的時間上限，公元前四四一年。關於此定王的稱謂，清黄式三《周季編略》卷一云：「《史記》偁定王，與定王瑜同謚，沿《國語》之譌也。後儒從皇甫謐説偁貞定王，參合《世本》、《史記》而臆造之。今從《國語》韋注、司馬貞索隱偁貞王。」可參。

【彙校】

〔一〕周靈王之子，明道本作「周靈之」三字。

〔二〕明道本、正統本無「多」字，有者疑涉正文衍。

〔三〕明道本、正統本無句首「謂寵」二字，秦鼎從補。「朝及」下有「其」字，《考正》、秦鼎從補。

〔四〕適，弘治本作「道」，後者形訛。

〔五〕定當爲貞，明道本作「定王當爲貞王」。

〔六〕明道本此四字作「名分」，作「分」者字之誤也。

4 晉羊舌肸聘周論單靖公敬儉讓咨

晉羊舌肸聘于周，肸，晉大夫，羊舌職之子叔向之名〔一〕。○《補音》：肸，許乙反。發幣於大夫，及單靖公。發其禮幣於周大夫，次及單靖公〔二〕。靖公，王卿士，單襄公之孫、頃公之子〔三〕。靖公享之，儉而敬，享禮薄而身敬也〔四〕。賓禮贈餞，視其上而從之，賓禮，所以賓待叔向之禮也。送之以物曰贈，以飲食曰餞。餞，郊禮也〔五〕。上，位在靖公上也。視之不敢踰也〔六〕。燕無私，無私好貨及籩豆之加也。○《刪補》：春臺先生曰：「無私，謂不私語也。」韋注非是。○《略說》：享禮後有宴，乃賓主相語，謂之宴語。單子惟言公不及私也，語說《昊天有成命》之類是也。○秦鼎：《晉語》「退而不私」，《解》云：「私，私訪也。」渡氏云：「訪，當作『語』，誤寫也。」或云：「此『無私』，亦私語。」◎志慧按：恩田仲任、岡島順、冢田虎皆同春臺之說，韋注與日本學者之意似可互補。送不過郊，至郊而反，亦言無私〔七〕。○《增注》：不越於禮也。語說《昊天有成命》。語，宴語所及者〔八〕。說，樂也。《昊天有成命》，《周頌》篇名〔九〕。

【彙校】

〔一〕明道本句末尚有「也」字。

〔二〕明道本、正統本無「單」字。

〔三〕頃，静嘉堂本、弘治本作「項」，後二者形訛。明道本句末有「也」字。

〔四〕享，南監本同，明道本、正統本作「饗」，「饗」用於人，「享」用於鬼神，渾言之則同，許宗魯本從分別義改，似不必。

〔五〕明道本無「也」字。

〔六〕明道本無「之」字，正統本有，疑明道本脱。

〔七〕明道本句末有「也」字。

〔八〕者，明道本、正統本作「也」。

〔九〕明道本句末有「也」字。

單之老送叔向，老，家臣室老也。禮，卿大夫之貴臣爲室老。叔向告之曰：「異哉！吾聞之曰：『一姓不再興。』今周其興乎！其有單子也〔一〕。一姓，一代也。昔史佚有言，史佚，周武王時太史尹佚〔二〕。曰：『動莫若敬，敬，可久也。居莫若儉，儉，易容也。德莫若讓，讓，遠怨也。**事莫若咨。』**咨，寡失也〔三〕。**單子之況我**〔四〕，**禮也，皆有焉。** ○《增注》：言其所賜之享燕皆有禮節也。**夫宮室不崇，**崇，高也。**器無彤鏤**〔五〕，**儉也；**彤，丹也。鏤，刻金飾也。 ○賈逵：鏤，刻也（釋慧琳《一切經音義》卷二十四引）。 ○《標注》：朱髹爲彤。鏤，刻文也，不必金。**身聳除潔，**聳，懼也。除，治也。 ○《述聞》：聳，敬貌。聳字本作「竦」，《説文》：「竦，敬也。」◎志慧按：《爾雅・釋詁》：「竦，懼也。」《方言》卷十三：「聳，悚也。」悚，《説文・心部》作「愯」，云：「懼也。从心，雙省聲。《春秋傳》曰：『駟氏愯。』」今本《左傳・昭公十九年》作「聳」。則是聳、悚、竦三字可遞相爲訓，並非正借關係。**外內齊給**〔六〕，**敬也；**外，在朝廷〔七〕。內，治家事。齊，整也。給，備也。 ○賈逵：給，備也（《原本玉篇殘卷・糸部》引）。 ○《備考》：言單子之家外內也。**宴好享賜，不踰其上，讓也；**宴好，所以通情結好也。享賜，所以疇賓賜下也。**賓之禮事，放上而動，咨也。**放，依也。咨，言必與上咨也。**如是而加之以無私，重之以不殽**〔八〕，殽，雜也。衆人過郊，單子獨否，所以不殽雜〔九〕。 ○賈逵：殽，雜也（釋慧琳《一切經音義》卷四十九引）。**能辟怨矣**〔一〇〕。**居儉動敬，德讓事咨，而能辟怨，以爲卿佐，其有不興乎！** ◎志慧按：本段文字又見於《新書・禮容語》，從敬——儉——讓——咨到儉——敬——讓——咨再到儉——敬——讓——咨的次序亦同，唯不知何以有如此參差之狀。

【彙校】

〔一〕有，《標注》謂當作「在」，然未見所據。

〔二〕周武王，明道本、正統本作「周文武」，《禮記・曾子問》鄭注：「史佚，武王時賢史。」同篇《正義》：「史佚，武王時臣，故《國語》稱訪於辛尹，《尚書》稱『逸祝册』是也。」疑各有所本。明道本句末有「也」字。

〔三〕失，静嘉堂本、弘治本作「夫」，後者形訛。

〔四〕況，許宗魯本、《元龜》卷七九五引同，明道本、正統本作「貺」，疑「貺」爲「況」的更旁字，《經典釋文》卷十四即云：「拜況，本亦作『貺』，音同，貺，賜也。」

〔五〕彤，《元龜》卷七九五引作「雕」，《校文》已指出賈誼《新書・禮容語》正作「雕」，唯據韋注，韋昭所見本已作「彤」，於義並通。

〔六〕正文八字《新書・禮容語》作「身恭除潔，外内肅給」。

〔七〕廷，明道本作「庭」，疑誤。

〔八〕不殽，《新書・禮容語》作「不侈」。

〔九〕明道本、正統本無「殽」字。

〔一〇〕辟，《新書・禮容語》同，明道本、正統本作「避」，經傳多假「辟」爲「避」，從時序上看，二者又爲古今字。次同。

「且其語説《昊天有成命》，頌之盛德也。盛德，二后也，謂成王即位始郊見〔一〕，推文、武受命之功，以郊祀天地而歌之〔二〕。**其詩曰：『昊天有成命，二后受之。成王不敢康，**昊天，天大號也。二后，文、武也。康，安也。言昊天有所成命〔三〕，文、武則能受之，謂脩己自勤〔四〕，以成其王功，非謂周成王身也。賈、鄭、唐説皆然。　○《補韋》：朱子《詩傳》：「《國語》叔向引此詩而言曰：『是道成王之德也。』以此證之，則其爲祀成王之詩無疑矣。」　○《增注》：或云：「《昊天有成命》之詩，詳考經文，其爲康王以後祀成王之詩無疑矣。」得之。今此傳文明以爲成王之德也，而毛、鄭舊説定以《頌》爲周公所作，故凡《頌》中有「成王」及「成康」字者，皆曲爲之説，韋注亦效舊説之謬也。　○秦鼎：《新序》載此事曰：「成王者，武王之子，文王之孫。」漢初已有成王之説，故朱傳用之。　○《發正》：毛公此詩無傳，下「噫嘻成王」傳始云：「成王，成是王身也。」是毛意亦指成王之身。箋未必合毛指，且《序》止言郊祀天地，何以知其必在成王之初乎。　◎志慧按：引詩見《毛詩·周頌》。《發正》舉賈誼《新書·禮容語》所載爲證，云：「賈以『成』爲成王之身，自是西京經説。且下《傳》云：『成王能明文昭，能定武烈。』亦似謂成王之身。《集傳》疑此詩爲祀成王之詩，要非無據。」王國維《遹敦跋》一文亦曾指出：「周初諸王，若文、武、成、康、昭、穆，皆號而非謚也」、「謚法之作，其在宗周共、懿諸王以後乎？」知韋昭等以「成王」爲「非謂周成王身」誤，黄模、冢田虎、秦鼎、汪遠孫之説可從。

夙夜基命宥密〔五〕。夙，蚤也〔六〕。夜，莫也〔七〕。基，始也。命，信也。宥，寬也。密，寧也〔八〕。言二君蚤起夜寐〔九〕，始行信命，以寬仁寧静爲務〔一〇〕。○《標注》：密，謂周匝無缺漏。**緝熙**〔一一〕！**亶厥心**〔一二〕，**肆其靖之。』**緝，明也。熙，光也〔一三〕。亶，厚也。厥，其也。肆，固也。靖，和也。言二君能光明其德，厚其心，以固和天下〔一四〕。○賈逵：緝，明也（《原本玉篇殘卷·糸部》引）。○《標注》：肆，遂也。**是道成王之德也。**是詩道文、武能成其王德。○《存校》：是詩道成王之德，蓋指成王誦。下文云「故曰成」，語自分明，韋注從舊説。**成王能明文昭，能定武烈者也**〔一五〕。烈，威也。言能明其文〔一六〕，使之昭；定其武，使之威。○《增注》：烈，功業也。○《標注》：言成王之德，能繼明文王之昭德，以保定武王之烈功也。◎志慧按：業爲「烈」之常訓，如《爾雅·釋詁》即有此訓，唯此與「昭」相輔而行，則爲其另一常用義，《爾雅·釋詁》：「烈，光也。」韋注不穩，冢田氏亦未爲有得。**夫道成命者，而稱昊天，翼其上也。**稱，舉也。翼，敬也。○《爾雅·釋言》：偁，舉也。又《釋詁》：翼，敬也。○户埼允明：太宰純曰：「稱，只是稱揚之『稱』。」**二后受之，讓於德也。**謂推功也〔一七〕。《書》曰：「允恭克讓。」賈、唐二君云：「言二后所以受天命者〔一八〕，以能讓有德也〔一九〕。」謂「詢于八虞，訪於辛、尹」之類。**成王不敢康，敬百姓也。**言不敢自安逸者，是其敬百姓也。百姓，百官。**夙夜，恭也。**夙夜敬事曰恭，《書》曰：「文王至于日昃，不遑暇食。」○《標注》：夙夜，謂弗懈也，是論成王之事也，注引文王失當。基，始也。命，信也。宥，寬也。密，寧也。緝，明也。熙，廣也〔二〇〕。鄭後司農云〔二一〕：「廣，當爲『光』。」虞亦如之〔二二〕。○《略説》：後句説之云：「廣厚其心。」鄭、虞皆失之。○《正義》：《爾雅·釋詁》：「緝、熙，光也。」故鄭、虞兩君並破「廣」爲「光」。案：古者「光」、「廣」二字通，《荀子·禮論》「積厚者流澤廣」，《大戴禮》作「流澤光」，故《釋言》云：「光，充也。」《晉語》云：「光，明之耀也。」亶，厚也。肆，固也〔二三〕。靖，龢也。○《正義》：此章毛傳：「靖，和也。」鄭箋：「終能安和之，謂鞏固其天命，和集其民心也。」○秦鼎：淇云：「此類就其近者訓之，如『夙夜，恭也』是也。」或云：「依鄭説，則『廣』皆當作『光』。」其始也，翼上德讓，而敬百姓。其始，篇之首句也。言以敬讓爲始也。其中也，恭儉信寬，帥歸於寧。其中，篇之中句也。帥，循也。言其恭儉信寬，循而行之，歸於安民。其終也，廣厚其心，以固龢之。其終，篇之終句也。廣厚其心，美其教化，而固和之也。始於德讓，中於信寬，終於固龢〔二四〕，故曰成〔二五〕。成，成其王命也。◎志慧按：《詳注》云：「故謚曰『周成王』。」並詳引賈誼《新書·禮容語下》「晉叔向聘於周」一段，以「成」爲周成王，雖如王觀堂所云「成」係號而非謚，但以「成」爲周成王則是也。單子儉敬讓咨，以應成德。應，當也。○《爾雅·釋詁》：應，當也。單若不興，子孫必蕃，後世不忘。

【彙校】

〔一〕始，明道本、正統本作「而」。

〔二〕明道本句末有「也」字。

〔三〕有所成命，明道本、正統本作「有所成之命」。

〔四〕脩己自勤，明道本作「修己自勸」，《發正》謂作「勸」譌，是，《詩·昊天有成命》正義云：「韋昭云：『謂文武修己自勤，成其王功。』」則孔氏所見者爲「勤」字，遠早於明道本與公序本。弘治本「己」作「也」，後者形訛。

〔五〕密，《新書·禮容語》作「謐」，釋爲寧，則「謐」爲本字，「密」爲通假字。

〔六〕蚤，正統本同，明道本作「早」，但下文「蚤起夜寐」同，是明道本修改未盡也。

〔七〕莫，明道本、正統本作「暮」，「莫」、「暮」古今字。

〔八〕據下文「熙廣也」韋注「鄭後司農云」條判斷，鄭玄、韋昭所見本「基始也命信也宥寬也密寧也」及「緝明也熙廣也」十八字已在正文中，依注例韋昭不可能將下面的正文原封不動地移進注文，故疑此十八字係因正文而闌入，其中「夙蚤也夜莫也」、「厥其也」凡九字及兩處「言二君」下之文則仍是韋注，傳抄者依正文先後順序將其置於韋注。

〔九〕君，明道本作「后」。

〔一〇〕爲務，明道本作「之」。

〔一一〕「緝熙」前，明道本、正統本有「於」字，《詩經》原文有，《考正》、《正義》從補，可從。

〔一二〕亶，今傳《毛詩》作「單」，《標注》：「『殫』之本字，盡也。」可從。

〔一三〕光，明道本作「光大」，依上下文皆用一字作解例，疑「大」字後增。

〔一四〕明道本句末有「也」字，下韋注「成其王德」、「使之威」、「百官」、「歸於安民」句下同。

〔一五〕《詩·昊天有成命》正義、《困學紀聞》卷三引無次「能」字。

〔一六〕言，静嘉堂本、弘治本作「君」，後者誤。

〔一七〕謂推功也，明道本、正統本作「推功曰讓」。

〔一八〕明道本無「言」字。

〔一九〕明道本無「以」字，疑脱。

〔二〇〕《禮容語》引作「謐者，寧也，億也。命者，制令也。基者，經也，勢也。夙，早也。康，安也」。

〔二一〕明道本、正統本無「後」字，《札記》謂指《毛詩箋》，當從有。語出《周頌·昊天有成命》鄭箋。

〔二二〕《補正》：「下文云『廣厚其心以固龢之』，即承此數句而言，似宜作『廣』，不作『光』。」從「熙廣也」韋注可知鄭玄、韋昭所見本作「廣」，吴曾祺分析在理，本字當作「廣」。但前文「熙光也」下韋注（疑爲闌入）作「熙光（明道本作「光大」）也」，無作「廣」者，則是傳抄者據鄭箋與虞翻説改。上文韋注「靖和也」，後面正文作「靖龢也」，各本同，疑韋注各本作「和」者係傳抄者從俗改。

〔二三〕《毛詩·昊天有成命》鄭箋云：「固，當爲『故』字之誤也。」

〔二四〕龢，明道本、正統本作「和」，但前二「龢」字各本同，疑彼爲明道本、正統本修改未盡之跡。

〔二五〕故曰成，《元龜》卷七九五引同，《詩·昊天有成命》正義引作「故曰成王」。《斠證》：「阮校以爲韋注誤删『王』字，《札記》則以爲誤衍『成』字，二説皆通，可兩存。」可備一説。

「《詩》曰：『其類維何？室家之壼。』《詩·大雅·既醉》之六章也。類，族類也〔一〕。壼，梱也。言孝子之行，先於室家族類以相致〔二〕，乃及於天下也。○《舊音》：壼，口本反。○《刪補》：鄭玄《毛詩箋》曰：「壼之言梱也，室家先以相梱致。」梱致，即下文「膺保」之義，謂抱持也。○秦鼎：「致」、「緻」通，即下文「膺保」，謂相抱持也。捆，從手，叩椓而堅之也，故爲捆逼而密緻之。內堅室家，又外廣裕百姓也，蓋「壼」、「捆」混，音通。○《發正》：韋本鄭箋，失之，當從毛傳訓類爲善，壼爲廣。○《補正》：「壼」字當從《毛詩傳》訓廣，方與下「廣裕民人」句相應，注從箋訓梱，失之。君子萬年，永錫祚胤。』祚，福也。胤，嗣也。類也者，不忝前哲之謂也。言能以孝道施於族類〔三〕，故不辱前哲之人。壼也者，廣裕民人之謂也〔四〕。萬年也者，令聞不忘之謂也。祚胤也者〔五〕，子孫蕃育之謂也。蕃，息也。育，長也。○《爾雅·釋詁》：育，長也。○賈逵：育，生也（釋慧琳《一切經音義》卷二十二兩引，汪遠孫輯）。單子朝夕不忘成王之德，可謂不忝前哲矣。膺保明德，膺，抱也。保，持也。○賈逵：膺，猶受也（《文選》班孟堅《東都賦》李善注引，王、汪、黄、蔣輯）。以佐王室，可謂廣裕民人矣。若能類善物，○《增注》：善物，謂道德之善。《傳》曰「禮之善物也」是也。類善物，似類于前哲之善德也。○秦鼎：類善物，謂施善事於族類也，「永錫爾類」是也。◎志慧按：秦鼎以「類」爲名詞未洽，「類」爲動詞，意爲比類、推類、充類。類善物，猶言將善物引而伸之，觸類而長之。以混厚民人者，必有章譽蕃育之祚，物，事也。混，同也。章，明也。○《平議》：「混厚」二字同義，混，亦厚也。則單子必當之矣。單若有闕，必兹君之子孫實續之，不出於它矣。」單，單氏之世也〔六〕。闕，缺也。兹，此也。此君，靖公也。它，它族也。○《爾雅·釋詁》：兹，此也。○秦鼎：單之同族中若有衰闕，則此靖公之孫必有興者，不在別族。◎志慧按：《國語》記言之語通例是預言之下有應驗，本條並無，然緊接著下條言主單穆公乃單靖公之曾孫，至《周語下》末條，連篇累牘皆單穆公的嘉言善語，甚至在《賓孟見雄鷄自斷其尾因而感王》謂「（周）王將殺單子（穆公），未克而崩」，説得神乎其神，可見仍有應驗，且是在《周語下》的全局上應驗。

【彙校】

〔一〕明道本無後「類」字，正統本有。

〔二〕相致，鄭箋作「相梱致」，户埼允明從之，是也。

〔三〕言，明道本作「古」，後者字之訛也。

〔四〕裕，明道本字從「礻」，字殘，次「裕」不誤。

〔五〕祚胤，正統本、《册府元龜》引同，明道本無「祚」字，《考異》據陳奂説斷當無之，謂子孫蕃育，但釋胤，不釋祚。據該段文字組織結構（類也者、壼也者；萬年也者、祚胤也者），則似不便輕疑，且子孫繁育亦爲諸福之一。

〔六〕明道本無「之」字，疑脱，正統本有之。

5 單穆公諫景王鑄大錢

景王二十一年，將鑄大錢。景王，周靈王之子景王貴也。二十一年，魯昭之十八年也。錢者，金幣之名，所以貿買物、通財用也〔一〕，古曰泉，後轉曰錢。賈侍中云〔二〕：「虞、夏、商、周金幣三等：或赤、或白、或黄，黄爲上幣，銅、鐵爲下幣。大錢者，大於舊，其賈重也〔三〕。」唐尚書云〔四〕：「大錢重十二銖，文曰『大泉五十〔五〕』。」鄭後司農説《周禮》云〔六〕：「錢始蓋一品也。周景王鑄大錢而有二品，後數變易，不識本制。至漢，唯五銖久行〔七〕。王莽時〔八〕，錢乃有十品，今存於民，多者有貨布〔九〕、大泉、貨泉。大泉徑寸二分〔一〇〕，重十二銖，文曰『大泉五十』。」則唐君所謂大泉者〔一一〕，乃莽時泉，非景王所鑄明矣。又景王至赧王十三世而周亡，後有戰國、秦、漢，幣物改〔一二〕，轉不相因，先師所不能紀〔一三〕。或云大錢文曰「寶貨」，皆非事實。又單穆公云：「古者有母平子〔一四〕、子權母而行。」然則二品之來〔一五〕，古而然矣。鄭君云「錢始一品，至景王有二品」〔一六〕，省之不孰耳〔一七〕。○唐固：大錢，徑一寸二分，重十二銖，文曰「大泉五十」（《通典·食貨八》引）○應劭：大於舊錢，其價重也（《漢書·食貨志注》顔注引）◎志慧按：大錢，兼指幣值與體積、分量，體積大、分量重者，含金量高，幣值也大，反之亦然。下文之「母子」亦分別指主幣與輔幣、大額與小額的幣種，唯迄今尚未發現其時有標明面值的貨幣。虞、夏之時是否有幣尚是一個有待考證的問題，即有幣，亦不可能是金幣；至於鐵，在周景王時的洛陽並不比青銅便宜，蓋因尚未規模化生産，賈逵以今律古，其誤顯然。唐、鄭二説之誤亦如韋昭所云，古史茫昧，存疑可也，目前幸有周晉布幣、燕齊刀幣和楚國的蟻鼻錢等遺存，可參。又，鄭玄之説《周禮》，今見於《周禮·天官·外府》「掌邦布之入出」注，文字多有出入，蓋約引也。**單穆公曰：「不可。**穆公，王卿士，單靖公之曾孫。**古者天災降戾**〔一八〕，降，下也。戾，至也。灾，謂水旱、蟲螟之類〔一九〕。○《爾雅·釋詁》：戾，至也。○顔師古：戾，惡氣也。一曰：戾，至也

《漢書·食貨志注》）。　**於是乎量資幣、權輕重，以振救民。**量，猶度也〔二〇〕。資，財也。權，稱也〔二一〕。振，拯也。　○賈逵：權，秉也（《文選》陸士衡《五等諸侯論》李善注引，王、汪、黃將此條置於《齊語》「所以示權於中國也」下，蔣曰豫輯）。　○應劭：資，財也。量資幣多少、有無，平其輕重也（《漢書·食貨志》顔注引）。　○顔師古：凡言幣者皆所以通貨物、易有無也。故金之與錢皆名爲幣也（《漢書·食貨志》顔注）。　○《補韋》：謂之權者，以少當多，必取其值，如權之兩相稱也。**民患輕，則爲之作重幣以行之**〔二二〕，民患幣輕而物貴，則作重幣，以行其輕也〔二三〕。　○《正義》：幣輕，謂錢之形質輕也。《漢書·武帝紀》元狩六年詔曰：「日者有司以幣輕多姦。」注：李奇曰：「幣，錢也。輕者，若一馬直二十萬，是爲幣輕而物重也。重難得，則用不足而姦生。」　◎志慧按：據考古發掘所見，錢之形質輕者往往其幣值亦低，唯此「輕」、「重」，主要就其幣值而言，而非形質，下「小」、「大」亦同。　**於是乎有母權子而行，民皆得焉。**重曰母，輕曰子，以子貿物〔二四〕，物輕則子獨行，物重則以母權而行之。子母相通〔二五〕，民皆得其欲。　○應劭：母，重也，其大倍，故爲母也。子，輕也，其輕少半，故爲子也。　民患幣之輕而物貴，爲重幣以平之，權時而行以廢其輕，故曰「母權子」，猶言重權輕也。　民皆得者，本末、有無皆得其利也（《漢書·食貨志》顔注）。　○孟康：重爲母，輕爲子，若市八十錢物，以母當五十，以子三十續之（《漢書·食貨志下》顔注引）。　○《黃氏日抄》：物輕而作重幣行之，爲母權子；物重而以輕幣權之，爲子權母。　○《正義》：民患幣之輕而物貴，爲重幣以平之，權時而行，以廢其輕，故曰「母權子」，猶言重權輕也。○秦鼎：權子、權母解，疑有錯誤。○何平《單穆公「子母相權」論與貨幣的層次結構》：當貨幣購買力低，物價高企時，人們感到貨幣太輕，就應當鑄行「重幣」投入流通，以「重幣」爲基準貨幣單位來計量原來「輕幣」的價值，進行折價替代善後。這就是「母權子而行」，「子」是「母」的若干分之一，「母」爲價值尺度，二者相權在于不讓即將退出貨幣體系的「子」受到財富的損失。◎志慧按：《文選》王元長《策秀才文》李善注引韋昭注云：「權，平也。若物直千二，而母當一千，則子二百平之也。」或爲韋注脱文，可補。價格低者，純用小錢即可，若流通環節只有大錢就會多有不便，並有可能引發通脹；價格高者，用大錢，輔之以小錢，若只有小錢，消費者也會不勝其煩。韋注本自明白，黄震、董增齡之説不知所云，秦鼎疑所不當疑。**若不堪重，則多作輕而行之**〔二六〕，**亦不廢重，於是乎有子權母而行**〔二七〕，**小大利之。**堪，任也。不任之者，幣重物輕，妨其用也，故作輕幣，雜而用之，以重者貿其貴，以輕者貿其賤。子權母者，母不足，則以子平而行之，故錢小大，民皆以爲利也。○應劭：民患幣重，則多作輕錢而行之，亦不廢去重者。言重者行其貴，輕者行其賤也（《漢書·食貨志》顏注）。○敦煌殘卷本舊注（饒宗頤認爲係北魏寫本，至於其傳注時間，文獻不足徵，姑且存疑）：堪，任也。民不任□（空缺者據句義疑爲「重」字），則多作輕而雜幣雜行之亦不難。幣重亦所以平民財也，子權母輕重而行。不廢去重者，以重者行其貴，以輕者行其賤，行之也不得，與之輕重平也（本條未見於段文杰主編《甘肅藏敦煌文獻》，後者標識爲「敦研三六八《國語》卷三《周語下》（二—一）」和「敦研三六八《國語》卷三《周語下》（二—二）」，前者爲饒宗頤在日本東京所見，饒謂此條在原件紙背倒寫，詳見饒宗頤《敦煌所出北魏寫本〈國語·周語〉舊注殘葉跋》）。 ○秦鼎：行，出往也。彼有物，我出與之交易也，故解云物輕則子獨行，或訓施爲，非也。

【彙校】

〔一〕買，《補音》疑爲「貨」字之誤，又疑其衍，《元龜》卷三二五「貿買物」作「質物貨」。通財用，明道本、正統本作「通財用者」。

〔二〕云，明道本、正統本作「曰」。

〔三〕賈，《舊音》云「或作『價』」，明道本、正統本、《御覽》卷八三五引作「價」，後者本字。

〔四〕云，明道本、正統本作「曰」。

〔五〕五十，《札記》據《周禮注》作「直十五」，疑有脱誤。依古泉文例，「直（值）」字不當有。

〔六〕明道本、正統本無「後」字，當從有，語出《周禮·外府》鄭注。

〔七〕久，明道本作「文」，後者字之訛也。

〔八〕明道本、正統本句首有「至」字。

〔九〕《標注》：「多，疑當作『間』。」

〔一〇〕明道本無「大泉」二字，《札記》據《周禮·外府》注文謂當從補，是。

〔一一〕明道本、正統本無「君」字，疑脱。

〔一二〕幣物改，明道本、正統本作「幣物易改」，疑公序本脱。

〔一三〕師，明道本作「時」，《考異》斷後者誤，是。

〔一四〕秦鼎云：「平子，據本注當作『權子』。」可從。

〔一五〕明道本、正統本無「然」字。

〔一六〕明道本、正統本「有」前尚有「而」字。《正義》「景王」下尚有「時」字，疑據義誤增。

〔一七〕省，静嘉堂本、弘治本作「者」，形訛，孔廣栻《訂譌》引胡竹巖説云本作「考」，於義與「省」字無殊。

〔一八〕天灾降戾，日本鐮倉時期的《群書治要》卷子本（日本宫内廳書陵部藏金澤文庫藏鈔本）、《御覽》資産部十五引同，《漢書·食貨志》作「天降災戾」，顔注：「戾，惡氣也。一曰至也。」《通典·食貨八》引同，於義兩通，但據韋昭本《爾雅》爲訓，知韋所見本作「天灾降戾」。

〔一九〕蝨，南監本、静嘉堂本同，《群書治要》、明道本、正統本作「蝗」，《元龜》卷三二五引作「螽」，蝨是蝗、螽、螟的上位概念，與螟並列，似不當作「蝨」。類，《群書治要》、明道本、正統本作

「屬」，《考正》據「穀洛鬭」篇「物無害生」句下注云：「蝗螟之屬。」謂此從宋本（陳樹華所説的宋本實即黄丕烈校刻以前的明道本）爲得之，其説有理。

〔二〇〕猶，《群書治要》卷子本、《元龜》宰輔部諫争一引同，《御覽》資産部十五與明道本、正統本俱無此字。

〔二一〕稱，《群書治要》卷子本作「平」。

〔二二〕明道本、正統本無「之」字，《群書治要》《御覽》卷八三五引有。

〔二三〕《標注》：「其輕，難通。或云：兩字當作『之』一字。」有理。

〔二四〕明道本無「子」字，《群書治要》無「以子」二字。

〔二五〕通，《群書治要》卷八引作「權」，《漢書·食貨志下》亦作「權」。

〔二六〕輕，明道本與《漢書·食貨志下》同，《文選》王元長《永明九年策秀才文》李善注引作「輕幣」，前後都作「重」而非「重幣」，則作「輕」者優。

〔二七〕今傳各本同，唯敦煌殘卷本句下有「之」字。

「今王廢輕而作重，民失其資〔一〕，能無匱乎？」廢輕而作重，則本竭而末寡〔二〕，故民失其資也。　○汪中《經義知新記》：廢輕而作重，謂廢舊錢之輕，更作新錢之重者而布之，民素所蓄積皆歸無用，是以失其資而匱。　○秦鼎：民蓄財，滯而不行，是失資也。　◎志慧按：輕重無關農本商末，失資亦不因財富滯而不行。民匱的原因，一是如汪中所云素所蓄積之輕錢全數作廢，這是國家層面經由幣制改革對民衆的掠奪，下文所謂「實王府」、「奪之資」是也；二是廢輕錢之後，流通環節的貨幣或進一，或去尾，導致物價輪番上漲，使得消費者財富縮水。若匱〔三〕，王用將有所乏，民財匱，無以供上，故王用將乏也。　○《標注》：民財匱，則無以轉通貨物，故王用乏。　◎志慧按：王用乏的原因肯定不只是流通環節受阻，而是全領域的問題。鑄大錢，本質上是景王通過對既有貨幣摻水，實施對社會的變相掠奪，所謂「絶民用以實王府」，雖然短期内能夠達到王府增收的目的，但長期來看，必然會降低王權自身的公信力和經濟的活力，王用乏即由此而起。乏則將厚取於民。厚取，厚斂也。　○敦煌殘卷本舊注：若民資竭匱，王之儉於財用，且有乏，乏將厚取於民也。　○顏師古：厚，猶多也，重也（《漢書·食貨志》注）。民不給，將有遠志，是離民也。給，供也〔四〕。遠志，逋逃也。　○顏師古：遠志，謂去其本居而散亡也（《漢書·食貨志》注）。　○《辨正》：民之有遠志，不是因爲不供王之索取，而是因爲在上者求索無厭，以致於財物不豐足，故此「給」字當以其本義爲訓，《説文·糸部》：「給，相足也。」且夫備有未至而設之，備，國備也。未至而設之，謂豫備不虞〔五〕，安不忘危。有至而後救之，至而後救之，謂若救火療疾〔六〕，量資幣、平輕重之屬。是不相入也。二者先後各有宜〔七〕。不相入，不相爲用也。　○敦煌殘卷本舊注：言凡爲乏己患政之法，人未有所患。當豫設之，有乃救之，是不相入也。○秦鼎：不相入，即冰炭不相入也。◎志慧按：國家投放大額貨幣的前提是流通領域已内生出這樣的需求，這就是單穆公所説的「至而後救之」，韋注是也；如果提前發行大量貨幣，所謂「未至而設之」，市場消化不了，這就是「不相入」。如果强行實施，其結果是引起物價上漲，損害消費者利益，這就是下文的「召灾」。敦煌殘卷本舊注與秦鼎於「不相入」之訓不確。**可先而不備**〔八〕，**謂之怠**；怠，緩也。**可後而先之，謂之召灾**〔九〕。謂民未患輕而重之，離民匱財，是謂「召灾」。〔一〇〕○敦煌殘卷本舊注：召菑，若害民，爲召之也。**周固羸國也**〔一一〕，**天未厭禍焉，而又離民以佐灾**，○敦煌殘卷本舊注：羸，猷病也。言周衰病之國也，天好降既菑於周室未饜，而盡民財以離散之，是助菑也。**無乃不可乎**？言周故已爲羸病之國〔一二〕，天降禍灾，未厭已也。**將民之與處而離之，將灾是備禦而召之，則何以經國**？君以善政爲經，臣奉而成之爲緯也。○敦煌殘卷本舊注：經，常也。何法以爲常於國也。○俞桐川：重幣困民則不可作，天無大災則不必作。不可作而作之爲離民，不必作而作之爲召災（《國語鈔》）。○《標注》：經者，謂立之綱紀以治導民也，不必與緯對説。**國無經，何以出令**？◎志慧按：上文與君臣關係無涉，此「經」字亦非與「緯」相對者。「經國」之「經」，顯係動詞，當作治理解。「國無經」之「經」，則爲名詞，似與廢輕作重之權變相對，可解作治國之常道。**令之不從，上之患也，故聖王樹德於民以除之**〔一三〕。樹，立也。除，除令不從之患。○敦煌殘卷本舊注：樹，立。除，除之。之，患也。

【彙校】

〔一〕資，《群書治要》卷八引作「貨」，《群書治要》卷子本則作「資」。

〔二〕寡，敦煌殘卷本舊注、《群書治要》卷八、《文章正宗》卷四引同，明道本作「寬」，後者字之誤也。

〔三〕《漢書·食貨志》句首有「民」字。

〔四〕供，正統本、《群書治要》卷子本同，《群書治要》卷八、明道本作「共」，《元龜》卷三二五引作「足」，於義似更勝。

〔五〕豫備，《群書治要》卷八同，明道本、正統本作「備預」，《群書治要》卷子本作「備豫」。

〔六〕火，《元龜》作「災」，明道本無「至而後救之」五字。疾，明道本、正統本作「疫」，《群書治要》皆同公序本。

〔七〕「宜」前，孔氏詩禮堂本有「所」字。

〔八〕不，敦煌殘卷本作「弗」。

〔九〕灾，敦煌殘卷本作「菑」，下同。

〔一〇〕謂，《文章正宗》卷四引同，明道本、《群書治要》卷八引作「爲」。

〔一一〕羸，敦煌殘卷本作「羸」，後者字之訛也，次同。

〔一二〕故，明道本、正統本、《元龜》作「固」，據義可從。

〔一三〕聖王，《群書治要》卷八、《元龜》卷三二三引同，明道本、正統本作「聖人」，後者似誤。

「《夏書》有之曰：『關石龢均〔一〕，王府則有。』」《夏書》，逸《書》也。關，門關之征也。石，今之斛也。言征賦調均，則王之府藏常有也。一曰關，衡也。○賈逵：關，通也（《文選》左太沖《魏都賦》李善注引，王、汪、黃、蔣輯）。○敦煌殘卷本舊注：《夏書》，逸《書》也。關，衡也。積升成石，言政賦升石，輕重和均，王之府臧則常有也。或曰：關，門之征也。石，升石也。和，不輕重也。均者，不阿豪彊、侵弱羸也。而此府藏常有也。○《存校》：均，當與「鈞」同，三十斤爲鈞，注以關爲門關之征，亦非是。○《增注》：關，通也。均，今書作「鈞」，百二十斤爲石，三十斤爲鈞。鈞與石五權之最重者也。言貨穀通，和其權量，則王之府藏自盈，而無悖出之患。○《翼解》：石與鈞皆量度之名，故當關之和之。關，衡也。衡，平也。衡所以任權而均物、平輕重也。○《標注》：此謂懸典章以治國者。○《補正》：關，訓衡，與石爲類，訓門關，非。◎志慧按：《僞古文尚書》收入《五子之歌》。傳注有以石爲器用者，如《尚書》僞孔傳；有以石爲量器或重量單位者，如蔡沈《集傳》。關於「均」字，有以與「石」相對之重量單位者，如蔡沈《集傳》；亦有釋爲平均義者，如上引韋注和敦煌殘卷本舊注，衆説紛紜，似各有當，雖商代以前是否有上述義項的關、石、鈞等尚在不可知之數，然文義要在「謹權量，審法度」。《詩》亦有之曰：『瞻彼旱鹿〔二〕，榛楛濟濟。《詩》、《大雅·旱鹿》之首章也。旱，山名。山足曰鹿。榛，似栗而小。楛，木名。濟濟，盛貌。盛者，言王者之德被及也。○敦煌殘卷本舊注：《詩·大雅·旱鹿》之首章也。旱，山名也。鹿，山足也。榛、楛，皆木也。濟濟，茂盛貌也。言王德及於山陵，草木茂盛也。○《補正》：旱山，一作「𡵆山」，在漢中府治西南六十五里。愷悌君子〔三〕，干禄愷悌。』愷，樂也。悌，易也。干，求也。君子，謂君長也。言陰陽調，草木盛〔四〕，故君子以求禄〔五〕，其心樂易。○敦煌殘卷本舊注：豈，樂也。弟，易也。君子之德，謂人君也。干，得。非但及人民以給有也，至山川草木，則君子以得其禄内樂易也。○《標注》：愷悌，樂易也，以熟文作解耳，不當字字分釋。注「陰陽調」二句當削。◎志慧按：韋注先釋「干」，再釋「君子」，是傳抄過程中偶倒，還是韋注本來面目，無考。夫旱鹿之榛楛殖，殖，長也。故君子得以易樂干禄焉〔六〕。○《詳注》：君子，謂君長也。若夫山林匱竭，林鹿散亡，藪澤肆既〔七〕，肆，極也。既，盡也。散亡，謂無山林衡虞之政。○敦煌殘卷本舊注：肆，極也。既，盡也。言不脩山林衡麓之政，其林散亡極盡也。○帆足萬里：肆，陳也，亦謂散耗也。○《略説》：散亡，謂草木斬刈都盡也。民力彫盡，田疇荒蕪，資用乏匱〔八〕，彫，傷也。穀地爲田，麻地爲疇。荒，虚也。蕪，穢也。○賈逵：凋，弊也（釋慧琳《一切經音義》卷十五引）。一井爲疇（《文選》王仲宣《登樓賦》李善注引、陶淵明《歸去來》李善注引，王、汪、黄、蔣輯）。蕪，穢也（《文選》左太沖《魏都賦》李善注引，又謝玄暉《始出尚書省詩》李善注、沈休文《宋書・謝靈運傳論》李善注引同，王、汪、蔣輯）。○《正義》：《襄三十一年傳》「取我田疇而伍之」杜注：「並畔爲疇。」則疇爲可井之田，賈景伯實本《内傳》之義，尤爲雅訓也。**君子將險哀之不暇，而何易樂之有焉？**險，危也。○賈逵：險，危也（釋慧琳《一切經音義》卷一引）。○敦煌殘卷本舊注：險，難也，有患難。言政不備，賦斂無常，民府室空，君子將愁哀不皇，而何得樂易之有也。

【彙校】

〔一〕龢均，敦煌殘卷本作「和均」，明道本、正統本作「和鈞」，三組字古每通作。

〔二〕鹿，《補音》謂「字本或依《詩》作『麓』，古字通。」明道本、正統本、《增注》作「麓」，《毛詩・大雅・旱麓》作「麓」，「麓」本字，「鹿」通假字，《增注》出於張一鯤本，後者在公序本系列，疑《增注》據《毛詩》改，注同，下同。

〔三〕愷悌，敦煌殘卷本無「忄」旁，次同，注同。

〔四〕盛，諸本唯《增注》作「茂」，疑後者據義擅改。

〔五〕明道本、正統本無「以」字。

〔六〕易樂，《毛詩・大雅・旱麓》正義、敦煌殘卷本引作「樂易」，《集解》從之，次同。

〔七〕既，《毛詩・旱麓》正義引作「逸」。

〔八〕匱，敦煌殘卷本作「困」。

「且絕民用以實王府，絕民用，謂費小錢，斂而鑄大也〔一〕。　○敦煌殘卷本舊注：用，財也。多賦於民，爲大錢以充實王府也。**猶塞川原而爲潢汚也**〔二〕**，其竭也無日矣。**大曰潢，小曰汚。竭，盡也。無日，無日數也。　○賈逵：大曰潢，小曰洿（《原本玉篇殘卷・水部》引）。　○顏師古：原，謂水泉之本也。潢洿，停水也（《漢書・食貨志》注）。　○敦煌殘卷本舊注：大曰潢，小曰汙也。猷塞川潢，絕之原，絕其本根而以爲汙池也。　○秦鼎：原、源同。淇云：「川源，譬民也。」　○《補正》：無日，猶言無幾時也。**若民離而財匱，灾至而備亡**〔三〕**，王其若之何？**備亡，無救灾之備也。**吾周官之於灾備也，其所怠棄者多矣**〔四〕，周官，周六官。灾備，備灾之法令。　○敦煌殘卷本舊注：周官，謂當時王官之法令也。**而又奪之資，以益其灾，**　○賈逵：奪，不與而取也（釋慧琳《一切經音義》卷二十九引）。　○敦煌殘卷本舊注：奪民之財以自益周也。**是去其藏而翳其人也。王其圖之！」**善政藏於民。翳，猶屏也。人，民也。奪其資，民離叛，是遠屏其民也。一曰翳，滅也。　○賈逵：翳，猶屏也（釋慧琳《一切經音義》卷三十一引）。　○敦煌殘卷本舊注：臧，府實也。翳，猷屏也。人，民。言重幣之離民，所以去其府臧，自遠屏其民人也。○户埼允明：此句蓋古諺。○《發正》：翳，讀爲「殪」，《釋名·釋喪制》：「殪，翳也。」猶隱翳也。○《平議》：此當從「一曰滅也」之訓，韋疑翳無滅義，故先以屏釋之，不知「翳」通作「殪」，「翳」與「殪」聲近義通。○《標注》：藏、臟同。醫（當係「翳」之訛），當作「瑿」，言是猶剞去其臟腑而欲瑿療其人也，弗可得已。○《補正》：去其藏，是承上「周官」二句，翳其人，是承上「奪之資」一句，言去其故府所藏之良法也。◎志慧按：賈、韋及舊注「翳，猶屏也」誠是，韋昭「善政藏於民」亦得單穆公的深意，唯「去其藏而翳其人」似當從户埼允明説，蓋古諺，則其中之「藏」與「人」皆係泛指，句承上文，謂周官之法令原爲備災而設，而今廢棄備災之法令，又剥奪臣民之資財，就好比撤除了掩藏的屏障又要讓他躲起來，猶如説緣木求魚、南轅北轍。《標注》之解别出心裁，唯一句之中斷一字爲假借，又一字爲誤字，未出所據，似嫌武斷。復次，柳宗元《非國語》云：「古今之言泉幣者多矣，是不可一貫，以其時之升降輕重也。」觀上文十三個「民」字，則在單穆公，自有其一貫處。且不論以羸國之周是否有動員和執行之能力，最起碼，錢之輕重大小及其廢置的樞機不在政治權力，而在市場需求，否則，到頭來，政治權力的自救不過是飲鴆止渴。觀前賢評點多未得單氏用心，故特予揭出。

【彙校】

〔一〕《群書治要》「費」作「廢」，遞修本、静嘉堂本、南監本、弘治本同後者，明道本、正統本本句作「謂廢小錢而鑄大錢也」，《元龜》卷三二五作「廢小錢而鑄大」，《删補》：「費，當作『廢』。」秦鼎從明道本，是，金李本音訛。

〔二〕猶，敦煌殘卷本作「猷」。原，《原本玉篇殘卷》引作「源」，出本字也。

〔三〕《群書治要》引無二「而」字。敦煌殘卷本無前一「而」字，據下句例，當脱。

〔四〕「者」下，敦煌殘卷本有「也」字。

王弗聽。卒鑄大錢。

6 單穆公諫景王鑄大鍾

二十三年〔一〕，王將鑄無射，而爲之大林〔二〕。景王二十三年，魯昭之二十年〔三〕。賈侍中云：「無射，鍾名，律中無射也。大林，無射之覆也。作無射，而爲大林以覆之〔四〕，其律中林鍾也〔五〕。」或説云：「鑄無射，而以林鍾之數益之。」昭謂：下言「細抑大陵」，又曰「聽聲越遠」，如此則賈言無射有覆，近之矣。唐尚書從賈。○敦煌殘卷本舊注：廿三年，周景王廿三年、魯昭廿年也。無射，鍾名，律以覆之也，其中無射也。大林，無射之覆也。作無射而爲大林，律不中林鍾也。○《左傳·昭公二十一年》正義：此無射之鐘，在王城鑄之，敬王居洛陽，蓋移就之也。秦滅周，其鐘徙於長安。歷漢、魏、晉，常在長安。及劉裕滅姚泓，又移於江東。歷宋、齊、梁、陳時，鐘猶在。東魏使魏收聘梁，收作《聘遊賦》，云「珍是淫器，無射高縣」是也。及開皇九年平陳，又遷於西京，置大常寺，時人悉共見之。至十五年，勑毀之。○《補音》：射，盈隻反。○《存校》：無射，鐘名，以其律中無射，故以無射名之。大林，則律中林鍾，是大林乃别一鐘。注云「覆」，未詳其義，以鐘覆鐘，古無此制，或説亦未必然。○《增注》：穆公既曰：「若無射有林，耳不及也。」然則鑄無射之時，又將鑄大鐘，而其大覆無射，其律中林鐘，故謂之大林與。◎志慧按：《左傳·昭公二十一年》載此事於當年春，疑或因原始文獻使用曆法之别，或因其事發生在年末歲初，敘述各有側重。「無射」，鍾名，該器以無射命名，是因爲這套編鍾用無射爲主音。稱林鍾爲大林，並無旁證，而於「鑄無射而爲之大林」之義，歷來亦聚訟紛紜，莫衷一是，今試另辟蹊徑，先從以下兩篇文章中容易索解的表述入手：單穆公先將鑄大鍾與作重幣並提，斥後者「絶民資」，喪積聚，前者「鮮其繼」，無以生殖，爲下文「鮮民財」「罷民力」之先聲，也是其所以反對的主要理由，伶州鳩「嘉生繁祉，人民龢利」「上下不罷」同調。「大不出鈞，重不過石」指向鍾體器型過大，重量超標，其後「律度量衡」「小大器用」承此意；「比之不度」，依然指向器型過大，其後「制度不可以出節」承此意；「鮮民財」，指向耗材多，也意味著器型過大，伶州鳩「用物過度」「匱財」「罷民力」「財亡民罷」亦此意；「正之以度量」，還是指向規格超標；「離民之器」，指向耗材太費。伶州鳩「守官不及」，照應前文「出鈞」「比之不度」「出節」「正之以度量」，謂其器型之大超出專業人士的認知。上面這些表述都是理解上幾乎没有異議的，它們頻繁且明確指向無射鍾用材多，器型大，規格嚴重超標，以致鮮民財、罷（疲）民、離民。在此基礎上，再細繹近年若干音樂考古學家的觀點：「大林」只是言其規模之大，而非林鍾樂鍾〔六〕，其説有據。竊以爲大者指向體積，林者指向數量，下文韋注曰：「林，衆也。」亦可參。北朝魏收《聘游賦》云：「珍是淫器，無射在懸。」指其所見之無射鍾爲「淫器」，當因其超大超重。《隋書·律曆志》引山謙之《記》云：「殿前三鍾，悉是周景王所鑄無射也。」則是直到南朝劉宋時期，景王所鑄之無射鍾至少尚存三件。再回頭看看賈注：「大林，無射之覆也。作無射，而爲大林以覆之。」頗疑「覆」即「復」之借，猶今之副本。近蒙汪煜先生賜教，謂「爲大林以覆之」指的是用大林規制的舞作無射的舞，其説對於理解鍾的形制頗有啓發，唯舞的規格變化勢必影響到其下鉦、鼓、銑的規格，更重要的是，其所指向的論域與單穆公、伶州鳩所反對者交集不多，故不敢取。

單穆公曰：「不可。作重幣以絶民資〔七〕，又鑄大鍾以鮮其繼。鮮，寡也。寡其繼者，用物過度，妨於財也。　○賈逵：繼，餘也（《原本玉篇殘卷·糸部》引）。　○敦煌殘卷本舊注：重幣，錢也。繼，餘也。言王作大錢，又鑄大鍾，以費其餘錢，民財以竭也。○秦鼎：已絶民資，則僅存所繼，今又有鑄，則重鮮之也。《略説》：「王既廢輕，民匱，王用從乏，於是厚取民所繼蓄之財。」《增（注）》：「繼，繼其絶也。言作重幣以絶民之資用，則宜生殖金鐵，以繼其絶也，而又鑄大鐘，乃是寡其繼也。」陶云：「十二律雖以鐘名，皆截竹爲笛也。其曰鑄無射，蓋以金鑄爲鐘，其聲中無射耳，所謂度律均鐘也。」**若積聚既喪，又鮮其繼，生何以殖**〔八〕？積聚既喪，謂廢小錢。生，財也。殖，長也。○敦煌殘卷本舊注：生，財也。殖，蘩多也。○户埼允明：殖，蕃也，長也。生，生業也。**且夫鐘不過以動聲**〔九〕，動聲，謂合樂以金奏，而八音從之。○敦煌殘卷本舊注：鐘之爲言鍾，鍾聚八音也。聲，五聲也。合樂以金奏，故鐘小大不過，足以動五聲、成八音也。◎志慧按：五聲：宫、商、角、徵、羽。八音：金、石、絲、竹、匏、土、革、木。景王所欲鑄者爲歌鐘。動聲，指樂儀中鐘的領樂作用，下章伶州鳩「金石以動之」與成語「金聲玉振」之「金聲」皆指此。鐘不僅領樂，單穆公於此意欲淡化其作用，故云。**若無射有林，耳不及也**〔一〇〕。若無射復有大林以覆之〔一一〕。無射，陽聲之細者。林鍾，陰聲之大者。細抑大陵，故耳不能聽及也。○敦煌殘卷本舊注：若作無射，覆之以林鍾，音聲之巨者故不可聽，細巨相踰，故耳不能聽及。無射，陽聲之細也，林鍾也。無射四寸萬九千六百八十三分之萬九千五百七十一。林鍾八寸。○《增注》：蓋景王欲無射與大林合擊也。○《正義》：《吕氏春秋·侈樂篇》：「夫音亦有適，太鉅則志蕩，以蕩聽鉅則耳不容。弗容，則横塞。横塞，則振動。」即耳不及之義也。◎志慧按：《正義》所引《吕氏春秋》

之文出自《適音篇》，非《侈樂篇》。敦煌舊注「無射，陽聲之細也，林鍾也」意義不明，疑「林鍾也」當作「林鍾，陰聲之大者也」。《史記·律書》云：「林鐘長五寸七分四角，無射長四寸四分三分二。」又云：「黄鐘長八寸十分一宫。」句義或謂多件超大的無射鍾在一個較大的空間中同時演奏，演奏者難以做到整齊劃一，欣賞者也難以感受到應有的音樂美感。**夫鍾聲，以爲耳也，耳所不及，非鍾聲也。**非法鍾之聲也。**猶目所不見**〔一二〕，**不可以爲目也。**若目之精明，所不能見，亦不可以施目也〔一三〕。耳目所不能及而强之，則有眩惑之失，以生疾也。○敦煌殘卷本舊注：言耳所不能聽及者，乃非以鍾爲樂，如明所不能見，不可視目也。**夫目之察度也，不過步武、尺寸之閒；**六尺爲步，賈君以半步爲武。○敦煌殘卷本舊注：察，審長短。半步爲武。言目審長短也，度之數，遠不過步武，近不過尺寸也。**其察色也，不過墨丈、尋常之閒。**五尺爲墨，倍墨爲丈；八尺爲尋，倍尋爲常。○敦煌殘卷本舊注：色，五色也。五尺爲墨，八尺爲尋，倍尋曰常。言目察五色之章爲墨，倍曰丈。遠不過常、丈，近不過尋、墨也。**耳之察龢也**〔一四〕，**在清濁之閒。**清濁，律吕之變也〔一五〕。黄鍾爲宫則濁，大吕爲角則清。○敦煌殘卷本舊注：清濁，十二鍾爲宫則濁、大吕爲宫則清。言耳之審清濁之變也。黄和聲，不過在律吕清濁之閒也。◎志慧按：韋注與敦煌殘卷本舊注皆以十二律吕釋清濁。音調越高則音質越清，越低則越濁。龢，指樂音之間的共鳴（包括色彩、高低的變化）和諧。敦煌舊注「十二鍾爲宫則濁」誤，當依韋注「黄鍾爲宫則濁」。「黄和聲」當爲「審和聲」之訛。**其察**

清濁也，不過一人之所勝〔一六〕。 勝，舉也。 ○敦煌殘卷本舊注：稱，□也。 ○《略説》：一人所察清濁不足以爲正，故先王立之法度也。 ○《增注》：勝，任也。 ○秦鼎：淇云：「一人之所勝，謂其出聲之所勝也。」或云：「一人，猶常人，謂不須識微也。」 ◎志慧按：單穆公之意爲一個樂官都能勝任的事，不必如此勞民傷財，體積大了，件數多了，反而渾濁，不和，也不利於欣賞。 上文「察度」、「察色」、「察龢」均指常人所接受的范圍，故此「察清濁」之「一人」亦應爲常人，秦鼎所引「或説」是也。 **是故先王之制鍾也，大不出鈞**〔一七〕，**重不過石**。 鈞，所以鈞音之法也。 以木長七尺，有弦繫之〔一八〕，以爲鈞法。 百二十斤爲石。 ○敦煌殘卷本舊注：均，所以均音之法也；以木長七尺，有弭擊（繫）其均法也，其輕之以爲均法。 四均爲石。 言鍾聲細大不出均，重不過一石也。 ○《增注》：此黄鍾之鐘法。 ○《集解》：制鍾，謂立鍾之制度。 ○郭萬青《甘肅藏敦煌寫本殘卷〈國語·周語下〉校記》：《國語》此句「大」當言鍾之尺寸，「重」言重量，寫本注與韋注釋「鈞」爲「所以鈞音之法」未妥。 董增齡引《史記·鄒魯列傳》索隱引張晏曰：「鈞，範也。 作器，下所轉者名鈞，以尺寸爲鍾之範。」此處即言鍾的尺寸不能超過鈞。 寫本注以「四均爲石」，實際上混淆了作爲校正樂器音律工具的「鈞」和作爲重量單位的「鈞」之間的區別而混同言之，與後面「言鍾聲細大不出均」注文亦矛盾，誤。 ◎志慧按：「鈞」字與「均」同。 據黄翔鵬考證，「均鍾」爲先秦時期的弦準調律器，是爲編鍾調律而用的音高標準器。 大不出鈞，謂景王所鑄之鍾的體積當處於調律器所及的範圍之内，不可逾越規定之制。敦煌舊注以「四均爲石」，混淆了作爲校正樂器音律工具的「鈞」和作爲重量單位的「鈞」之間的區別，與下句注文「言鍾聲細大不出均」自相矛盾。復次，王金中《玉質黄鍾律管：海昏侯墓驚現漢代律、度、量、衡的基準器》一文，結合《漢書·律曆志》，指其中出土的漢尺九寸的玉質律管爲黄鍾律管，漢尺八點四二寸左右的玉質律管就是大吕律管，該二器現藏江西省博物館。**律、度、量、衡於是乎生**，律，五聲陰陽之法也。度，丈、尺也。量，斗、斛也。衡，稱上衡[一九]，衡有斤兩之數，生於黄鍾。黄鍾之管容秬黍千二百粒。粒百爲銖，是爲一龠。龠二爲合，合重一兩。故曰「律、度、量、衡於是乎生」。　○《存校》：度、量、衡皆受法於律，非生於鍾也。黄鍾，律名，注以「生於黄鍾」解之，誤矣。他所引亦未詳，疑有缺誤。　◎志慧按：律，在此非作定音器之用的律管，而當爲律準，即五聲十二律的固定音高，韋注甚明，《漢書·律曆志》云：「五聲之本，生於黄鍾之律。九寸爲宫，或損或益，以定商、角、徵、羽。九六相生，陰陽之應也。律十有二，陽六爲律，陰六爲吕。」這是律生於黄鍾。同篇又云：「（度）本起黄鍾之長。」量、衡與黄鍾的關係正如韋注，《漢書·律曆志》云：「量者，本起於黄鍾之龠。」又云：「權衡者，本起於黄鍾之重。」此正先民「近取諸身，遠取諸物」的認識方法有以致之，《存校》之駁非也。**小大器用於是乎出**，出於鍾也。《易》曰：「制器者尚其象。」小，謂錙銖、分寸[二〇]。大，謂斤兩、丈尺。　○敦煌殘卷本舊注：律，五聲音陽之法也[二一]。衡，一斤量也。小，謂臣。大，謂君也。度，丈、尺也。量，升、石也。出多少、合大小之所由，與設法度、量、衡，鍾起於均法，厚薄之振動，輕重之所由，君臣之器用，皆取法於鐘也。◎志慧按：敦煌殘卷本舊注以君臣釋大小，不如韋注平實。**故聖人愼之。今王作鐘也，聽之弗及，**耳不及知其清濁也。**比之不度，**不度，不中鈞石之數。◎志慧按：句謂該組無射整體尺寸過大，重量過重，套件衆多，不諧於無射既定的音律，致聽者眩惑，下文「聽樂而震」、「聽不龢」、「離民之器」等皆與此有關。**鐘聲不可以知龢**〔二二〕，耳不能聽，故不可以知和。○《正義》：謂無射與大林相比，律數之所不能紀，心不容，故耳不能聽也。◎志慧按：四句意謂這一組鑄造中的無射鐘器型大，件數多，占地廣，因而將會出現以下情況：樂音傳遞不整齊，甚至各鐘之間會產生混響，聽衆接受到的樂音也不會整齊悅耳。**制度不可以出節，**節，謂法、度〔二三〕、量、衡之節。○敦煌殘卷本舊注：節，法、量、衡、度節也。**無益於樂，而鮮民財，將焉用之？**

【彙校】

〔一〕二十三，敦煌殘卷本、《群書治要》卷子本作「廿三」。

〔二〕而爲之大林，《群書治要》無此五字，疑爲約引。

〔三〕本句明道本、正統本作「魯昭二十年也」。

〔四〕明道本無「而」字。

〔五〕饒宗頤《敦煌所出北魏寫本〈國語·周語〉舊注殘葉跋》據該本舊注作「律不中林鍾」，韋注「律中林鍾」應作「(律)不中林鍾」方合，可從。

〔六〕參秦序：《説「有」也不易——「大林」不是「林鍾律名的别稱」》，《中國音樂學》一九九二年第三期；王洪軍：《〈國語·周語下〉的鍾律文獻再解讀》，《中國音樂學》二〇〇六年第四期。

〔七〕資，《群書治要》卷八作「貨」，《群書治要》卷子本仍作「資」。

〔八〕本句敦煌殘卷本作「生何以能殖」。

〔九〕敦煌殘卷本無「以」字。

〔一〇〕不，敦煌殘卷本、明道本、正統本、《元龜》卷三二三引作「弗」。

〔一一〕復，静嘉堂本、弘治本作「使」，後者形訛。

〔一二〕敦煌殘卷本「猶」作「猷」，「不見」下有「之」字。

〔一三〕以施，正統本同，明道本作「施以」。

〔一四〕龢，敦煌殘卷本、明道本、正統本作「和」，下同。

〔一五〕吕，明道本作「中」，後者字訛。

〔一六〕人，静嘉堂本作「乂」，弘治本作「又」，後二者形訛。勝，敦煌殘卷本作「稱」，義同。

〔一七〕鈞，敦煌殘卷本作「均」。

〔一八〕有，《考異》從公序本，明道本作「者」，秦鼎則從明道本改，於義俱通。

〔一九〕「衡稱上衡」四字，正統本、《元龜》卷三二三引同，明道本無之，疑脱。

〔二〇〕分，孔氏詩禮堂本作「方」，後者形訛。

〔二一〕音，當係「陰」之音訛。

〔二二〕龢，敦煌殘卷本作「和」，下同。

〔二三〕秦鼎引或説云：「『法度』疑『法律』之誤。」但正統本、《元龜》引同，檢諸敦煌殘卷本，僅詞序之别耳，秦鼎所引或説無據。

「夫樂不過以聽耳，而美不過以觀目。若聽樂而震〔一〕，觀美而眩，○賈逵：眩，惑也（《文選》張平子《南都賦》李善注等引，王、汪、黄、蔣輯）。○敦煌殘卷本舊注：美，采色也。震，動心。眩，惑目也。患莫甚焉。夫耳目，心之樞機也〔二〕，樞機，發動也。心有所欲，耳目爲之發動〔三〕。故必聽龢而視正。聽龢則聰，視正則明。習於和正，則不眩惑也。聰則言聽，○《增注》：聽用善言也。明則德昭。○敦煌殘卷本舊注：聽聰，則發言可聽用也。視明，則德昭也。○《增注》：昭顯德行也。聽言昭德〔四〕，則能思慮純固。○敦煌殘卷本舊注：言君言德明臺且聽，則能思慮專義不貳。以言德於民，民歆而德之〔五〕，則歸心焉。歆，猶歆歆，喜

服也〔六〕。言德，以言發德教〔七〕。○賈逵：歆，猶服也（《原本玉篇殘卷·欠部》引）。歆，貪也（釋玄應《一切經音義》卷七引，汪、蔣輯）。○敦煌殘卷本舊注：愔，猷（猶）服也。以言德於民，民服而思德之也。**上得民心，以殖義方，**殖，立也。方，道也〔八〕。○敦煌殘卷本舊注：殖，長也。方，道也。○秦鼎：《隱三年傳》：「教以義方。」《易》云：「義以方外。」○《校補》：殖訓立，則當讀爲「植」，韋注爲長。**是以作無不濟，求無不獲，然則能樂。夫耳内龢聲**〔九〕，**而口出美言，**耳聞和聲，則口有美言，此感於物也。○《補音》：内，經典多借爲「納」字。○《補正》：内，即「納」字，下同。◎志慧按：「内」初文，「納」後起字，下「口内」之「内」同。**以爲憲令，**憲，法也。○《爾雅·釋詁》：憲，法也。**而布諸民，**○敦煌殘卷本舊注：憲，法也。言耳入和聲，口出善言。君耳聽和（聲）而布之於言，以爲法，令萬民也。**正之以度量，民以心力從之不倦**〔一〇〕。○敦煌殘卷本舊注：度量皆出於鍾。鍾平，民悦樂以心聲。聲和，則度鍾量力從之不鮮也。**成事不貳**〔一一〕，**樂之至也。**貳，變也。○敦煌殘卷本舊注：貳，變也。樂成，政不可變易也。**口内味而耳内聲**〔一二〕，**聲、味生氣。**口内五味，則耳樂五聲。耳樂五聲，則志氣生也。○《增注》：本注當作『口内五味，耳樂五聲，則志氣生也』，上『則』字與『耳樂五聲』一句皆似衍。○《正義》：聲亦如味，一氣、二體、三類、四物、五聲、六律、七音、八風、九歌以相成也，清濁、小大、短長、疾徐、哀樂、剛柔、遲速、高下、出入、周流以相濟也。君子聽之以平其心。心，氣之帥；氣，體

之充。心平德和，氣之周流百體者，日新而不窮矣。　◎志慧按：「耳内（納）聲」與「口内味」是並列而非因果關係，「聲、味生氣」係承接前二句而言，「志氣生」並非僅僅接續「耳内聲」而言，今傳韋解誤，《增注》説或是也，惜未見所據。**氣在口爲言，在目爲明。言以信名，**信，審也。名，號令也〔一三〕。　○敦煌殘卷本舊注：名，號令也。言從，則號令信也。**明以時動。**視明，則動得其時也。　○敦煌殘卷本舊注：動，作也。視明，則作事得其時也。**名以成政，**號令所以成政。　○敦煌殘卷本舊注：號令政教成則成也。**動以殖生。**殖，長也。動得其時，所以財長生也。　○敦煌殘卷本舊注：作事所得時以長生也，《傳》曰：「時以作事，事以厚生。」　○户埼允明：動得其時，生業長殖。　○秦鼎：上文「殖生」《解》曰「生財也」，然則此解當作「所以長財也。」　◎志慧按：殖生，猶生生。下句「生殖」，猶生物之得以生，不僅財也。**政成生殖，樂之至也。若視聽不龢**〔一四〕**，而有震眩**〔一五〕**，則味入不精，不精則氣佚**〔一六〕**，氣佚則不龢**〔一七〕。不和，無射、大林也。若聽樂而震，視色而眩，則味入不精美。味入不精美，則氣放佚，不行於身體也。　○敦煌殘卷本舊注：不精，不精專也。氣失，氣散失也。　○《增注》：下「不和」，謂氣不和於身體也。　○《補正》：不和，是泛言身體不順適，非泥指無射、大林説。**於是乎有狂悖之言，有眩惑之明**〔一八〕**，有轉易之名，有過慝之度。**慝，惡也。此四者，氣佚之所生也。狂悖、眩惑，説子朝、寵賓孟也。轉易、過惡，嬖子配適，將殺大臣也〔一九〕。　○敦煌殘卷本舊注：名，令也。氣以實志，志以定言，言以出令。志不實，則言有狂悖、惑眩之侯，則令有轉易、行有過惡也。狂不定，故王子晁敵賓孟也。轉易、過悖、惑眩、説惡，孽子配適，將敘大臣也〔二〇〕。○《校文》：此泛言不和之害耳，不當舉後事以實之。○《述聞》：此「慝」字當訓「忒」，差也。過忒，即過差也。出令不信，有轉易也〔二一〕。○敦煌殘卷本舊注：狂悖、惑眩也。刑政放紛，○敦煌殘卷本舊注：紛，亂也。謂轉易之名、過慝之度也。動不順時，民無據依，不知所力，○敦煌殘卷本舊注：言民不知所爲盡力也。各有離心。不知所爲盡力也。上失其民，作則不濟，求則不獲，其何以能樂？三年之中，而有離民之器二焉，二，謂作大錢、鑄大鍾也。國其危哉！」

【彙校】

〔一〕震，敦煌殘卷本作「振」，唯後者注文作「震」，疑抄手誤抄，抑或視爲通假。

〔二〕樞機，敦煌殘卷本作「機樞」，疑後者誤倒。

〔三〕《群書治要》無「爲之」二字，疑後者以意爲之耳。

〔四〕聽言昭德，敦煌殘卷本作「德言昭聽」，疑後者因形訛而倒。

〔五〕歆，敦煌殘卷本作「愔」，二字皆有和悦、喜悦義，在這一義上，二者爲異體字，例同忻與欣、歉與慊、愉與歈。德，今傳各本同，《考異》：「賈本『德』作『得』。」釋玄應《一切經音義》卷七引亦作「得」，蓋「得」爲「德」之通假字。

〔六〕猶歆歆喜服也，正統本及《群書治要》卷子本引同，明道本作「猶嘉服也」，據《論語·子張》「嘉善而矜不能」之意，疑當作「嘉服」。《群書治要》及秦鼎本「猶歆歆」作「猶欣歆」，《增注》作「歆猶欣」，似以疊字爲長。《元龜》「歆歆」作「欣欣」。

〔七〕發，弘治本作「廢」，後者形訛。

〔八〕本條韋注明道本作「殖立於道也」，於義及注例，似皆公序本較勝。

〔九〕内，敦煌殘卷本作「入」，與「出」相對，此「内」字當釋作「入」，此義後來加旁作「納」，《群書治要》即作「納」。次二同。

〔一〇〕從之，上述《元龜》引同，《群書治要》卷八引作「行之」，比照敦煌殘卷本，似作「從之」更近原貌。

〔一一〕貳，《述聞》卷二十謂當係「貣」之訛，「貣」即「忒」之通假字，忒，變也。然《左傳·僖公九年》：「吾與先君言矣，不可以貳。」《昭公十三年》：「晉政多門，貳偷之不暇。」其中之「貳」皆有變義、苟且之義，據敦煌殘卷本，知其所見者亦作「貳」，王氏於「貳」字除副貳義外多指爲「貣」之訛，似經傳之「貳」字多爲訛字，其實未必，韋注亦不可輕棄。下文「平民無貳」之「貳」同。

〔一二〕本句敦煌殘卷本作「口入納味而耳入聲」，據上下文之「入」字，疑其中「納」字係「入」的注文。

〔一三〕號令，正統本同，明道本無「令」字。

〔一四〕視聽不龢，敦煌殘卷本作「聽視不和」。

〔一五〕有，敦煌殘卷本作「又」。

〔一六〕佚，敦煌殘卷本作「失」，二字古通用。

〔一七〕敦煌殘卷本無此句，脱。

〔一八〕眩，敦煌殘卷本作「惑眩」。

〔一九〕《增注》：「『説子朝』上宜有『謂若』二字，然傳文皆是泛言耳，非敢斥言如是之事。」

〔二〇〕敘，據韋注，當爲「殺」字之訛。

〔二一〕有，《群書治要》卷子本作「自」，亦通。

王弗聽。

7 伶州鳩諫景王鑄大鐘

問之伶州鳩〔一〕。伶，司樂官。州鳩，名也。○賈逵：伶，司樂之官也（釋慧琳《一切經音義》卷三十一引）。○《詩·簡兮》鄭箋：伶氏世掌樂而善，故後世多號樂官爲伶官。伶，古作「泠」，秦有泠至。○敦煌殘卷本舊注：聆，司樂字也。州鳩，名也。◎志慧按：伶州鳩一名，與庖丁、優施、師曠、卜徒父、醫和、匠石、傅説、后羿、帝乙、史伯、舅犯、弈秋、豎刁等組詞方式同，表職業、地位、職官的詞置於名字之前，係先秦時期一種常見詞序，敦煌殘卷本舊注指聆爲司樂字，誤。**對曰：「臣之守官弗及也。**守官，所守之官也。弗及，弗及知也〔二〕。○戶埼允明：弗及，謙辭。○秦鼎：問樂器於樂人，而答以不知者，蓋以其器非正故也。下文曰「妨正匱財，聲不和平，非宗官之所司也」是也。◎志慧按：上引三説各得其一體，因景王將鑄之鐘越出規制，故云。**臣聞之，琴瑟尚宮**〔三〕，凡樂輕者從大，重者從細，故琴瑟尚宮也。○《删補》：凡樂器，聲有輕重、大小也。輕者其聲清且小，重者其聲濁且大。蓋五音，宮音濁，最重最大，商、角、徵、羽漸音清且細小。重、大者，聲調下；細、小者，聲調上。琴瑟等輕者，其聲細小，故以宮爲上也。金鐘等重者其聲重大，故以羽爲尚也。◎志慧按：尚，尊尚，此作適配解。琴瑟通過絲弦振動和竹木材料製成的共鳴箱發聲，起音相對容易低，故以宮爲主音。**鍾尚羽**，鍾聲大，故尚羽。◎志慧按：金屬密度高，擊打時發出的聲音清脆。但因其能做成需要的形狀，音域寬廣，可控制一定的音高，故以羽爲主音。**石尚角，**石，磬也。輕於鍾，故尚角。角，清濁之中。◎志慧按：磬用材質本身作爲發聲點和共鳴箱，音域窄，起音較高，因而定調高，以角爲主音。**匏、竹利制，**匏，笙也。竹，簫管也。利制，以聲音調利爲制〔四〕，無所尚也。○《補韋》：匏竹以人氣發聲，其清濁高下利于裁制，以適其宜。下云「匏竹尚議」即擬議所以制之之法也。◎志慧按：南宋陳暘《樂書》有云：「匏、竹利制，蓋匏、竹相合而成聲，得清濁之適故也。」唯如此仍不能解釋「利制」一詞，句蓋謂匏制的笙、竽與竹制的簫等管樂器更利於定音高。即以管定音，截管，以其長短不同而發出的音高不同來定律，作定音之用。**大不踰宫，細不過羽。**◎志慧按：在同一個音階中，音高次序由低到高排列，最低的音不可低於宫，最尖細的音不可高過羽。**夫宫，音之主也，第以及羽。**宫聲大，故爲主。第，次也〔五〕。◎志慧按：七音（雅樂）的相對音高在聽覺上從低弘到尖細依次爲宫、商、角、變徵、徵、羽、變宫。據單穆公所述，疑其時尚無變宫。**聖人保樂而愛財，財以備器，樂以殖財。**保，安也。備，具也。殖，長也。古者以樂省土風而紀農事，故曰「樂以殖財」也。○《略説》：保樂，謂不妨於正。愛財，謂不妨於財。○秦鼎：或云：「保樂，謂不亂聲律也。下文『聲應相保曰和』是也。」○龜井昱：有和平之聲則有蕃殖之財。◎志慧按：財以備器，義猶孔子「禮稱家之有無」。**故樂器重者從細，**重，謂金、石也。從細，尚細聲。謂鍾尚羽、石尚角也。**輕者從大。**輕，瓦、絲也。從大，謂瓦、絲尚宫也。○《存校》：瓦，土也。 ○秦鼎：瓦者，燒土所成，塤也，大如雁卵，見《周禮·小師注》。 ○《詳注》：瓦，土鼓，以瓦爲匡。 ◎志慧按：此瓦與絲並列，則當非秦鼎與沈鎔所説的陶塤與土鼓，而是類似烏瓦的一種古琴。此輕重疑指樂器之質，質重的樂器如鍾、磬等定調較高，宜於演奏音調相對較高的樂曲（聲部），從聽覺而言，則是尖細的樂音。「輕者從大」反之。這是就一般的經驗而言，似未考慮因器型體積大小而産生不同的共鳴效果。**是以金尚羽，石尚角，瓦、絲尚宮**〔六〕，**匏、竹尚議**〔七〕，議，議從其調利〔八〕。 ○《略説》：八音之器，土居其一，而此不言土，惟有瓦矣，瓦是燒土所成，乃塤是也。**革、木一聲**。革，鼗鼓也。木，柷，圉也〔九〕。一聲，無清濁之變。 ○舊注：一聲，無宮商、清濁（《禮記·學記》正義引《國語·周語》並注，未注明爲何人所注，汪遠孫輯）。 ○李光地：琴瑟細，恐其過於羽，故尚宮。鐘聲大，恐其踰於宮，故尚羽。惟石聲清和，而角在清濁之間，故其音獨相得也。匏、竹者，人氣所吹也，歌以人聲，吹以人氣，高下在心，有所取裁，故曰利制，又曰尚議。革、木無五聲，爲樂之節而已，故曰一聲（《五禮通考·吉禮·宗廟制度》） ◎志慧按：鼓、柷、敔等由革、木製成的樂器，多爲節樂之用，即打節拍，或領樂、止樂，擊打之時，其音調高低不發生變化。

【彙校】

〔一〕此下各本原屬上，今因言主有别而分梳，並據此另立標題。伶，《左傳·昭公二十一年》、《漢書・食貨志》、《群書治要》卷子本、《御覽》卷四九五作「泠」，《御覽》卷五七五作「冷」，卷子本下文皆作「伶」，敦煌殘卷本作「聆」，下同，洪亮吉《曉讀書齋雜録・四録》卷上討論泠至、泠州鳩時謂「泠、伶本一字，亦可作冷」。

〔二〕明道本不重「弗及」二字，疑脱。

〔三〕據下文「瓦、絲尚宮」，疑句首尚有「瓦」字，唯無文獻依據，且據韋注，韋昭所見本亦無「瓦」字，姑且存疑。

〔四〕調，弘治本作「謂」，後者形訛。

〔五〕明道本、正統本「次」下有「第」字，此疑脱，《考正》從補。

〔六〕宮，《御覽》雅樂下引作「商」，疑誤引。

〔七〕議，《五行大義》卷三、《御覽》引作「徵」，或是也。此八字《初學記》卷十五樂部上引作「竹尚商，絲尚宮，匏土尚徵」。

〔八〕明道本、正統本不重「議」字，疑脱。

〔九〕圉，明道本、正統本作「敔」，「敔」本字，「圉」通假字，一名「楬」，一種打擊樂器，形如伏虎，以竹條刮奏，舊時用於雅樂，表示樂曲的終結。

「夫政象樂，樂從和，和從平。和，八音克諧也。平，細大不踰也，故可以平民。樂和即諧，政和即平也〔一〕。聲以龢樂〔二〕，律以平聲。聲，五聲，以成八音而調樂也。賈侍中云：「律，黄鍾爲宫，林鐘爲徵，大蔟爲商，南吕爲羽，姑洗爲角，所以平五聲也。」◎志慧按：「律以平聲」之平，非後世十二平均律之「平」，即不是各相鄰兩律之間的波長之比完全相等，而是平準聲音之義。金石以動之，鍾、石所以動發五聲〔三〕。絲竹以行之，弦〔四〕管所以行之。詩以道之，道己志也。誦之曰詩〔五〕，《書》曰：「詩言志。」○《舊音》：道，音蹈。○《補音》：道，徒到反，或作「導」。歌以詠之，詠，詠詩也〔六〕。《書》曰：「歌永言，聲依永。」匏以宣之，宣，發揚也。瓦以贊之，贊，助也。革、木以節之。○《增注》：「七句『之』字皆指聲律。」◎志慧按：革、木指鼗一類的打擊樂器，用於節樂，在樂曲開始和結束時擊打，所謂「樂之始也」、「止音爲節」是也。物得其常曰樂極，物，事也。極，中也。極之所集曰聲〔七〕，集〔八〕，會也。言中和之所會集曰正聲。○《爾雅·釋言》：集，會也。聲應相保曰龢〔九〕，保，安也。○帆足萬里：相保，不相奪也。細大不踰曰平。細大之聲不相踰越曰平，今無射有大林〔一〇〕，是不平也。◎志慧按：宫低弘，曰大；羽高清，曰細。平，在此指音聲和平。最低不能低過宫，最高不能高過羽，所謂平即低弘之音與尖細之音皆不突破既有樂律所規定的界限。如是而鑄之金，鑄金以爲鍾也。磨之石，磨石以爲磬也。繫之絲木〔一一〕，繫絲木以爲琴瑟也〔一二〕。越之匏、竹，越匏竹以爲笙管。越，謂爲之孔也。《樂記》曰：「朱弦而疏越。」

節之鼓，節其長短、小大〔一三〕。**而行之，以遂八風。**遂，猶順也〔一四〕。《傳》曰「所以節八音而行八風」也，正西曰兑，爲金，爲閶闔〔一五〕；西北曰乾，爲石，爲不周；正北曰坎，爲革，爲廣莫；東北曰艮，爲匏，爲融風；正東曰震，爲竹，爲明庶；東南曰巽，爲木，爲清明；正南曰離，爲絲，爲景風；西南曰坤，爲瓦，爲涼風。○賈逵：遂，從也（《文選》嵇叔夜《與山巨源絶交書》李善注引，汪遠孫輯）。八風，八卦之風也（《初學記》卷十五樂部上，王、汪、黄、蔣輯）。**於是乎氣無滯陰，亦無散陽，**滯，積也。積陰而發，則夏有霜雹。散陽，陽不藏，冬無冰〔一六〕、李梅實之類〔一七〕。**陰陽序次，風雨時至，嘉生繁祉，**○户埼允明：嘉生，嘉穀也。繁祉，猶蕃滋。**人民龢利，物備而樂成，上下不罷，**罷，勞也。○賈逵：疲，勞也（釋慧琳《一切經音義》卷四引）。**故曰樂正。**○秦鼎：樂極、樂正，皆謂中和之正音也。**今細過其主，妨於正；**細，謂無射也。主，正也。言無射有大林，是作細而大過其律，妨於正聲。○《略説》：今無射聲細爲正，反大於宫，是爲妨於正。○《增注》：樂器重者從細，而鐘尚羽，則是無射主羽也。而今有大林，則音過其所主，以妨害於正聲。◎志慧按：句謂若鍾的器型及數量超過既定的規制，其所産生的樂音也會變得更高更細，以致改變了主調。**用物過度，妨於財。**過度，用金多也。◎志慧按：將要鑄造的無射鍾體積、壁厚與套件都超標，故云用物過度，也因而妨於財。**正害財匱，妨於樂。**樂從和，今正害財匱，故妨於樂。**細抑大陵，不容於耳，非龢也；**細，無射也。大，大林也。言大聲陵之，細聲抑而不聞。不容於耳，耳不能容別也〔一八〕。

◎志慧按：句謂若尖細的樂音超出正常的音域，會改變調式固有的風格。升級版的無射鍾，隨著形制和組合的變化，調性豐富，音域寬廣，裝飾音增多，這些都成了改變廟堂音樂中正平和審美風格的破壞性因素。不容於耳，指尖細的樂音音域超過了人耳所能欣賞的範圍。**聽聲越遠，非平也。**越，迂也。言無射之聲爲大林所陵，聽之微細迂遠，非平也。◎志慧按：尖細的高音，其餘音超過了協音所需的效果，反而顯得和聲雜亂混濁，故曰非平。《左傳·昭公元年》：「煩手淫聲，慆堙心耳，乃忘平和。」將煩手淫聲與平和相對，可資理解。**妨正匱財，聲不龢平，非宗官之所司也。**宗官，宗伯，樂官屬焉〔一九〕。○秦鼎：《周禮》，樂六德曰孝、友、祇、庸、中、和。樂有中和者，蓋八音五聲相和相濟，則自然無過不及之病也。◎志慧按：《漢書·律曆志》謂漢代音律「職在大樂，太常掌之」，其職司與先秦的宗伯相近。

【彙校】

〔一〕明道本、正統本二「即」字俱作「則」。

〔二〕龢，《五行大義》卷三及明道本、正統本作「和」。

〔三〕石，明道本、遞修本、正統本、靜嘉堂本、弘治本作「磬」，秦鼎改從明道本，可從，金李本「石」字明顯偏小，疑版片破損後補刻。動發，明道本、正統本作「發動」。

〔四〕弦，明道本、正統本作「絃」，形符更旁字，下同。

〔五〕誦之曰詩，《儀禮經傳通解》引同，明道本、正統本無此四字。誦，遞修本不從「甬」而從「角」，後者字訛。

〔六〕明道本、正統本不重「詠」字，疑脱。詩，遞修本、静嘉堂本、弘治本作「幾」，後三者字誤。

〔七〕二句，《通志·藝術傳》、《文獻通考·樂考七》引同，《初學記》樂部上引此二句作「物得其常曰樂，樂之所集曰聲」，日本惟宗允亮《政事要略》（成書于日本一條天皇年間，九八六—一〇一一）卷八十二引《國語》同，前一面曾引《初學記》中的《五經異義》，或者該條係從《初學記》轉引，《樂書》卷十七引作「物得其常曰樂極，樂之所集曰聲」，《御覽》樂部三有「物得其常曰樂」之語，綜此數條，「樂極」、「極之所集」不辭，疑有誤。

〔八〕集，明道本作「聲」，疑後者係涉正文末字而誤。

〔九〕《初學記》、《御覽》、《政事要略》引無「應」字。

〔一〇〕明道本無「大」字，脱。

〔一一〕秦鼎謂「疑衍『木』字」，據各本韋注，則疑所不當疑。

〔一二〕木，金李本原作「未」，刻工之誤也，兹據明道本、遞修本、静嘉堂本、南監本、弘治本、葉邦榮本、張一鯤本等改。

〔一三〕小大，明道本、正統本作「大小」，疑據後世詞序改。
〔一四〕明道本、正統本無「猶」字，據賈注，則無者稍優。
〔一五〕明道本、正統本「闐闔」下有「風」字，《儀禮經傳通解》卷二十七引有之，公序本脱。
〔一六〕冰，静嘉堂本、弘治本作「水」，後者字殘。
〔一七〕明道本、正統本句末尚有「是也」二字，《考正》從補。
〔一八〕明道本不重「耳」字，脱。李克家本與《駢字類編》卷二百三十五補遺引無「能」字，亦疑脱。
〔一九〕焉，《玉海》官制引同，明道本作「也」，後者誤。

「夫有龢平之聲，則有蕃殖之財。樂以殖財也。於是乎道之以中德，詠之以中音，中德，中庸之德舞也〔一〕。中音，中和之音也。○《周禮·大司樂》：「以樂德教國子中、和、祗、庸、孝、友。」鄭注：「中，猶忠也。和，剛柔適也。祗，敬庸有常也。」德音不愆，以合神、人，合神、人，謂祭祀享宴也〔二〕。神是以寧，民是以聽。聽，從也〔三〕。○户埼允明：謂祭則神寧之，令則民從之。若夫匱財用，罷民力〔四〕，以逞淫心，逞，快也。聽之不龢，比之不度，○秦鼎：不度，不中鈞石之數也。◎志慧按：按上文：「律、度、量、衡於是乎生，小大器用於是乎出。」可知度、量、衡之制皆出於律。比之不度，似指比量之卻不符「大不出鈞，重不過石」的法度，因律不準，導致度、量、衡均無法合於法度。**無益於教，而離民怒神，非臣之所聞也。」**財匱，故民離。樂不和，故神怒也〔五〕。

【彙校】

〔一〕舞，明道本、正統本作「聲」，《四庫薈要》從後者，孔廣栻引或説謂「聲」字亦衍，據此，則其意爲「舞」字亦衍，《考正》、《增注》、《考異》、《標注》皆疑其衍，是。

〔二〕享，明道本、正統本作「饗」。

〔三〕明道本無此韋注，疑脱。

〔四〕罷，《群書治要》作「疲」，次同，今作「疲」者周秦漢文獻多作「罷」。

〔五〕此韋注各本及《群書治要》皆置於「卒鑄大鍾」之後，今移正。

王不聽。卒鑄大鍾。

二十四年，鍾成，伶人告龢。伶人，樂人也。景王二十四年，魯昭二十一年。○孔晁：昭二十一年（《左傳·昭公二十一年》正義引，汪、黄、蔣輯）。**王謂伶州鳩曰〔一〕：「鍾果龢矣。」對曰：「未可知也。」**州鳩以爲鍾實不和，伶人媚王，謂之和耳，故曰「未可知也」。**王曰：「何**

故？」對曰：「上作器，民備樂之，則爲龢。言聲音之道與政通也。今財亡民罷，莫不怨恨，臣不知其和也〔二〕。亂世之音怨以怒，故曰「不知其和也」。且民所曹好，鮮其不濟也。曹，羣也。○賈逵：曹，猶共也（《原本玉篇殘卷·曰部》引）。其所曹惡，鮮其不廢也。◎志慧按：《吕氏春秋·貴因篇》「湯、武以千乘制夏、商，因民之欲也」高注：「傳曰：衆曹所好，鮮其不濟，湯、武是也。衆曹所惡，鮮其不敗，桀、紂是也。故曰『因民之欲』也。」可資參證。故諺曰：『衆心成城，衆心所好，莫之能敗，其固如城也。衆口鑠金。』鑠，消也〔三〕。衆口所毁，雖金石猶可消之也〔四〕。○賈逵：鑠，消也。衆口所惡，雖金亦爲之消亡（《史記·鄒陽列傳》索隱引，又《文選》鄒陽《獄中上書自明》李善注引，文字略有不同，王、汪、黄、蔣輯）。今三年之中而害金再興焉〔五〕，害金，害民之金，謂錢、鍾也。懼一之廢也。」二金之中，其一必廢。○穆文熙：單公之論，猶在於樂，州鳩則直以民心之好惡言之，其利害更精切矣（《鈔評》）。○《集解》：一有皆義，字或作「壹」，韋訓爲「一二」之「一」，言「其一必廢」，則其他之「一」可不廢，不爲妄作矣，似於傳意未合。◎志慧按：從技術層面看，只要將鍾做得足夠大、器壁足夠厚，套件足夠多，並且反覆校正，還是能最大程度地接近音律規則的，伶人告龢以此。但這樣一來，財亡民疲，伶州鳩所關心的是更高層面的和，即韋解所引「聲音之道與政通」、「臣之守官弗及」、「非宗官之所以司」、「非臣之所聞」，一篇之中三致意焉，亦以此。王曰：「爾老耄矣！何知？」八十曰耄。耄，昏惑也。◎志慧按：杜預、王引之、陳瑑皆曾討論八十還是九十曰「耄」。景王去世後四五年中，單穆公一直是政壇上的活躍人物。其實，這裹單穆公借題發揮，曰財亡民罷，莫不怨恨，曰衆口鑠金，致景王惱羞成怒，故出言不遜，當不得真。

【彙校】

〔一〕伶，《漢書·五行志》作「泠」，顏注：「樂官曰泠，後遂以爲氏。泠音零，其字從水。」

〔二〕和，《群書治要》、明道本同，且前後一致，金李本之前與下一字皆作「龢」，此爲特例，張一鯤本作「龢」。

〔三〕消，明道本、正統本及《元龜》卷五三四引作「銷」，形符更旁字，次同。

〔四〕《群書治要》、明道本、正統本無「之」字。

〔五〕明道本、正統本無「今」字，《考正》從删，《群書治要》卷八、《元龜》諫諍部十二、《文章正宗》卷四引皆有之。

二十五年，王崩，鍾不龢。崩而言鍾不和者〔一〕，明樂人之誎。

【彙校】

〔一〕明道本、正統本無「者」字，似有者較勝。

8 伶州鳩論鍾律於景王〔一〕

王將鑄無射，王，景王也。問律於伶州鳩。律，鍾律也。對曰：「律所以立均出度也。律，謂六律、六呂也。陽爲律，陰爲呂。六律：黄鍾、大蔟、姑洗、蕤賓、夷則、無射也。六呂：林鍾、中呂〔二〕、夾鍾、大呂、應鍾、南呂也。「均」者，均鍾木，長七尺，有弦繫之，以均鍾者〔三〕，度鍾大小、清濁也。漢大予樂官有之〔四〕。　○賈逵：律，謂六律、六呂，以均鐘大小、清濁也（《左傳·襄公十九年》正義引，汪遠孫輯）。　○《存校》：立均，即下所云「均鍾」，出度，即下所云「度律」，注以均爲器名，未然。立均，言均由此立。出度，言度由此出。　○《備考》：《周禮注》云：「言以中聲定律，以律立鍾之均。」正義曰：「中聲謂上生下生定律之長短，度律以律自倍半而立鍾之均。均即是應律長短者也。」　○陶望齡：六律、六呂雖以鍾名，皆截竹爲管也。其曰鑄無射，蓋以金鑄爲鍾而其聲中無射耳，所謂度律均鍾（盧之頤校訂《國語》）。　○《正義》：《樂律表微》引鄭衆云：「均，調也。樂師主調其音。」楊收云：「旋宮以七聲爲均，均者韻也。古無韻字，猶言一韻聲也。」則《國語》所謂「立均」者，謂立十二調也。〇黄翔鵬《均鍾考》：「立均出度」的「均」讀作yùn，指七聲音階各個音級律高位置的總體結構。如曾侯乙鍾銘中詳盡開列的各律音高關係，其作用主要即在「立均」，即：確定音樂中所使用的某種音階的調高，在這同時，不同的律又能表現爲一定的長度，即提出一定數據來作爲音高的標準，這就是「出度」了。◎志慧按：六律的絶對音高如下：黄鍾f^1，大蔟g^1，姑洗a^1，蕤賓b^1，夷則$^{\#}c^2$，無射$^{\#}d^2$。六吕的絶對音高如下：大吕$^{\#}f^1$，夾鍾$^{\#}g^1$，仲吕$^{\#}a^1$，林鍾c^2，南吕d^2，應鍾e^2。古代音準器有兩類：一爲《管子·雜篇》的「三分損益法」，屬於以弦定律；二是所謂吹律定聲，以管定律。學者們多持先秦以管定律之説。唯曾侯乙墓出土有均鍾實物，爲一木質長條形器物，全長一百一十五釐米，設有五根弦，係爲編鍾調律所用的音高標準器，可爲韋注之實證。**古之神瞽考中聲而量之以制，**神瞽，古樂正，知天道者也，死而爲樂祖〔五〕，祭於瞽宗，謂之神瞽。考，合也。謂合中和之聲而量度之，以制樂也〔六〕。〇《爾雅·釋詁》：考，成也。〇賈逵：考，成也。成，平也。平中和之聲，度律吕之長短，以立均鍾，以成和平之聲，而百官之道得象而儀之（《左傳·襄公十九年》正義引，汪遠孫輯）。〇《校文》：神瞽，謂其生而知音律之原，若伶倫是也，注牽引瞽宗，非。◎志慧按：成爲「考」之常訓，此處韋昭不取《爾雅》與賈注而另立新説，疑因以賈逵輾轉相訓爲迂曲，然釋考爲合似亦未見旁證，檢《晉語三》「考省不倦」韋注、《楚辭·招魂》「上無所考此盛德兮」王逸注皆云「考，校也」，「考中聲」之「考」似亦以釋爲「校」稍長。**度律均鍾，百官軌儀，**均，平也。軌，道也。儀，法也。度律，度律呂之長短，以平其鍾、和其聲，以立百事之道法也，故曰「律、度、量、衡於是乎生」也。　○户埼允明：謂考中聲以制黄鐘之管。量之者，審察中聲之齊量也。度律者，既得黄鐘之度數，因度其上生下生之分數，以定十二律管之短長也。均鍾，因律管而立均，以調十有二鍾之聲也。　○《補正》：度，入聲，與下「律度」不同。**紀之以三**，三，天、地、人也。古者紀聲合樂〔七〕，以舞天神、地祇、人鬼，故能人神以和。　○李光地《古樂經傳》卷四：律者，法也，萬事取法焉。均者，平也，衆聲取平焉。自黄鐘以至應鐘，皆中聲也，神瞽得中聲於心而量度之於制度之間，故制其聲於律，又寫其聲於鐘。而凡百官之職，如所謂度、量、權、衡者，皆如是法則焉，此律所由興也。度律均鐘即所謂立均也，百官軌儀即所謂出度也。紀之以三者，置一而三之，窮於十七萬七千一百四十七也。六者，六律也。十二者，律與呂也。以三紀之，以十二成之，皆神瞽所爲，量之以制而生者也。　○《存校》：十一律皆生於黄鍾，以三數相乘，故曰「紀之以三」，注指天、地、人，未然。　○皆川淇園：此疑爲三分損益之法。　○《正義》：班（班固《漢書·律曆志》）、孟（康）兩家釋義與州鳩合，今韋解依《大司樂》天神、地示、人鬼釋「紀之以三」，或别有所見也。　◎志慧按：紀之以三，古有三分損益説，《史記·律書》云：「數始於一，終於十，成於三。」意謂變化由三來完成。又云：「律數：九九八十一以爲宫；三分去一，五十四以爲徵；三分益一，七十二以爲商；三分去一，四十八以爲羽；三分益一，六十四以爲角。」這在曾侯乙墓編鍾銘文中可得到印證，其中有「曾」、「顛」，根據測試，學者們認爲，宫、商、徵、羽向上大三度顛，即宫顛爲E、商顛♯F，徵顛B、羽顛♯C；向下大三度曾，即宫曾♭A、商曾♭B、徵曾♭E和羽曾F。**平之以六，**平之以六律也。上章曰「律以平聲」。**成於十二**〔八〕，十二，律呂也。陰陽相扶助〔九〕，律取妻，呂生子〔一〇〕，上下相生之數備也〔一一〕。**天之道也。**天之大數不過十二。**夫六，中之色也，**○户埼允明：「六者數也，黄者色也，此句當作『黄，中之色也』。《易》爻黄裳、黄牛取之於中，中於樂謂中聲，於《易》謂二、五，即此也。」韋注引即作「黄，中之色也」，知其見之深入。《備考》亦云：「朱晦庵曰：『「六」字，本只是「黄」字闕却上面一截。』按《漢書·律曆志》曰：『黄者，中之色也，君之服也。鐘者，種也。』王弼注《易》云：『黄者，中之色也。』乃知晦庵之説有所據也。」**故名之曰黄鍾，**十一月曰黄鍾〔一二〕，《乾》初九也。六者，天地之中。天有六氣，降生五味。天有六母〔一三〕，地有五子〔一四〕，十一而天地畢矣。而六爲中，故六律、六呂而成天道。黄鍾初九，六律之首，故以六律正色〔一五〕，爲黄鍾之名，重元正始之義也。黄鍾，陽之變也，管長九寸，徑三分，圍九分，律長九寸，因而九之，九九八十一，故黄鍾之數立焉，爲宫。法云：九寸之一得林鍾初六〔一六〕，六呂之首，陰之變，管長六寸。六月之律，《坤》之始也〔一七〕。故九六，陰陽、夫婦、子母之道。是以初九爲黄鍾。黄，中之色也。鍾之言陽氣鍾聚於下也〔一八〕。○《存校》：管定其體，律紀其數也。九寸之一，一當作「二」，黄鐘下生林鍾得六寸，是三分九寸而取其二，故云九寸之二。○《删補》：自此已下注律呂，以管長與律長分而爲二，何謂？曰：管長者，今以截竹所作管而言；律長者，以黄鐘以下隔八相生，上生下生，三分損益之法所爲算而言。作管者隨其竹形而試吹之以協聲，但不能如算法究數之精微也，故已下所謂管與律長短不同。○《發正》：今用密律求得黄鍾圓徑數，應云：管長九寸，徑三分三釐八豪五絲一忽，圍十分六釐三豪四絲七忽，空圍九分，因而九之九九得八百一十分，黄鍾之數立焉。又《解》中「九寸之一」句誤，應云黄鍾九分之六。◎志慧按：關修齡《國語略説》云：「朱仲晦云：『六』字疑本是『黄』字，乃滅其上之半而爲『六』耳。愚按：《漢・律曆志》見作『黄』字，宜從朱説。」與上揭恩田仲任《國語備考》之説並無實質性區別，《略説》刊於一七九二年，其時恩田仲任五〇歲，是恩田氏踵事增華，還是關修齡由博返約，待考。**所以宣養六氣、九德也。**宣，徧也。六氣，陰、陽、風、雨、晦、明也。九德，九功之德，水、火、金、木、土、穀、正德、利用、厚生也。十一月陽伏於下，物始萌，於五聲爲宫，含元處中〔一九〕，所以徧養六氣、九德之本。○舊注：十一月建子，陽氣在中。六氣，陰、陽、風、雨、晦、明。九德，金、木、水、火、土、穀、正德、利用、厚生。作，事〔二〇〕。宣，遍。黄鍾，象氣伏地，物始萌，所以遍養六氣、九功之德（《禮記・月令》正義引，並引《國語》，汪遠孫輯）。**由是第之，**由，從也。第，次也，次奇月也〔二一〕。○《爾雅・釋詁》：由，從，自也。**二曰大蔟**〔二二〕，正月曰大蔟，《乾》九二也。管長八寸〔二三〕。法云：九分之八〔二四〕。大蔟，言陽氣大蔟達於上也。○《集解》：項名達云：「九分，指黄鍾言，應云：黄鍾九分之八。」○《補正》：《白虎通義》：太，亦大也。蔟，湊也。言萬物始大，湊地而出之也。**所以金奏，贊陽出滯也。**贊，佐也。

賈、唐云：「大蔟，正聲爲商，故爲金奏，所以佐陽發、出滯伏也。」《明堂月令》曰〔二五〕：「正月，蟄蟲始震。」**三曰姑洗，所以脩潔百物，考神納賓也。**三月曰姑洗，《乾》九三也。管長七寸一分，律長七寸九分寸之一。姑，潔也〔二六〕。洗，濯也。考，合也。言陽氣養生，洗濯枯穢〔二七〕，改柯易葉也。於正聲爲角。是月，百物脩潔，故用之宗廟，合致神人，用之享宴〔二八〕，可以納賓也。○舊注：是月，之物脩潔〔二九〕，故用之宗廟，致神納賓也（《禮記·月令》正義引，並引《國語》，汪遠孫輯。按，黄奭輯《唐固國語注》以爲賈、唐注）。○《淮南子·天文訓》「加十五日指辰，則穀雨音比姑洗」高注：「姑，故也。洗，新也。」○《正義》：《淮南·天文訓》：「斗指辰，律受姑洗。姑洗者，陳去而新來也。」高注：「姑，故也。洗，新也。陽氣養生，去故就新，故曰姑洗。」《史記·律書》：「姑洗者，言萬物洗生，其於十二月爲辰。」《白虎通義》：「沽者，故也。洗，鮮也。言萬物去故就新，莫不鮮明也。」《漢書·律曆志》：「姑洗，洗絜也。言陽氣洗物辜絜之也。」是姑之訓故，班氏、高氏之説彰彰可徵，韋解以姑爲潔，不知其訓何本。○《發正》：項名達曰：「管，律之管也，管長即是律長，非有二事，特一紀實數、一紀約數耳。應云管長七寸一分强，約爲七寸九分之一。」**四曰蕤賓，所以安靖神人，獻酬交酢也。**五月曰蕤賓，《乾》九四也。管長六寸三分，律長六寸八十一分寸之二十六。蕤，委蕤〔三〇〕，柔貌也。言陰氣爲主，委蕤於下〔三一〕，陽氣盛長於上，有似於賓主，故可用之宗廟、賓客，以安靜神人，行酬酢也。酬，勸也。酢，報也。○《爾雅·釋詁》：酬、酢，報也。○賈逵：祚，報也（釋玄應《一切經音義》卷十八引）。○《吕氏春秋·仲夏紀》「律中蕤賓」句下高注：是月陰氣萎蕤在下，象主人。陽氣在上，象賓客。竹管音中蕤賓也。○《述聞》：「安靖神人」是釋「蕤」字，「獻酬交酢」是釋「賓」字，「蕤」與「綏」古同聲而通用。《淮南·天文篇》「蕤賓者安而服也」亦是以安釋「蕤」，以服釋「賓」。今云「蕤，委蕤，柔貌也」，義本《史記·律書》，然不以安釋「蕤」，而以柔釋「蕤」，則「安靖神人」四字遂無著落矣。○《發正》：項氏名達曰：「應云：管長六寸三分强，約爲六寸八十一分寸之二十六。」◎志慧按：蕤賓，曾侯乙編鍾銘文作「妥賓」，「妥」爲「綏」之省，義則如《述聞》説。賈逵釋「祚」爲報，未見適用於《國語》他處，韋解「酢，報也」，「祚」、「酢」通，故置於此。**五曰夷則，所以詠歌九則，平民無貳也**〔三二〕。七月曰夷則，《乾》九五也。管長五寸六分，律長五寸七百二十九分寸之四百五十一。夷，平也。則，法也。言萬物既成，可法則也，故可以詠歌九功之則，成民之志〔三三〕，使無疑貳也。○舊注：《乾》九五用事。夷，平。則，法也。言法度平，故可詠歌九功之法，平民使不貸也（《禮記·月令》正義引，汪遠孫輯，按，黄奭《唐固國語注》以爲賈、唐注）。○《淮南·時則訓》「律中夷則」句下高注：夷，傷也。則，法也。是月陽衰陰盛，萬物凋傷，應法成性，故曰「夷則」也。○《正義》：諸家並訓夷爲傷，今韋解以夷爲平，《詩·周頌》「岐有夷之行」，是夷亦得有平義也。○王引之《國語正義》眉批：諸家以夷爲傷，與《國語》之意不合，似可不引。夷爲平，出於正文，非韋解以意爲之也。○《發正》：項氏名達曰：「應云管長五寸六分强，約爲五寸七百二十九分寸之四百五十一。」**六曰無射，所以宣布哲人之令德，示民軌儀也。**九月曰無射，《乾》上九也。管長四寸九分，律長四寸六千五百六十一分寸之六千五百二十四。宣，徧也。軌，道也。儀，法也。九月，陽氣收藏〔三四〕，萬物無射見者，故可以徧布前哲之令德，示民道法也。○舊注：《乾》上九用事。無射，陽氣上升，陰氣收藏，萬物無射也。哲人，后稷布其德，教示以法儀，當及時銍穫而收藏也（《禮記·月令》正義引，汪遠孫輯，黄奭《唐固國語注》以爲賈、唐注）。○《白虎通義·五行》：射者，終也。言萬物隨陽而終也，當復隨陰而起，無有終已。○《發正》：項氏名達曰：「應云管長四寸九分强，約爲四寸六千五百六十一分寸之六千五百二十四。」**爲之六閒，以揚沈伏，而黜散越也。**六閒，六吕在陽律之閒。沈，滯也。黜，去也。越，揚也。吕，陰律，所以侣閒陽律〔三五〕，成其功，發揚滯伏之氣，而去散越者也。伏則不宣，散則不和。陰陽序次，風雨時至，所以生物也。○《述聞》：黜，讀爲「屈」，屈，收也，謂收斂散越之氣也。○《集解》：黜，與「絀」通，「絀」即「屈」字。**元閒大吕，助宣物也**〔三六〕。十二月曰大吕，《坤》六四也。管長八寸八分。法云：三分之二〔三七〕，四寸二百四十三分寸之五十二，倍之爲八寸分寸之一百四。下生律。元，一也。陰繫於陽，以黄鍾爲主，故曰元閒。以陽爲首，不名其初〔三八〕，臣歸功於上之義也。大吕，助陽宣散物也。天氣始於黄鍾，萌而赤；地受之於大吕，牙而白，成黄鍾之功也〔三九〕。○《存校》：此注多誤，今改正云：三分之二，下生得四寸二百四十三分之五十二，倍之得八寸二百四十三分之一百四，「下生律」三字原在「一百四」之下，誤。律，當作「得」，移於「三分之二」下。○《白虎通義·五行》：大，大也。吕者，拒也。言陽氣欲出，陰不許也。○《删補》：八寸八分，當作「八寸四分」。○《發正》：項氏名達曰：「《解》中『八寸八分』句誤，應作『八寸四分』。『三分之二』句欠明。三分，應指蕤賓言。『倍之爲八寸分寸之一百四』句有脱字，應云『管長八寸四分强』。」二間

夾鍾，出四隙之細也。二月曰夾鍾，《坤》六五也。管長七寸四分，律長三寸二千一百八十七分寸之一千六百三十二，倍之爲七寸分寸之千七十五〔四〇〕。隙，閒也。夾鍾助陽。鍾，聚。曲，細也〔四一〕。四隙，四時之閒氣微細者，春爲陽中，萬物始生，四時之微氣皆始於春。春發而出之，三時奉而成之，故夾鍾出四時之微氣也〔四二〕。○舊注：夾助陽。四隙，謂黄鍾、大吕、大蔟、夾鍾，凡助出四隙之微氣，令不滯伏於下也（《禮記·月令》正義引《周語》并注，汪遠孫輯，黄奭《唐固國語注》以爲賈、唐注）。○《白虎通義·五行》：夾者，孚甲也，言萬物孚甲，種類分也。○《發正》：項氏名達曰：「應云『管長七寸四分强』。」○吴銘《〈管子〉「四鄰不計」解》：「四隙」與「隙」指的是農隙，謂農事之間的閒暇時段。二月是「四隙」之一，而相對於秋收之後整個冬季的農閒，春耕之後只有短時間的休息，功用有限，故稱「四隙之細」。◎志慧按：《禮記·月令》「仲春之月，其音角，律中夾鍾。」鄭玄注：「仲春氣至，則夾鍾之律應。」《周語》曰：『夾鍾出四隙之細。』」交流中吴銘據此認爲鄭玄理解的「四隙之細」即仲春。吴氏援據翔實，論證綿密，後出轉精，有是正韋注之功。三間中

呂〔四三〕，**宣中氣也。**四月曰中呂，《坤》上六也。管長六寸六分，律長三寸萬九千六百八十三分寸之六千四百八十七，倍之爲六寸分寸之萬二千九百七十四。陽氣起於中〔四四〕，至四月宣散於外，純乾用事，陰閉藏於内，所以助陽成功也，故曰正月。正月〔四五〕，正陽之月也〔四六〕。○《白虎通義·五行》：陽氣將極，中充大也，故復中難之也。○《呂氏春秋·孟夏紀》「律中仲呂」句下高注：仲呂，陰律也。陽散在外，陰實在中，所以旅陽成功也，故曰仲呂。**四間林鍾，和展百事**〔四七〕，**俾莫不任肅純恪也。**六月曰林鍾，《坤》初六也。管長六寸，律長六寸。林，衆也，言萬物衆盛也〔四八〕。鍾，聚也。於正聲爲徵。展，審也。俾，使也。肅，速也。純，大也。恪，敬也。言時務和審，百事無有僞詐〔四九〕，使之莫不任其職事〔五〇〕，速其功，大敬其職也。○《爾雅·釋詁》：肅，速也。純，大也。恪，敬也。○舊注：《坤》初六也。林，衆。鍾，聚。肅，速。純，大。恪，敬。言時務和審，百事無有詭詐，使莫不任其職事，速其功而大敬其職（《禮記·月令》正義引《周語》並注，汪遠孫輯）。○《增注》：展，信也。任肅，任其職而肅慎也。純恪，純其事而恪敬也。○《白虎通義·五行》：六月謂之林鍾何？林者，衆也。萬物成熟，種類衆多。○《發正》：項氏名達曰：「既載管長，復無約分，『律長』句贅。」○《平議》：展與「布」同義。**五間南呂，贊陽秀也**〔五一〕。八月曰南呂，《坤》六二也。管長五寸三分，律長五寸三分寸之一。榮而不實曰秀。南，任也。陰任陽事，助成萬物也。贊，佐也〔五二〕。○舊注：《坤》六二也。南，任也。陰任陽事，助成萬物。贊，佐也，陰佐陽秀成物也（《禮記·月令》正義引

《周語》注，汪遠孫輯，按，黄奭《唐固國語注》以爲賈、唐注）。　○《略説》：秀，禾吐華也。舊注是因襲之謬，於本義無當。　○《發正》：項氏名達曰：「應云『管長五寸三分强，約爲五寸三分之一』。」

◎志慧按：《爾雅·釋草》：「不榮而實者謂之秀。」《詩·豳風·七月》毛傳、《淮南子·時則訓》高注皆同，韋昭注《國語》，自謂「以《爾雅》齊其訓」，於此卻云「榮而不實曰秀」，且未見其他傳注可資佐證，頗疑此係韋昭誤引《爾雅》之文，或者乃傳抄過程中之誤倒。《略説》指其因襲之謬，亦非。關於今本《爾雅》「不榮而實」一語，陸德明《釋文》云：「衆家並無『不』字。」清葉蕙心《爾雅古注斠》、郝懿行《爾雅義疏》、阮元《校勘記》等據《藝文類聚》卷八十一引《爾雅》無「不」字，以無者爲是。檢《白氏六帖事類集》卷三十引《爾雅》亦無「不」字，則今傳《爾雅》和韋注或有竄亂。**六閒應鍾，均利器用，俾應復也。**十月曰應鍾，《坤》六三也。管長四寸七分，律長四寸二十七分寸之二十。言陰應陽用事，萬物鍾聚，百嘉具備〔五三〕，時務均利，百官器用、程度庶品使皆應其禮，復其常也。《月令》：「孟冬，命工師效功，陳祭器，案程度〔五四〕，無或詐僞淫巧以蕩上心〔五五〕，必功致爲上。」　○舊注：《坤》六三用事。應，當也。言陰當代陽用事，百物可鍾藏，則均利百工之器。「俾應復」者，陰陽用事，終而復始也（《禮記·月令》正義引《周語》注，汪遠孫輯，按，黄奭《唐固國語注》以爲賈、唐注）。　○《白虎通義·五行》：鍾，動也，言萬物應陽而動，下藏也。　○《發正》：項氏名達曰：「應云『管長四寸八分弱，約爲四寸二十七分之二十』。」

【彙校】

〔一〕上海師大本此篇題作《景王問鍾律於伶州鳩》，爲突出言主，且與前三篇標題的主謂關係保持一致，今題如上。

〔二〕中呂，《補音》：「或作『仲』，或如字。」明道本、正統本作「仲呂」，「中」、「仲」古今字，下同。

〔三〕「以均鍾者」四字似有誤，若是保留「者」字，則正文當有「以均鍾」三字，唯各本未見類似異文；又，下句作「度鍾大小、清濁」，若是這下一句係解釋正文「以均鍾」句，則不必出「以」字；觀該句承「均者均鍾木，長七尺……」，疑「以均鍾者」係「以均鍾音」之訛，檢北宋陳祥道《禮書》卷一百十七「均」下、陳祥道之弟陳暘《樂書》卷一百三十二「樂圖論」引正作「音」。

〔四〕大予樂官，《刪補》謂「官」當作「宫」，是，古之太樂，東漢依讖易名。

〔五〕而，明道本、正統本作「以」。

〔六〕也，明道本作「者」。

〔七〕明道本無「者」字，疑脱。

〔八〕成於十二，《晉書・律曆上》引同，《御覽》時序部一引作「成以十二」，《斠證》：「蓋抄刻者由上文『紀之以三』、『平之以六』而衍『之』，或誤爲『以』耳。」其説有理。

〔九〕明道本無「助」字，疑脱。

〔一〇〕明道本、正統本句首有「而」字。
〔一一〕明道本無「相」字，疑脱。
〔一二〕明道本無「曰」字，下文各月份之下明道本皆無「曰」字，不一一。
〔一三〕母，明道本、正統本、《正義》作「甲」，遞修本作「田」，疑爲「甲」之殘，《御覽》時序部一、《文獻通考》樂考五皆作「甲」，則作「母」者實「甲」之訛。
〔一四〕天有六母，地有五子，秦鼎本作「日有六甲，辰有五子」，未知所據。
〔一五〕以，《玉海》律曆引同，明道本無之，疑脱。
〔一六〕九寸之一，孔氏詩禮堂本和李克家本作「九分之六」，《增注》所據本作「九寸之六」，並云當爲「九分之六」，是。
〔一七〕六月之律，坤之始也，明道本作「六月，律之始也」，明道本脱。
〔一八〕明道本、正統本無「之」字；鍾聚，明道本作「聚鍾」，疑後者誤倒。
〔一九〕含，弘治本作「上」，後者誤。
〔二〇〕「作事」二字蓋衍文。
〔二一〕奇月，《御覽》時序部一作「其日」，《考異》謂當從，《文獻通考》樂考五引作「其月」，從十一月到正月，則似「奇月」更優。

〔二二〕大蔟，曾侯乙編鍾銘文作「大族」，文獻中或從竹作「簇」，或從艸作「蔟」，義同。

〔二三〕《增注》謂此脱「律長八寸」四字，據《月令》可從。

〔二四〕《增注》謂「九分之八」下脱「得南吕六二」五字。

〔二五〕明道本、正統本無「曰」字。

〔二六〕姑，潔也，《札記》：「疑當作『姑，故也。』」與《白虎通》同。」秦鼎徑據改，《考異》亦謂：「潔，疑誤。」遞修本「姑」作「沽」，下文「王曰七律者何」韋注二本皆作「沽洗」，文獻中沽洗、姑洗兩作。

〔二七〕枯，《儀禮經傳通解》卷十三引同，明道本作「姑」，《札記》：「疑當作『故』。」

〔二八〕享，明道本作「鄉」，《考異》：「案『鄉』即『饗』之字壞。」饗爲「鄉」之累增字。

〔二九〕《輯存》：「之物，當作『百物』。」據韋解，汪説是。

〔三〇〕明道本無「蕤」字，疑脱。

〔三一〕蕤，明道本作「柔」。

〔三二〕《述聞》謂貳當作「貣」，與「忒」義同，《集解》徑從改，《儀禮》卷七鄭注引《春秋傳》正作「詠歌九則，平民無忒」，知王説有據。

〔三三〕明道本無「之志」二字，疑脱。

〔三四〕陽氣收藏，明道本、正統本作「陽氣上升，陰氣收藏」，《考異》謂公序本脱，《考正》從補，據義則疑後二本衍「上升陰氣」四字。

〔三五〕《儀禮經傳通解》卷十三引同，明道本無「律」字，疑脱。

〔三六〕《述聞》據《漢書·律呂志》、《淮南志·天文訓》高注等謂「助」下脱「陽」字，《考異》、《集解》從之，其説有理。

〔三七〕《增注》：「八寸八分，八分，當爲『四分』。『法云三分之二』當作『律長』二字，而此六字宜在林鍾下。」

〔三八〕初，《儀禮經傳通解》引同，明道本、正統本作「物」，《考正》謂似「初」字是。

〔三九〕《存校》：「八分，當作『四分』。」《發正》引項名達説：「解中『八寸八分』句誤，應作『八寸四分』。『三分之二』句欠明，『三分』應指蕤賓言。『倍之爲八寸分寸之一百四』句有脱字，應云『管長八寸四分强。法云：蕤賓三分之二，下生得半律，四寸二百四十三分寸之五十二；倍之得全律，八寸二百四十三分之一百四。』」

〔四〇〕千七十五，明道本、正統本作「一千七十五」。

〔四一〕明道本、正統本、《增注》無「曲細也」三字，據正文似當從無。靜嘉堂本、弘治本、張一鯤本「曲」作「也」，亦似公序本系統有誤。

〔四二〕《發正》引項名達説：「是解多誤，應云『管長七寸四分强。約法云：自夷則下生得半律，三寸二千一百八十七分寸之一千六百三十一；倍之爲全律，七寸二千一百八十七分寸之一千七十五。』」

〔四三〕中呂，各本惟《補正》、《集解》作「仲呂」，雖説「仲」、「中」相通，但用字失據。

〔四四〕起，明道本作「越」，後者形訛。

〔四五〕明道本、正統本不重「正月」，脱。

〔四六〕《發正》引項名達説：「應云『管長六寸六分强。約法云：自無射下，生得半律，三寸萬九千六百八十三分寸之六千四百八十七；倍之爲全律，六寸萬九千六百八十三分寸之萬二千九百七十四。』」

〔四七〕百事，《禮記·月令》鄭注與孔疏引作「百物」，或係誤録。

〔四八〕本注明道本無「衆也言萬物」五字，疑脱。

〔四九〕僞詐，《月令正義》引作「詭詐」。

〔五〇〕明道本、正統本無「之」字，《考正》從删。

〔五一〕贊陽秀，《禮記·月令》鄭注及《樂書要録》卷六引《國語》作「贊陽秀物」，此或脱，《集解》徑從補。

〔五二〕《集解》據《月令正義》引補「陰佐陽，秀成物也」七字於後。

〔五三〕百嘉，《禮儀經傳通解》卷十三引同，明道本、《正義》作「百器」。

〔五四〕案，明道本、正統本作「按」。程度，明道本作「度程」，疑後者誤倒。

〔五五〕無或詐僞，《禮記·月令》作「毋或作爲」，《考正》斷「詐僞」訛，是，明道本、正統本作「毋作」二字，據《月令》脱。

「律吕不易，無姦物也。律吕不變易其常〔一〕，各順其時，則神無姦行，物無害生。○帆足萬里：物不中度曰奸。**細鈞有鍾無鎛，昭其大也。**細，細聲，謂角、徵、羽也。鈞，調也。鍾，大鍾。鎛，小鍾也。昭，明也。有鍾無鎛，爲兩細不相和〔二〕，故以鍾爲節〔三〕。節〔四〕，明其大者，以大平細。○《補音》：鎛，伯各反。**大鈞有鎛無鍾，**大，謂宫〔五〕、商也。舉宫、商而但有鎛無鍾，爲兩大不相和，故去鍾而用鎛〔六〕，以小平大。**甚大無鎛〔七〕，鳴其細也。**甚大，謂同尚大聲也〔八〕，則又去鎛，獨鳴其細。細謂絲、竹、革、木。**大昭小鳴，和之道也。**大聲昭，小聲鳴，和平之道。**龢平則久，**久，可久樂也。○户埼允明：久，謂樂之一成也。節度不違，音聲以和，至「從之，純如也」。**久固則純，**固，安也。可久則安，安則純也。孔子曰：「從之〔九〕，純如也。」**純明則終，**終，成也。《書》曰：「《簫韶》九成。」○《述聞》：明，成也。謂純成則終也，故古謂樂一終爲一成。**終復則樂，**終復，終則復奏〔一〇〕，故樂。所以成政也，言政象樂也。故先王貴之。」貴其和平，可以移風易俗。

【彙校】

〔一〕常，明道本、正統本作「正」。

〔二〕爲，明道本、正統本作「謂」，據義當從後者，下文「爲兩大不相和」之「爲」同。

〔三〕爲節，明道本、正統本作「爲之節」。

〔四〕明道本、正統本、《增注》不重「節」字，《考正》、秦鼎本從明道本，是。

〔五〕謂，明道本作「調」，後者字之訛也。

〔六〕「去」前，明道本有「云」字，疑因訛而衍。

〔七〕「甚大無鏄」四字，《標注》斷其「古注文攙入」，據上下文句例，可備一説。

〔八〕同尚，明道本、正統本作「宫商」，《考正》、《考異》謂作「同尚」是，可從。

〔九〕從，明道本作「縱」，《舊音》「音縱」，則是明道本改通假字爲本字。

〔一〇〕明道本無「復」字，疑脱。

王曰：「七律者何？」周有七音，王問七音之律，意謂七律爲音器，用黄鍾爲宫，大蔟爲商〔一〕，沽洗爲角〔二〕，林鍾爲徵，南吕爲羽，應鍾爲變宫，蕤賓爲變徵〔三〕。 ○賈逵：周有七音，謂七律，謂七器音也：黄鍾爲宫，太蔟爲商，沽洗爲角，林鍾爲徵，南吕爲羽，應鍾爲變宫，蕤賓爲變徵（《左傳・昭公二十二年》正義引，汪、蔣輯）。 ○秦鼎：七律注文難讀，意疑者誤傳。 疏引賈逵《國語注》曰：「周有七音，謂七律，謂七器音也。」韋解云云。 今合二注而考之，賈注當作「謂七律爲七音器也」，韋解當作「王問七音之律者，謂七律爲七音器也」。 ○帆足萬里：州鳩專以六律爲言，故王問七律何故。 ◎志慧按：七聲音階（雅樂）的順序見前，清樂的順序依次爲：宫、商、角、清角、徵、羽、變宫。 燕樂的順序依次爲：宫、商、角、清角、徵、羽、閏。 **對曰：「昔武王伐殷，歲在鶉火，**歲，歲星也。鶉火，次名，周分野也，從柳九度至張十七度爲鶉火〔四〕。 謂武王始發師東行，時殷之十一月二十八日戊子〔五〕，於夏爲十月，是時歲星在張十三度。 張，鶉火也。 ○秦鼎：此己卯之年也，歲星在鶉火之次，入張十二度。 ○《集解》：項名達曰：「錢大昕以《三統術》推得是年歲星在張十三度者，惟三月戊寅以後七日，五月辛酉以後五日。 韋氏誤指爲師始發時，非是。 案武王伐殷年月日，韋氏悉本《三統術》，其年爲己卯，今用《授時術》校之，推得年前亥月小二十五日爲戊子，較三統差三日。 推歲星平度，年前在室四度，卯月與日合於壁七度，午月抵婁四度，由是退行，亥月留奎十度，計通年自娵訾而降婁，距鶉火不及四次。」 ◎志慧按：西周早期器利簋有「武王征商，隹（唯）甲子朝，歲鼎，克，昏夙有商」之語，謂甲子日早晨，經過一夜激戰，佔領了商都，與《古文尚書・武成》「甲子，咸劉商王紂」相合，韋注以「始發師東行之日」在戊子，則距下一甲子日三十五天，距再下一個甲子日九十五天。「歲鼎」二字，于省吾、張政烺釋作歲星當頭之意。《夏商周斷代工程一九九六——二〇〇〇年階段成果報告（簡本）》據《國語》此條及利簋銘文、《武成》、《逸周書·世俘》推得武王克商的日期，在前一〇四四年一月九日，與另二説前一〇四六年、前一〇二七年皆不甚相遠。復次，《周禮·春官·保章氏》鄭注云：「鄭司農説星土以《春秋傳》曰『參爲晉星』、『商主大火』，《國語》曰『歲之所在，則我有周之分野』之屬是也。玄謂大界則曰九州，州中諸國中之封域於星亦有分焉，其書亡矣，堪輿雖有郡國所入度，非古數也。今其存可言者十二次之分也：星紀，吴越也；玄枵，齊也；娵訾，衛也；降婁，魯也；大梁，趙也；實沈，晉也；鶉首，秦也；鶉火，周也；鶉尾，楚也；壽星，鄭也；大火，宋也；析木，燕也。」鄭玄之時，星次分野之説已不知其所自起，但其成爲完整的體系，當不早於其中邦國立國之最晚者，譬如趙之成爲侯國已入戰國，基於此，則於相關言説均需具體分析，而不宜放在一個嚴密的系統中討論。**月在天駟**，天駟，房星也。謂戊子日，月宿房五度。　○《集解》：項名達曰：「依《授時》推得年前亥月二十七日庚寅戌刻，月始入房，較遲二日。」天駟或簡稱駟，亦稱天馬，又簡稱馬。**日在析木之津**，津，天漢也。析木，次名〔六〕，從尾十度至斗十一度爲析木〔七〕，其閒爲漢津。謂戊子日，日宿箕七度〔八〕。○《集解》：項名達曰：「依《授時》推得亥月十八日辛巳日躔箕初度，二十五日戊子至箕七度，二十八日辛卯入斗初。」**辰在斗柄**，辰，日月之會。斗柄，斗前也。謂戊子後三日，得周正月辛卯朔，於殷爲十二月，夏爲十一月。是日〔九〕，月合辰十前一度〔一〇〕。○《集解》：項名達曰：「依《授時》推得平朔爲甲午，差遲三日；定朔爲癸巳，差遲二日。日月合辰在斗一度九十九分，差兩度有奇。」**星在天黿。**星，辰星也。天黿，次名，一曰玄枵。從須女八度至危十五度爲天黿。謂周正月辛卯朔。二日壬辰，辰星始見。三日癸巳，武王發行〔一一〕。二十八日戊午，度孟津，距戊子三十一日〔一二〕。二十九日己未晦，冬至，辰星在須女〔一三〕，伏天黿之首。○《集解》：項名達曰：「錢大昕以《三統術》推得是年周正月二日壬辰，辰星夕始見，在南斗十五度；二十四日甲寅，入天黿之次；二十六日丙辰，留女八度；二十七日丁巳，出天黿之次；二十八日戊午，退在女六度而伏。韋氏云伏天黿之首，與本術不合。」**星與日辰之位皆在北維**〔一四〕。星，辰星。辰星在須女，日在析木之津，辰在斗柄，故皆在北維。北維，北方水位也。○賈逵：北維，北方也（《原本玉篇殘卷·糸部》引）。**顓頊之所建也，帝嚳受之。**建，立也。顓頊，帝嚳所代也。帝嚳，周之先祖，后稷所出也。《禮·祭法》曰：「周人禘嚳而郊稷。」顓頊，水德之王，立於北方。帝嚳，木德，故受之於水。今周亦木德〔一五〕，當受殷之水，猶帝嚳之受顓頊也〔一六〕。○《補音》：嚳，苦毒反。○秦鼎：自斗至壁爲北方七宿，顓頊都帝丘，在春秋衛地，管室東壁之分野也，爲北維，故曰「顓頊之所建」也。**我姬氏出自天黿，**姬氏，周姓。天黿，即玄枵，齊之分野也。周之皇妣王季之母大姜者〔一七〕，逄伯陵之後〔一八〕，齊女也，故言出於天黿。《傳》曰：「有逄伯陵因之，蒲姑氏因之，而後太公因之。」又曰：「有星出於須女〔一九〕，姜氏、任氏實守其祀〔二〇〕。」○《舊音》：逄，白江反。**及析木者，有建星及牽牛焉，**從斗一度至十一度，分屬析木，日辰所在也。建星在牽牛間，謂從辰星所在。須女，天黿之首。至析木之分〔二一〕，歷建星及牽牛，皆水宿，言得水類也。**則我皇妣大姜之姪、伯陵之後，逄公之所馮神也**〔二二〕。皇，君也。生曰母，死曰妣。大姜，大王之妃、王季之母，姜女也〔二三〕。女子謂昆弟之子，男女皆曰姪。伯陵，大姜之祖有逄伯陵也。逄公，伯陵之後、大姜之姪，殷之諸侯，封於齊地。齊地屬天黿，故祀天黿。死而配食，爲其神主，故云馮。馮，依也。言天黿乃皇妣家之所馮依，非但合於水木相承而已〔二四〕。又，我實出於水家〔二五〕，周道起於大王，故本於大姜。○孔晁：大姜，大王之妃、王季之母也。女子謂昆弟之子曰姪。伯陵，大姜之祖。逄公，大姜之姪，伯陵之後。逄公，殷諸侯也（《左傳·昭公十年》正義引，並引《國語》汪、黄輯）。○《補音》：馮，皮冰反。◎志慧按：《爾雅·釋詁》：「皇，君也。」《尚書·無逸》孔疏引《釋詁》云：「皇，大也。」皇妣之「皇」當訓「大」，劉節《洪範疏證》云：「金文中王與皇絶無同訓，皇祖、皇考、皇父、皇母，觸目皆是，爲頌揚之稱。」「再考《詩三百》籍中，凡『皇』字毛傳、鄭箋訓爲君、爲天、爲王者有五處，今按皆不確。」〔二六〕韋氏牽合《爾雅》成訓，遂有此誤。**歲之所在，則我有周之分野也**〔二七〕。歲星在鶉火。鶉火，周之分野〔二八〕。歲星所在，利以伐人〔二九〕。**月之所在，辰馬農祥也。**辰馬，謂房、心星也〔三〇〕。心星所在大辰之次爲天駟〔三一〕。駟，馬也，故曰辰馬。言月在房，合於農祥也。祥，猶象也。房星晨正，而農事起〔三二〕，故謂之農祥。○賈逵：祥，猶象也（釋慧琳《一切經音義》卷二十一引）。辰馬，房星也。祥，猶象也。房星中而農事起也（《和漢年號字抄》上引《東宮切韻》引麻果切）。○《發正》：房、心、尾皆爲大辰，辰，時也，農時最重，故房星專名辰房，又爲天馬，故曰辰馬。房、心爲辰，故連言心耳。下云「心星所在，大辰之次爲天駟」，此「心」字當作「房」字，今本皆謬亂不可讀。**我太祖后稷之所經緯也**〔三三〕，稷播百穀，故農祥，后稷之所經緯也。《晉語》曰：「辰以成善〔三四〕，后稷是相〔三五〕。」◎志慧按：《詩·生民》正義：「周以后稷爲始祖，文王爲太祖。」則是説各不同。**王欲合是五位三所而用之**〔三六〕。王，武王也。五位，歲、月、日、星、辰也〔三七〕。三所，逢公所馮神〔三八〕，周分野所在，后稷所經緯也。○《毛詩·大雅·大明》正義：言正合會天道於五位三所而用之。歲、月、日、辰、星五者各有位，謂之五位；星、日、辰在北，歲在南，月在東，居三處，故言三所。○《左傳·昭公二十年》正義：三所者，星與日、辰之位，是一所也；歲之所在，是二所也；月之所在，是三所也。○《增注》：五位，謂鶉火、天駟、析木之津、斗柄、天黿也。**自鶉及駟七列也**〔三九〕，鶉，鶉火之分〔四〇〕，張十三度〔四一〕。駟，天駟。房五度，歲月之所在。從張至房七列，合七宿，謂張、翼、軫、角、亢、氐、房之位〔四二〕。**南北之揆七同也**〔四三〕，七同，合七律也。揆，度也。歲在鶉火午，辰星在天黿子。鶉火，周分野。天黿及辰水星，周所出。自午至子，其度七同也。○秦鼎：同，輩也。七同，亦猶七列也。百里曰同，亦里數之名也。○張富祥《〈國語·周語下〉伶州鳩語中的天象資料辨僞》：對「七同」似乎也可作另外的解釋，即張、翼、軫三宿屬於南方，斗、牛二宿及建星屬於北方，中間正好隔有東方的角、氐、亢、房、心、尾、箕七宿。**凡神人以數合之**[四四]**，以聲昭之。**凡，凡合神人之樂也。以數合之，謂取其七也。以聲昭之，用律調音也[四五]。**數合聲龢，然後可同也。**同，謂神人相應。○《增注》：同，謂同其聲律之數也。**故以七同其數，而以律龢其聲，於是乎有七律。**七同其數，謂七列、七同[四六]、七律也。律和其聲，律有陰陽、正變之聲。○《左傳·昭公二十年》正義：天宿以右旋爲次，張、翼、軫、角、亢、氐、房凡七宿，是自鶉火至駟爲七列，宿有七也。鶉火在午，天黿在子，斗柄所建，月移一次，是自午至子爲南北之揆七同也。揆，度也，度量星之有七同也。武王既見天時如此，因此以數比合之，其數有七也。以聲昭明之，聲亦宜有七也，故以七同其數。五聲之外，加以變宮、變徵也，此二變者，舊樂無之，聲或不會，而以律和其聲，調和其聲，使與五音諧會，謂之七音。○《增注》：凡神人之樂，可同其聲律之數，故周以七音，而同其數於七列、七日，而和合其聲律，是以有七律也。

【彙校】

〔一〕大蔟，明道本於此「大」字未如前文作「太」，蓋亦修改未盡之跡。

〔二〕沽，明道本、正統本、《增注》作「姑」。

〔三〕明道本無後二「爲」字，參句例及賈注疑脱。

〔四〕十七度，《後漢書·郡國志》李賢注同，《集解》從之，明道本、正統本作「十六度」，《晉書·天文志上》同明道本，《漢書·地理志》則謂「自柳三度至張十二度謂之鶉火之次，周之分也」。

〔五〕明道本無「之」字。

〔六〕次，静嘉堂本、弘治本作「文」，後者形訛。

〔七〕明道本、正統本「斗」前有「南」字，《考異》斷此脱。

〔八〕明道本不重「日」字，《考異》謂有者衍。

〔九〕秦鼎謂「日」字當重，是。

〔一〇〕十，葉邦榮本、張一鯤本、穆文熙編纂本同，明道本、遞修本、正統本、静嘉堂本、弘治本、許宗魯本、道春點本、秦鼎本等俱作「斗」，是，金李本字殘，葉邦榮本、張一鯤本、穆文熙本承其誤。

〔一一〕武王發行，明道本同，静嘉堂本漫漶不可識，南監本、弘治本、許宗魯本作「伐商師行」，不知何所據。

〔一二〕距，明道本、正統本作「拒」，後者字之訛也。

〔一三〕在，明道本作「與」，《考異》據《詩·大明》疏謂當作「與」。

〔一四〕《左傳·昭公二十年》正義引無「日」字，據韋注似脱。

〔一五〕木，明道本作「水」，後者字訛。

〔一六〕明道本、正統本無「帝」字。

〔一七〕王季之母大姜，明道本作「王季母太姜」，文獻無「太姜」之説，疑明道本循例改「大」爲「太」之故。

〔一八〕逄，明道本、葉邦榮本作「逢」，異寫耳，功能分化後「逄」作爲姓氏專用字，而「逢」則作爲動詞。

〔一九〕須，《左傳·昭公十年》作「婺」，須女與婺女異名同實，皆指北方玄武七宿之第三宿。

〔二〇〕祀，秦鼎謂當是「地」字之誤，據《左傳·昭公十年》之文，其説可從。

〔二一〕明道本無「至」字，疑脱。

〔二二〕逄，明道本同，但上文明道本卻又作「逢」，《考正》據石經無「逄」字，從作「逢」，實爲異體，載籍有逢蒙、逢丑父。馮，明道本、正統本作「憑」，出本字也，注同。

〔二三〕王季之母姜女也，明道本同，静嘉堂本「母姜女」三字漫漶不可識，弘治本作「王季之所生母也」，後者誤。

〔二四〕水木，明道本作「木水」，後者倒。

〔二五〕家，静嘉堂本漫漶不可識，南監本、許宗魯本作「象」，後者字之訛也，弘治本已改訂。

〔二六〕劉節《洪範疏證》，顧頡剛編著《古史辨》第五册，上海：上海古籍出版社，一九八一年，頁四〇〇。

〔二七〕明道本無「也」字。

〔二八〕明道本無「之」字。

〔二九〕人，明道本作「之也」二字，後者誤，《漢書·天文志》「歲星所在，國不可伐，可以伐人」可證。

〔三〇〕《考異》謂韋注之「馬」字衍，似涉正文而衍。秦鼎據《爾雅》「大辰，房、心、尾也」之説，認爲「房、心星，恐當作『房、心、尾也』」，可從。

〔三一〕明道本、正統本無「心星」二字，疑脱，《發正》據補，是。

〔三二〕明道本、正統本「起」下有「焉」字，《考正》從補，有者較長。

〔三三〕太，正統本同，明道本作「大」，「太」古作「大」，「太」爲「大」的孳乳字，下同。

〔三四〕明道本、正統本無「曰」字。辰，明道本作「農」，《晉語四》原文作「辰」，《考正》、《集解》從作「辰」，是。

〔三五〕相，正統本同，明道本作「祖」，《晉語四》作「相」，《補音》據此謂明道本誤，《考正》、《集解》從作「相」，是。

〔三六〕合，靜嘉堂本漫漶不可識，弘治本作「因」，後者訛。

〔三七〕《考正》據《大雅·大明》正義引韋注將「辰」移置「星」上，可從。也，靜嘉堂本漫漶不可識，弘治本作「之」，後者誤。

〔三八〕逢，明道本、正統本作「逄」。馮，明道本、正統本作「憑」，出本字。

〔三九〕明道本無「也」字。

〔四〇〕明道本不重「鶉」字。

〔四一〕十三度，明道本、正統本作「十六度」，《考異》據《漢書·律曆志》斷當作「十三度」，《集解》從改。

〔四二〕氐，明道本作「互」，後者訛，李慈銘以爲「氐」隸行書有作「互」者，字甚似「互」，遂誤爲「互」耳。之位，明道本、正統本作「也」字。

〔四三〕明道本無「也」字。

〔四四〕凡，弘治本作「鬼」，無據。神人，正統本同，明道本作「人神」，後者與經傳語序不合，係誤倒。

〔四五〕明道本、正統本句首有「謂」字，《考正》從補，可從。音，静嘉堂本漫漶不可識，弘治本作「和」，後者誤。

〔四六〕明道本、正統本無「七同」，疑脱，《發正》據補。

「王以二月癸亥夜陳，未畢而雨。二月，周二月。四日癸亥，至牧野之日，夜陳師〔一〕，陳師未畢而雨。雨〔二〕，天地神人叶同之應也〔三〕。○《標注》：此殷正月也，是時周未改正朔，不得稱二月，蓋訛文，「二」當作「正」。◎志慧按：其時周未改正朔，《標注》説是也，唯訛文説亦未見所據，則是伶州鳩回敘時變置其辭耳。**以夷則之上宮畢之**〔四〕，夷，平也。則，法也。夷則，所以平民無貳也。上宮，以夷則爲宮聲。夷則，上宮也，故以畢陳。《周禮》：「大師執同律以聽軍聲，而詔吉凶。」一曰陽氣在上，故曰上宮。○《刪補》：上宮凡十二律，每律聲有上下也。**當辰。**○《備考》：《史記·律書》注：「兵書曰：夫戰，太師吹律，合商則戰勝，軍事(士)張強；角則軍擾，多變失志；宮則軍和，主卒同心；徵則將急數怒，軍士勞；羽則兵弱少威焉。」《考要》曰：「宮屬中央，土主生長。」故吹律合宮音，軍士和也。「上宮」韋注非也，蓋十二律每律聲有上下也。**辰在戌上，故長夷則之上宮，名之曰《羽》，**長，謂先用之也。辰，時也。辰，日月之會，斗柄也〔五〕。當初陳之時，周二月，昏，斗建丑，而斗柄在戌，上下臨其時，名其樂爲羽，羽翼其衆也。○裘錫圭、李家浩《談曾侯乙墓鐘磬銘文中的幾個字》：《國語》的「羽」就是「彗」字初文的訛字，韋、彗以音近相通，「習」字在甲骨文裏本從「彗」之初文，但後來錯成了從「羽」，「彗」字初文錯成「羽」字，是同類的現象。在這段文字裏，「所以藩屏民則也」、「所以厲六師也」、「所以宣三王之德也」等語，是分別用來説明「羽」、「厲」、「宣」等名所取之義的。但是「羽」字之義跟「藩屏民則」却缺乏明顯的聯繫。如「羽」確是「彗」字初文的訛字，就可以讀爲「衛」，正好含有「藩屏」的意思。◎志慧按：

「辰，日月之會」五字已見前「辰在斗柄」下解，不知何以雜處此間，且與「辰，時也」相重，疑並「斗柄也」皆衍，「辰，時也。當初陳之時」文氣始密合。**所以藩屏民則也。**屏，蔽也。羽之義，取能藩蔽民〔六〕，使中法則也。**王以黄鍾之下宫，布戎于牧之野，**布戎，陳兵也，謂夜陳之。晨旦，甲子昧爽，左杖黄鉞〔七〕、右秉白旄時也〔八〕。黄鍾，所以宣養氣德，使皆自勉，尚桓桓也。黄鍾在下，故曰下宫。　○《删補》：《周書》「尚桓桓」注：「威武貌。」又《爾雅·釋訓》「桓桓，威也」注：「嚴猛之貌。」**故謂之《厲》，所以厲六師也**〔九〕。名此樂爲厲者〔一〇〕，所以厲六軍之衆也。**以大蔟之下宫布令于商，昭顯文德，底紂之多辠，**商，紂都也。文，文王也。底，致也。既殺紂，入商之都，發號施令，以昭明文王之德，致紂之多辠。大蔟，所以贊陽出滯，蓋謂釋箕子之囚、散鹿臺之財、發巨橋之粟也。大蔟在下，故曰下宫。　○《爾雅·釋言》：底，致也。　○《補音》：底，之履反，又有脂、旨二音。　○郭沫若《詛楚文考釋》：《詛楚文》「以底楚王熊相之多辠」，《周語下》伶州鳩言（武王）布令于商，昭顯文德，底紂之多罪，韋注云：「底，致也。」蓋本《爾雅·釋言》。又僞《武成篇》「底商之罪告于皇天后土，所過名山大川」，僞孔亦訓「底」爲致，古本亦有竟作「致」者，然於義殊不甚適。今考《墨子·兼愛篇中》「昔武王將事太山，隧（遂）傳曰：泰山，有道曾孫周王，有事大事，即獲仁人，尚（當）作以祇商、夏，蠻夷醜貉。雖有周親，不若仁人；萬方有罪，維予一人。」孫詒讓云：「祇，當讀爲振，《内則》『祇見儒（孺）子』，鄭注云：『祇或作振。』」彼「祇」字與此「底」字同例，疑此亦當讀爲「振」，訓爲正，如振旅、振兵之「振」也〔一一〕。**故謂之《宣》，所以宣三王之德也。**三王，大王、王季、文王也。○《略説》：上言「名之曰羽」、「故謂之厲」皆謂樂名，然宣亦樂名，下言嬴亂，亦如之。○户埼允明：下言亂，猶賦有亂，則羽、厲、宣皆曲中名。○《正義》：宣，散也，布也。《書·皋陶謨》：「日宣三德。」**反及嬴内，**○《舊音》：嬴内，上音嬀，下音汭。或作「嬴」，非是。《古文尚書》作「嬴」，與「嬀」同。○《補正》：内，即「汭」字。○全祖望《經史問答》卷四：嬴内即果是嬀汭，據《尚書》或以爲二水名，或以爲一水名，俱未可定，如何即以爲《大武》樂中一終之名？今亦無從得博物者而正之，以雍州無嬴水之名也。○《詳注》：汭，在今山西永濟縣。**以無射之上宫，布憲施舍於百姓，**嬴内，地名。憲，法也。施，施惠。舍，舍皋也。無射所以宣布哲人之令德，示民軌儀。無射在上，故曰上宫。○《述聞》：布法與施舍意義不倫，憲，疑當爲「德」之古字。韋所見本已誤作「憲」，故不得已而曲爲之説，其實非也。又案：施舍之言賜予也，韋分「施」與「舍」爲二義，失之。**故謂之《嬴亂》〔一二〕，所以優柔容民也。」**亂，治也。柔，安也。○陶望齡：亂，樂終曲之意（盧之頤校訂《國語》）。○《增注》：亦名其樂爲嬴亂也。而羽也、厲也、宣也、嬴亂也，其樂皆亡逸。○秦鼎：宣、嬴亂，皆樂名，亂者，樂之卒章。◎志慧按：《爾雅·釋詁》：「亂，治也。」韋注本此，唯此爲樂章名，曾侯乙編鍾銘文之隸定當依《增注》及秦鼎説。孫琮《山曉閣國語選》卷一云：「《周語》文字多用總束，獨此篇散收，又是一體。」孤立地看，本文與《國語》言類之語均有第三段之體例不協。聯繫前文單穆公諫鑄大錢、鑄大鍾、伶州鳩諫景王鑄大鍾，從單穆公到伶州鳩，從大錢到大鍾，脈絡清晰，篇次井然，唯後二者論主同爲伶州鳩，其所論結果亦同，故本篇與上篇共享一個結尾，在此只是承前省，或者作爲上篇的附録以類相從，故這只是篇次編輯間的安排，而無關於文章内部結構的巧思，孫説可商。

【彙校】

〔一〕明道本無「師」字，疑脱。

〔二〕明道本不重「雨」，疑脱。

〔三〕叶，明道本、正統本作「協」，《説文·劦部》：「叶，古文協，从日十，或从口」。

〔四〕明道本、正統本無次「之」字。

〔五〕秦鼎云：「『斗柄也』上當有『在』字。」

〔六〕取能藩蔽民，明道本作「以其能藩蔽民」，《考異》謂並通。

〔七〕杖，明道本、正統本作「仗」。

〔八〕旄時，静嘉堂本漫漶不可識，弘治本無「時」字，脱。

〔九〕明道本無「也」字。

〔一〇〕此，金李本原作「北」，張一鯤本同，疑爲刻工之誤，兹據明道本、遞修本、静嘉堂本、南監本、弘治本、葉邦榮本改。

〔一一〕郭沫若著：《郭沫若全集·考古編》，北京：科學出版社，一九八二，第九卷，頁三〇二—三〇三。

〔一二〕羸，《玉海》律曆引同，明道本作「羸」，《札記》、《考正》俱謂當作「羸」，曾侯乙編鍾銘文中有該字，唯《殷周金文集成》將該字隸定時不從女而從角，趙平安《文字·文獻·古史——趙平安自選集》從裘錫圭、李家浩《曾侯乙墓鐘磬銘文釋文與考釋》之説，謂此「羸」是「羸」的訛文；其下一字《殷周金文集成》隸定作「孚」，趙氏認爲該字讀作「亂」，係「乳」的訛字，引韻書「乳，柔也」、「乳，育也」之解，柔、育是優柔容民的意思，「羸乳」就是在羸内優柔容民，可參。

9 賓孟見雄鷄自斷其尾因而感王〔一〕

景王既殺下門子，下門子，周大夫，王子猛之傅也。景王無適子，既立子猛，又欲立王子朝，故先殺子猛傅下門子也。〇賈逵：下門子，周大夫，王猛之傅也。景王欲立朝，故先殺猛傅（《左傳・昭公二十二年》正義引，並引《國語》，汪、蔣輯）。**賓孟適郊，見雄鷄自斷其尾**，賓孟，周大夫，子朝之傅賓起也。◎志慧按：家養的鳥類中不同程度地存在著損毁羽毛的現象，叫「啄羽」，但同屬鳥綱的鷄則很少有此類情況，故被視作異像，類似記載亦每見於後世《五行志》《災異志》。**問之，侍者曰：「憚其犧也。」**侍者，孟之從臣也。憚，懼也。純、美爲犧，祭祀所用。言鷄自斷其尾者，懼爲宗廟所用也。〇户埼允明：侍者粗知王欲與賓孟立子朝，而恐不遽成，卻遭其害，今得賓孟之問，幸而感激之也。不然，何得知鷄憚犧不，故云鷄自畏害身，言知自爲而不知奉宗廟之義大也。於是賓孟悟其意，遽歸告立子朝於王也。〇皆川淇園：言色純爲犧者，乃見《曲禮》，然彼言宗廟之牲，而非言用鷄也。按《禮》有犧尊，鄭司農云：「節以翡翠。」則可當用鷄羽爲之，而鷄憚之，故自斷其尾。◎志慧按：皆川氏想人之所未想，似有新意，其所據者「色純爲犧」「宗廟之牲」，乃特指；「凡鳥獸用於祭祀，皆謂之犧牲，引申之義也」（《論語・雍也》「犁牛之子騂且角」劉寶楠《正義》），《周禮・春官・鷄人》：「鷄人，掌共鷄牲，辨其物。」其中正將鷄稱作「鷄牲」。又，《禮記・雜記》謂釁禮時「門、夾室皆用鷄」，此皆可證《周語》及韋注之有據，而皆川氏所疑不當。户埼允明是從後來賓孟的一意孤行倒推侍者的用意，其實不可必。本章先有賓孟侍者的「憚其犧也」，後有賓孟的一番言行，至於賓孟之悲慘結局及王子朝之亂，在《周語》作時及《國語》成編之時，應該是一般知識，本章仍然是一個「聽人勸，吃飽飯」「不聽老人言，吃虧在眼前」的例子，所以，從《國語》言類之語三段式中從省的第三段可反證賓孟侍者欲借此勸諫賓孟見幾知止。可惜賓孟知犧不知憚，「即鹿無虞」，一意孤行，「入於林中」，不免「往吝」的結局。**遽歸告王**，遽，猶疾也。賓孟有寵於王，欲立王子朝〔二〕，王將許之〔三〕，故先殺下門子，賓孟知意，故感犧之美，念及子朝，疾歸，語王，勸立之。○《爾雅·釋言》：馹、遽，傳也。○賈逵：遽，疾也（釋慧琳《一切經音義》卷十一引，汪遠孫輯）。○《補正》：遽，傳車也。

◎志慧按：「遽」爲快馬或驛車，引申之而有疾速義，韋承賈注。曰：「**吾見雄鷄自斷其尾，而人曰『憚其犧也』，吾以爲信畜矣**〔四〕。信，誠也。鷄畏爲宗廟之用〔五〕，故自斷其尾，此誠六畜之情，不與人同。○《爾雅·釋詁》：誠，信也。**人犧實難，己犧何害**？人犧，謂鷄也。爲人作犧實難，言將見殺也。己，謂子朝〔六〕。己自爲犧，當何害乎？人君冕服，有似於犧，故以喻焉〔七〕。○賈逵：難，畏憚也（《易·屯》釋文引，汪遠孫輯）。○《述聞·左傳》：實，是也。難，患也。人犧實難，言唯他人爲犧是患也，韋注未達賓起語意。○《增注》：人，他人也。犧，喻見寵飾也，言他人見寵飾，以在君位，則實爲己之禍難；己自見寵飾，以爲太子，則不有患害也。以諷王子猛立爲君則爲子朝之害也。○《正義》：《昭二十二年傳》疏：「他人之有純德，寵之如犧，後實招禍難矣。己子之有純德，寵之如犧，有何害也？但人有親疏，若疏人被寵，害爲犧，實爲禍難。若己家親屬寵愛如犧，有何患害？他人謂子猛，親屬謂子朝。」顧炎武《杜解補正》引邵寶《左觿》曰：「言人犧則用在人，故曰實難，喻單、劉之立王猛。己犧則用舍在己，故曰何害，喻王自立子朝。」案：猛、朝並王子，雖有愛憎之分，不得以他人斥猛。孔氏故違韋解，曲從杜訓，其説非也。邵氏以人指單、劉，亦與宏嗣立異。下文「人異于是」，「鷄」與「人」對言，則人犧之指鷄明矣。○秦鼎：難，如字，言難以免禍也。《略説》謂可以畏難也，亦通。○《補正》：犧爲人所貴重，注「人君」二語近强。○《國語疑義新證》：鷄、牛爲犧，雖寵貴，終將爲人所用，故可畏。人處尊貴之地，則無患。句謂人之所患，在他人爲犧（得尊貴），己爲犧則無害也。◎志慧按：王謨輯賈逵《國語注》將「憚畏也」繫於上句「憚」下，《周易釋文》釋「屯卦」彖辭「剛柔始交而難生」之「難」字云：「畏憚也。」今據文乙正並移於此。復次，自己的同行被景王殺害，賓孟不是惺惺相惜，在侍者不要成爲犧牲品的微諫之後，賓孟仍不知懸崖勒馬，反而見獵心喜。但此間爲賓孟對王子猛及王子朝之父周景王之進言，孔氏、邵氏、《增注》所揭之意皆非所宜言，賓孟口頭的目標只能是單穆公而非子猛，似韋注、《國語疑義新證》與董立章《譯注辨析》之説稍勝，後者云：「被人用作犧牲是一種災禍，而自己才德純美，與他人相比，如同家禽家畜中的佼佼者——犧牲，那有什麽危害呢？」**抑其惡爲人用也乎，則可也。**言鷄惡爲人所用，故自斷其尾。

可也，自可爾也。**人異於是。**異於鷄也。人之美則宜君人、事宗廟也。○《左傳・昭公二十二年》正義：鷄被寵飾則當見殺，人被寵飾則當貴盛，此其所以異于鷄也。◎志慧按：結合下文「王弗應……將殺單子」，韋注似未盡其義，可，指的是自斷其尾即可免於成爲犧牲；人異於是，則指如果不想如雄鷄一樣成爲犧牲，不能光靠自殘自戕，而必須先下手爲强。如此，方能理解賓孟救火追亡般的迫不及待並洞察景王「弗應」背後的刀光劍影。**犧者，實用人也。**」用人，猶治也。人自作犧則能治人〔八〕。○陶望齡：用人，是操生殺之柄，與爲人用相反（盧之頤校訂《國語》）。○《增注》：言六畜見寵飾，則爲人所用，人之見寵飾，則實用人也。**王弗應。**弗應者，曉其意〔九〕，畏大臣也。**田于鞏，**鞏，北山，今河南縣也。◎志慧按：鞏，地在今河南省鞏義。**使公卿皆從，將殺單子，未克而崩。**單子，單穆公也。克，能也〔一〇〕。王欲廢子猛，更立子朝，恐其不從，故欲殺之，遇心疾而崩，故未能也。在魯昭二十二年。

【彙校】

〔一〕穆文熙《鈔評》題作「賓孟以雄鷄感王」，上海師大本題作「賓孟見雄鷄自斷其尾」，兹合二而一以見其首尾完具。

〔二〕賓孟，弘治本二字互乙，誤。

〔三〕明道本、正統本無「王」字，《考正》從删，是。
〔四〕許，弘治本作「詐」，後者誤。
〔五〕本句疑有誤，或者衍「畜矣」二字，唯各本皆然，姑且存疑。
〔六〕爲，正統本同，明道本作「其」，疑後者誤。
〔七〕明道本無「謂」字。
〔八〕焉，明道本、正統本作「也」。
〔九〕明道本無後二「人」字，《考異》：「『自』上『人』當在『猶治』之下，寫者誤倒。韋注『用人』爲『治人』，此本（明道本）脱兩『人』字也。」其説是。
〔一〇〕明道本無「其」字，脱。
〔一一〕明道本無此前九字，脱。

10 劉文公與萇弘欲城成周衛彪傒知其不終〔一〕

敬王十年，劉文公與萇弘欲城成周〔二〕，爲之告晉。敬王，景王之子、悼王之弟敬王丐也〔三〕。十年，魯昭三十二年。劉文公，王卿士〔四〕，劉摯之子文公卷也。萇弘，周大夫萇叔也。欲城成周者，欲城成周之城也〔五〕。成周在瀍水東，王城在瀍水西。初，王子朝作亂，於魯昭二十三年夏，王子朝入于王城，敬王如劉〔六〕。秋，敬王居于翟泉。翟泉，成周之城，周墓所在也。魯昭二十六年四月，敬王師敗，出居于滑。十月，晉人救之，王入于成周，子朝奔楚。子朝既奔〔七〕，其餘黨儋扁之徒多在王城〔八〕，敬王畏之。於是晉徵諸侯戍周，月役煩勞〔九〕，故萇弘欲城成周，使富新〔一〇〕、石張爲主，如晉請城成周也。**魏獻子爲政，**獻子，晉正卿，魏絳之子舒也。**説萇弘而與之，**説好萇弘〔一一〕，從其求也。○《刪補》：與，猶許也。**將合諸侯。**合諸侯以城周〔一二〕。

【彙校】

〔一〕穆文熙《鈔評》題作「彪傒論萇劉不終」，傅庚生選本題作「劉文公與萇弘欲城周」，上海師大本因之，茲合二而一以見其首尾完具。

〔二〕明道本、正統本無「成」字，韋注前二「欲城成周」同。《札記》云：「李善《東京賦》注引同，別本（公序本）作『城成周』，因《内傳》文多云『城成周』而衍也。別本韋解亦多衍字，則又因正文而誤添也。」秦鼎從之。臺北「國家圖書館」藏影鈔宋明道二年（一〇三三）刊本《國語》清乾隆乙卯（一七九五）顧廣圻題跋亦指正文衍「成」字，但「成周」之説是文獻相傳如此，言「成周」者，蓋示别於「宗周」也，故不能必明道本爲是、而李善《東京賦》注和公序本之爲衍爲誤也。

〔三〕明道本無二「敬王」，無二「之」字，疑明道本脱前一「敬王」，而公序本、正統本衍後一「敬王」。丏，《舊音》、明道本、正統本、葉邦榮本、《正義》俱作「匄」，「丏」爲「匄」之俗，而「丏」又因「丐」而訛。

〔四〕王，弘治本作「正」，後者形訛。

〔五〕明道本、正統本無「之城」二字。

〔六〕如，弘治本作「女」，後者字殘。

〔七〕遞修本、《增注》同，明道本、正統本無「子朝既奔」四字。

〔八〕儋，明道本作「檐」，儋扁，《左傳·定公六年》、《七年》作「儋翩」。

〔九〕月，遞修本、弘治本、許宗魯本、葉邦榮本、張一鯤本、李克家本、穆文熙編纂本同，明道本、正統本作「用」，陳奐校許宗魯本、《正義》、秦鼎本從明道本，是，公序本系統字之訛也。

〔一〇〕富新，明道本、正統本及《左傳·昭公三十二年》作「富辛」，《考正》、秦鼎從明道本。

〔一一〕明道本無「好」字，疑脱，正統本有之。

〔一二〕明道本、正統本「周」前有「成」字，《考異》據上文習慣謂當從有，可從。

衛彪傒適周，聞之，彪傒〔一〕，衛大夫也。見單穆公曰：「萇、劉其不没乎〔二〕！没，終也〔三〕。○《補正》：言不得良死也。◎志慧按：《補正》説是，不歿，猶「不終」，皆當時習語，謂不得善終、不得壽終。**《周詩》有之曰：『天之所支，不可壞也。**《周詩》，飫時所歌。支，拄也〔四〕。**其所壞，亦不可支也。』昔武王克殷而作此詩也，以爲飫歌，名之曰『支』，以遺後之人，使永監焉。**監，觀也。○《刪補》：《爾雅·釋言》曰：「飫，私也。」注：「宴飲之私。」疏云：「孫炎云：『飫非公朝，私飲酒也。』」今按：《定公元年》亦有「天之所壞不可支」之語，蓋逸詩也。○《校補》：監，當讀爲「鑒」，借鑒。◎志慧按：《校補》説固是，蓋「監」與「鑒」本同源字，然韋注亦無誤，《詩·大雅·皇矣》云：「監觀四方，求民之莫。」「監」、「觀」即同義合成。下文《魯語上》「長監於世」之「監」同。復次，比照下文《魯語·閔馬父論恭》「正考父校商之名《頌》十二篇」，疑此作者、作時及作詩原委及該詩之功用皆十分明白的《支》詩原當在《周頌》之列。**夫禮之立成者爲飫，**立成，立行禮，不坐也。○《正義》：《詩·常棣》毛傳：「飫，私也。不脱屨升堂謂之飫。」鄭箋：「私者，圖非常之事，若議大疑於堂，則有飫禮焉。」正義引《爾雅》孫炎注：「飫非公朝，私飫飲酒也。」《燕禮》云「既脱屨，乃升堂。」《少儀》云：「堂上無跣，燕則有之。」是燕由坐而脱屨，明飫立則不脱矣，故云「立行禮不坐」也。**昭明大節而已，少曲〔五〕，與焉。**節，體也。曲，章曲也〔六〕。與，類也。言飫禮所以教民敬戒〔七〕，昭明大體而已，故其詩樂少，章曲威儀少，比類〔八〕也。○賈逵：與，猶預也。（安澄《中論疏記》引）。○《增注》：大節，天地之大制也，所謂大禮與天地同節也。○《辨正》：三句意爲：行飫禮的目的在於教人有所敬畏法式、昭明大節，因而所用的詩樂和章曲，威儀不多，只是藉此比類而已。◎志慧按：「與」字依賈注亦通。是以爲之日惕，其欲教民戒也。惕，懼也。是以日自恐懼〔九〕，欲民知戒慎也。○賈逵：恒，懼也〔一〇〕（《文選》左太沖《魏都賦》李善注引，汪遠孫輯）。然則夫《支》之所道者，必盡知天地之爲也，知天地之爲，謂所支壞也。○賈逵：道，由也（《文選》張平子《東京賦》李善注引，汪遠孫將此條置於《魯語下》「將或導之」下，蔣曰豫輯，蔣同時將此條置於《晉語六》「成子道前志」、「則民不道」下）。不然，不足以遺後之人。今萇、劉欲支天之所壞，不亦難乎？自幽王而天奪之明，使迷亂棄德，而即慆淫，即，就也。慆，慢也。○《補音》：慆，吐刀反。以亡其百姓，其壞之也久矣。而又將補之，殆不可矣。殆，近也。水火之所犯，犯，害也。猶不可救，而況天乎？諺曰：『從善如登，從惡如崩〔一一〕。』如登，喻難。如崩，喻易。昔孔甲亂夏，四世而殞〔一二〕。孔甲，禹後十四世也。亂夏，亂禹之法。四世，孔甲至桀四世而亡。○《史記·夏本紀》：孔甲崩，子帝皋立。帝皋崩，子帝發立。帝發崩，子帝癸立，是爲桀。玄王勤商，十有四世而興；玄王，契也。殷祖契由玄鳥而生，湯亦水德，故云玄王〔一三〕。勤者，勤身修德，以興其國也。自契至湯，十四世而有天下，言其難也。○賈逵：玄王，謂契。湯之祖契，謂之玄王（《初學記》卷九帝王部總敘帝王引，並引《國語》，王、汪、黄輯）。○《標注》：玄，遠也，與水無干涉。　◎志慧按：殷商世次詳見《史記・殷本紀》及《夏商周斷代工程一九九六——二〇〇〇年階段成果報告（簡本）》，次同。**帝甲亂之，七世而殞。**帝甲，湯後二十五世也〔一四〕，亂湯之法，至紂七世而亡。　○《補正》：由紂溯之，上七世，當爲祖甲，考《史記》，祖甲淫亂，殷復衰，與《尚書・無逸》稱祖甲能知小人之依者異意，《史記》當用《周語》説也。**后稷勤周，十有五世而興，**自后稷至文王，十五世也。　◎志慧按：姬周世次詳見《史記・周本紀》及《夏商周斷代工程一九九六—二〇〇〇年階段成果報告（簡本）》，次同。**幽王亂之，十有四世**〔一五〕，自幽王至今敬王，十四世也。**守府之謂多，胡可興也？**胡，何也。夏、殷之亂，或四世，或七世而亡。今周十有四世，而無德以救之〔一六〕，雖未亡，得守府藏，天禄已多矣，又何可興也？　○《考正》：韋氏於《周語上》「胡可雍也」、「胡可惠也」「胡」字皆無解，直至此處始出，失其次矣。　○《略説》：謂，猶爲也。多，勝也。言以守故府遺文爲勝。　○户埼允明：「十有四世」連下句，守府藏以保天禄猶爲幸多，而何得興乎？　◎志慧按：所見今人標點本皆於「十有四世（矣）」下作句號，今從户埼允明説。**夫周，高山、廣川、大藪也，故能生之良材**〔一七〕，言周之道德、禮法所以長育賢材，猶天之有山川、大藪，良材之所生也。　○《補音》：藪，澤也，禽之府也。**而幽王蕩以爲魁陵、糞土、溝瀆，其有悛乎？」**蕩，壞也。小阜曰魁。悛，止也。言幽王敗亂周之法度，猶壞毀高山以爲魁陵〔一八〕、糞土，殘絶川藪以爲溝瀆，無有悛止之時。　○賈逵：川阜曰魁〔一九〕（《文選・海賦》李善注，又《史記・趙世家》正義、《扁鵲傳列》正義引同，王、汪、黄、蔣輯）。川阜壯曰魁也（釋慧琳《一切經音義》卷八十五引）。　○《刪補》：韋注以爲喻，恐似迂。但言幽王以如是天福地至，蕩盡爲糞土、溝瀆，猶弗有止焉。　○户埼允明：悛，改也。今幽王淫蕩而敗亂周之法度，是天壞之也，其數恐有改乎！　○《正義》：《史記・扁鵲列傳》：「嬴姓將大敗周人於范魁之西。」正義引賈逵曰：「川阜曰魁。」《文選・海賦》：「㴋㳜滐而爲魁。」李善引《國語》賈逵注：「川阜曰魁。」案：今韋解作「小阜曰魁。」《文選》李善注：「魁，大峻貌。」則不得言小，則應作「川阜」，蓋字相似而譌。　○《補正》：魁，大也，與「邱」音義俱同，當是假借字。　◎志慧按：幽王既是十四世之前之人，則其時再責令其悛止並無意義，准此，「其有悛乎」之「其」既非强調性的助詞，亦非指代幽王，而是指代更前面的「周」，户埼允明以爲現在幽王時期，誤，但將「其」釋爲「其數」則得其要領。尤爲重要者，由此可見城成周事件的歷史意義和這最後一章在全部《周語》中的編輯意圖：這是周天子王權無可挽回地衰落的標志性事件，《周語》到此也就曲終奏雅了。

【彙校】

〔一〕明道本無「彪」字，疑脱。

〔二〕劉，正統本及《非國語》同，明道本作「弘」，據下文「萇、劉」，則作「劉」是也，《考正》、《集解》

從作「劉」。没，明道本、正統本作「殁」，古通。

〔三〕明道本韋注作「言將殁也」。

〔四〕拄，正統本同，明道本作「柱」，《考正》謂當作「柱」，《札記》據《説文》以「柱」爲正字，秦鼎、《正義》從之。

〔五〕曲，遞修本、正統本、《增注》同，明道本作「典」，《補音》謂本或作「典」者非，《補正》謂當作「曲」，皆是也，《集解》從作「曲」，注同。

〔六〕曲章曲也，明道本作「典章也」。

〔七〕明道本「戒」作「式」，雖於義兩通，但必有一訛。

〔八〕明道本「比類」前有「皆」字。

〔九〕是以，明道本、正統本作「以是」，疑誤倒。

〔一〇〕《輯存》：「韋解『惕，懼也』，疑韋本作『惕』，賈本作『怛』。」

〔一一〕次「如」字，明道本作「是」，後者誤。

〔一二〕殞，明道本、正統本作「隕」，次同。秦鼎云：「不説禹興，似有脱文。」然無據。

〔一三〕云，明道本、正統本作「曰」。

〔一四〕明道本無「二十」二字，則誤爲太甲矣，段玉裁謂當有，《札記》據《殷本紀》從之，《補正》謂明道本誤，上海師大本從補，皆是也。
〔一五〕明道本、正統本句末有「矣」字，《考正》從補，是。
〔一六〕明道本、《正義》無「而」字。
〔一七〕之，明道本、正統本作「是」，於義俱通。
〔一八〕明道本無「壞」字，疑脱。
〔一九〕《輯存》輯「川」作「小」，今核《史記》、《文選》皆作「川」。《國語正義》云：「今韋解作『小阜曰魁』，《文選》李善注：『魁，大峻貌。』則不得言『小』。李善又云：『澗溝，峻波也。』則應作『川阜』，蓋字相似而譌。」其説是。

單子曰：「其咎孰多？」謂萇、劉也。曰：「萇叔必速及，夫將以道補者也〔一〕。萇叔，萇弘字也〔二〕。速及，速及於咎也。以道補者，欲以天道補人事。○《刪補》：此言將以人道補天之所壞也。○户埼允明：以道補者也，言以人道補天之所壞也。劉文公與萇弘欲城成周，將合諸侯也，注非矣。夫天道道可而省不〔三〕，道，達也。省，去也。○户埼允明：言導其可成而省其不可成也。萇叔反是，以誑劉子，誑，惑也。○賈逵：誑，惑也（釋玄應《一切經音義》卷三十八引）。必有三殃：違天，一也；支所壞。反道，二也；以天道補人事。○户埼允明：

以人事補天道也，注非矣。詛人，三也。惑劉子也。周若無咎，萇叔必爲戮。雖晉魏子，魏獻子也。亦將及焉。咎及之也〔四〕。若得天福，其當身乎。當其身，禍尚微，後有繼，故爲天福也。◎志慧按：意爲若得天福，其禍只及於魏子之身，而子孫猶存。若劉氏則必子孫實有禍。殃及子孫。夫子而棄常法，以從其私欲，棄常法，不修周法也〔五〕。從私欲，欲城成周也〔六〕。用巧變以崇天灾，巧變者，見周滅於西都〔七〕，平王東遷以獲久長，故今欲復遷也。崇，猶益也。○帆足萬里：巧變，謂城成周爲機巧之變也。崇，崇飾也。勤百姓以爲己名，其殃大矣。」勤，勞也。名，功也。○《標注》：非支天壞，唯救餘燼之熄而已，何違天反道之有？城之可以救急而延歲月者，城之可也，豈袖手視滅絶而後稱奉天道哉？危而筑城，猶餓而烹金革也，何常法之有？爲王事竭力，豈得謂私欲？

【彙校】

〔一〕夫將，明道本、正統本作「將天」，《考正》謂當作「夫將」，《集解》疑正文當作「將以天道補者也」，注當作「以天道補者」，下句承此而言，惜皆乏佐證。

〔二〕明道本、正統本無二「萇」字，《標注》疑其衍，是。

〔三〕明道本、正統本次「道」及韋注之「道」字俱作「導」，「不」作「否」。

〔四〕明道本、正統本無「之」字，疑脱。

〔五〕修，弘治本作「脩」，金李本、遞修本多作「脩」，偶亦作「修」。

〔六〕明道本不重「欲」字，疑脱。

〔七〕滅，明道本作「城」，後者字訛。

是歲也，魏獻子合諸侯之大夫於翟泉，是歲，敬王十一年，魯定之元年〔一〕。　○《日知録》卷四：左氏兩收（志慧按：昭三十二年、定元年）而失删其一。周之正月，晉之十一月也，其下文曰：「己丑，士彌牟營成周，計丈數，揣高卑，度厚薄，仞溝洫，物土方，議遠邇，量事期，計徒庸，慮財用，書餱糧，以令役於諸侯。」又曰：「庚寅，栽，宋仲幾不受功。」庚寅即己丑之明日，而《傳》分爲兩年，豈有遲之兩月而始栽，宋仲幾乃不受功者乎？且此役不過三旬而畢矣。　○《述聞·左傳》：是歲，即謂敬王十年，非謂十一年也。　○《述聞·國語》：《國語》以狄泉之會屬之敬王十年，正與昭三十二年《春秋經》合，實足以糾定元年《左傳》之誤，韋氏不能詳審，反據定元年《左傳》以爲之注，疏矣。　○《釋地》：翟泉，在成周東北，今在洛陽縣東故雒陽城中步廣里。　◎志慧按：清趙佑《讀春秋存稿》視此爲一事兩收之例，但本人尚有説，《春秋》將城成周事載入《昭公三十二年》，云：「冬，仲孫何忌會晉韓不信、齊高張、宋仲幾、衛世叔申、鄭國參、曹人、莒人、薛人、杞人、小邾人城成周。」同年《左傳》云：「冬，十一月，晉魏舒、韓不信如京師，合諸侯之大夫于狄泉，尋盟，且令城成周……己丑，士彌牟營成周，計丈數。」《春秋》不書魏舒，疑因其非正常死亡，撰者爲尊者諱也。同一部《左傳》，在《定公元年》復云：「春，王正月辛巳，晉魏舒合諸侯之大夫于狄泉，將以城成周。」並謂：「孟懿子會城成周，庚寅，栽……城三旬而畢，乃歸諸侯之戍。」看上去城成周事分別發生於昭三十二年與定元年，但主事者同爲魏舒（魏獻子），具體操辦者同爲韓音（韓簡子），預言魏舒必有大咎者同爲衛彪傒，尤其是《左傳・定公元年》中彪傒指魏舒「易位以令」、「大事奸義」，在該年《左傳》並未交代其何所據而云然；倒是在《昭公三十二年》有云：「魏子南面。」如果將相關記事之詞暫時存疑，則從「將」到「營」到「栽」，事件脈絡清晰，時序井然，正如上揭顧亭林所説的「此役不過三旬而畢」，則辛巳之後八天即是己丑，九天是庚寅。綜合上述，可推知以下結論：一、《左傳・定公元年》謂「正月辛巳，將以城成周」無誤，時當周曆正月初七；二、《左傳・定公元年》謂「正月庚寅，栽」無誤，時當周曆正月十六；三、《左傳・昭公三十二年》「冬十一月己丑，士彌牟營成周」，原材料亦無誤，唯此十一月乃夏曆，若换算成周曆，當云「春正月」，時當周曆正月之望，這裏的問題只是轉述者疏於轉换；四、《左傳》的疏失可能直接源於《春秋》，蓋後者已將此事載入《昭公三十二年》，《春秋》之所以有這樣的錯誤，頗疑因告而書，唯仲孫何忌與會，故將仲孫置於首位，然亦未及曆法的轉换；五、因爲不同原材料分屬兩年：使用夏曆者將該事件繫於十一月，使用周曆者則繫於正月，《左傳》皆視爲周曆，故將同一事件與衛彪傒的同一預言分别安排在兩個年頭，也就是説，衛彪傒只預言了一次，但《左傳》作者讓他分别在昭三十二年與定元年先後兩次説了大致相同的話：六、《周語》將這個事件繫於周敬王十年無誤，只是説明這部分材料並非來自於周，而是來自於晉，蓋後者使用夏曆；七、韋昭斷「是歲」爲周敬王十一年、魯定之元年，不源於《史記・十二諸侯年表》，而源於《左傳》，沿用周曆。**遂田于大陸，焚而死。**田，以火田也。大陸，晉藪。○《爾雅・釋地》：晉有大陸。○《正義》：「焚而死」者，《漢書・五行志》顔注：「因放火田獵而見燒殺也。」○《釋地》：大陸，晉藪，故吴澤也，今懷慶府修武縣北大陸村是其地。◎志慧按：《水經注》卷九「清水」：「大陸，即吴澤矣。《魏土地記》曰：『修武城西北二十里，有吴澤陂，南北二十許里，東西三十里。』」楊守敬以爲「近今不常鍾水矣」。河南焦作馬村區九里山鄉有陸村，此即「大陸」的地名遺存，古吴澤當在這一帶。**及范、中行之難，萇弘與之，晉人以爲討。二十八年，殺萇弘。**范、中行，晉大夫范吉射、中行寅也，作難叛其君。初，劉氏、范氏世爲婚姻，萇弘事劉文公，故周人與范氏。敬王二十八年[二]，魯哀三年，晉人以讓周，周爲之殺萇弘。○《集解》：與，讀去聲，今作「預」。**及定王，劉氏亡。**劉氏，文公之子孫也。定，亦當爲「貞」。○《增注》：《史記》云：「敬王崩，子元王仁立。元王八年崩，子定王介立。」然敬王之高祖父亦謚定王，豈周有兩定王乎？故以爲「貞」字誤，然所謂貞王亦未審焉，或以爲貞定王。◎志慧按：《標注》所批評者，柳宗元、呂温、穆文熙亦有之，本篇對萇弘的述評確有可議，據《左傳・昭公三十二年》周敬王與晉定公的對話，知城成周的責任人依次是周敬王、晉定公。又據《昭公三十二年》《定公元年》記載，其他責任人有魏獻子、韓簡子、原壽過、士彌牟。至於劉文公，在士彌牟一系列「營成周」的舉措之後，有「效諸劉子」一語，則其當爲周王室城成周的執事者。而劉的屬大夫萇弘，本篇謂「（魏獻子）説萇弘而與之」，《定公元年》在「城三旬而畢，乃歸諸侯之戍。齊高張後，不從諸侯」之後，有晉女叔寬的預言：「周萇弘、齊高張皆將不免。萇叔違天，高子違人。天之所壞，不可支也；衆之所爲，不可奸也。」如果採信對萇弘違天的指控，基於其號召力不足以動員諸侯大夫們來城成周，他只是劉文公手下的一個小角色，不是主要責任人。其次，在范、中行之亂中，《哀公三年》云：「劉氏、范氏世爲婚姻，萇弘事劉文公，故周與范氏。趙鞅以爲討。六月癸卯，周人殺萇弘。」則「與范氏」的責任人依次是周敬王、劉文公以及單穆公。在趙簡子們秋後算帳時，萇弘如果有言責，如本篇所謂「萇弘與之」，其責任、動機與影響力也在周敬王三人之下，畢竟不是萇弘與范氏爲婚姻。按貴賤有等的禮制，表述上也應該是「劉、萇」而不是「萇、劉」。其三，無論是城成周，還是與范氏，單穆公以正卿之貴，與周敬王、劉文公是利益攸關人，做不得局外人，疑本篇由單穆公引出衛彪傒預言的安排有誤。其四，《昭三十二年》衛彪傒預言魏獻子有大咎，《定元年》晉女叔寬預言萇弘不免，本篇衛彪傒預言萇、劉不得善終，未及魏獻子，後者的結局只是在第三段中提及，顯得前後不接。疑女叔寬的論斷被誤置於衛彪傒名下。其五，無論是「勤戍五年」，還是城周三旬，都不免如周敬王所説的「徵怨于百姓」，天下洶洶，加之「趙鞅以爲討」，兩度「與之」而不是主之的萇弘不幸充當了李代桃僵的角色。晉國一方呢，《昭公三十二年》范獻子在攛掇魏獻子城成周時已有預案：「與其成周，不如城之。天子實云，雖有後事，晉勿與知可也。從王命以紓緒侯，晉國無憂。」故得以全身而退。至於魏獻子，其問題不在城成周，而在「干位」。

其六，本篇存在編輯痕跡。

【彙校】

〔一〕明道本、正統本「定」下有「公」字。

〔二〕二十八年，遞修本、弘治本作「一十八年」，後者誤。

周語下卷第三

國語卷第四

魯語上

《舊音》：魯，姬姓國也。成王封叔父周公之子伯禽於曲阜，是爲魯公。

《釋地》：魯國，姬姓，文王子周公旦之後也。周公股肱周室，成王既踐奄，封其子伯禽於曲阜，爲魯侯，十三世至隱公。孔子作《春秋》，託始於隱公元年，終哀公十四年西狩獲麟，哀公二十七年遜於越，而《春秋》之傳終矣。哀公子悼公以下九世二百一十七年而楚滅魯。

1 曹劌論戰〔一〕

長勺之役，曹劌問所以戰於嚴公〔二〕。長勺，魯地也。曹劌，魯士也〔三〕。嚴公，魯桓公之子嚴公同也。初，齊襄公立，其政無常，鮑叔牙曰：「君使民慢〔四〕，亂將作矣。」奉公子小白奔莒。魯嚴八年，齊無知殺襄公，管夷吾、召忽奉公子糾奔魯〔五〕。九年夏，嚴公伐齊，納子糾。小白自莒先入，與嚴公戰于乾時，嚴公敗績。故十年，齊興師伐魯〔六〕，戰于長勺。○《舊音》：勺，時若反。○《正義》：《定四年傳》：「成王以殷民六族錫伯禽，有長勺氏。」則長勺本商民所居，本屬魯也。◎志慧按：劌，《左傳》同，《史記·魯周公世家》、《上博楚簡·曹沫之陣》俱作沫，《安徽大學藏戰國簡·曹沫之陳》該字則從木、勿、目得聲，蓋傳寫之異也。又，今山東萊蕪苗山鎮西杓山村有杓山遺址，係新石器時代至商周古遺址，當地人讀「勺」爲「碩」，認爲該地就是長勺之役古戰場。杓山村北鄰齊長城，距齊國要塞青石關十多千米；多山，與《左傳》所載「懼有伏焉」吻合；又多山間平地，利於車戰，此説可信度較高。今有以曲阜北面龍尾莊爲長勺古戰場者，唯此處已深入魯境，緊鄰曲阜，魯國面臨這般危險境地，《春秋》與《左傳》皆未見載，故不敢取。承單承彬教授實地考察後惠告：曲阜北龍尾莊群山環繞，地形促狹，似不便車戰，與曹劌「視其轍亂」不符。公曰：「余不愛衣食於民，有惠賜也。○《集解》：愛，吝也。不愛牲玉於神。」牲，犧牲；玉，圭璧〔七〕，所以祭祀也。《詩》曰〔八〕：「靡愛斯牲，圭璧既卒。」◎志慧按：此「玉」用於犧牲，品類繁多，不僅指圭璧也，韋昭蓋緣於《詩·大雅·雲漢》「圭璧既卒」而但言圭璧。對曰：「夫惠本而後民歸之志〔九〕，惠本，謂樹德施利也。歸之志，志歸於上〔一〇〕。民和而後神降之福。降，下也。民，神之主，故民和，神乃降福。若布德于民而平均其政事，君子務治而小人務力；動不違時，器不過用〔一一〕；不過用禮。○葉明元《抄評》：器不過用，即簿正祭器之意。○皆川淇園：謂不作無用之器。○《補正》：不過用，謂量入爲出也。◎志慧按：由下文「莫不共祀」與「獨恭不優」、「神弗福也」等知此「不過用」非泛指，而與祭祀相關，故韋注與葉明元所釋者是。**財用不匱，莫不共祀**〔一二〕。無不共祀〔一三〕，非獨己也。◎志慧按：此「莫不」的主語非「財用」，而係之前的「君子」、「小人」，「共祀」與下文「獨恭」互文見義。**是以用民無不聽，求福無不豐。今將惠以小賜，祀以獨恭。**小賜，臨戰之賜。獨恭，一身之恭也。○秦鼎：一身，謂君獨祀之也。○帆足萬里：小賜，謂不愛衣食也。**小賜不咸，獨恭不優。**咸，偏也。優，裕也。○賈逵：咸，偏也（《和漢年號字抄》下引《東宮切韻》）。瀀〔一四〕，多也（《原本玉篇殘卷·水部》引）。**不咸，民弗歸也**〔一五〕；**不優，神弗福也**〔一六〕。**將何以戰？夫民求不匱於財，而神求優裕於享者也，**裕，饒也。享，食也。民和年豐爲優裕。○賈逵：優，饒也（《原本玉篇殘卷·水部》「瀀」字下引）。**故不可以不本。」**本，先利民，莫不共祀。○葉明元《抄評》：「本」字應前「惠本」言，民因惠而和，神因民而福，故惠爲本也。◎志慧按：俞曲園以「惠本」之「本」爲「大」字之訛，有理校而乏實證；葉明元注意到章法上的前後呼應，然以「惠爲本」，與「惠本而後民歸之志」句法尚不能密合，兹姑録之以俟考。**公曰：「余聽獄，雖不能察，必以情斷之。」**獄，訟也。○《補音》：斷，決也。○《左傳·莊公十年》林注：争訟、刑罰之類，雖不能偏察其曲直、當否，必盡己之情以求人之情。**對曰：「是則可矣。**可者，未大備，可以一戰。《傳》曰：「齊師敗績。」**夫苟中心圖民**〔一七〕，**知雖不及**〔一八〕，**必將至焉。」**苟，誠也。言誠以中心圖慮民事，其知雖有所不及〔一九〕，必將至於道也。　◎志慧按：韋昭以「至」爲至於道，似有增字解經之嫌，道的門檻也不至於這麼低，此句上承「圖民」，故「至」當係民近悅遠來，而非莊公到達道的境界。

【彙校】

〔一〕穆文熙《鈔評》題作「曹劌論戰」，葉明元《抄評》題作「曹劌問長勺之戰」，傅庚生選本題作「曹劌問戰」，上海師大本承之，問長勺之戰係引子，論戰方爲該篇要旨，故從穆氏。

〔二〕嚴公，許宗魯本同，明道本、正統本、上海師大本作「莊公」，韋注承賈逵等避東漢明帝劉莊之諱，明道本改從本字，《考正》云：「先儒既已不改，學者當讀爲『莊』。陸敕先、葉石君輩校本凡遇『嚴』字，盡改作『莊』，則轉近於創矣。」此駁正亦可用於上海師大本，下同。唯下文施作標題時，爲免生歧義，則從衆作「莊」，不再出注。

〔三〕士，明道本、正統本作「人」。

〔四〕君，明道本、正統本、張一鯤本同，《左傳・昭公九年》亦同，南監本、弘治本、許宗魯本作「公」。

〔五〕召，明道本作「邵」，下同。奔魯，明道本作「來奔」，正統本作「來奔魯」，此爲《魯語》，似不必出「魯」字。糾，弘治本、李克家本作「糾」，《集韻》音他口切，上聲厚韻：「糾，絲黄色。」此係形訛，次同。

〔六〕明道本、正統本無「興師」二字。

〔七〕圭，明道本、正統本作「珪」，珪係「圭」的義符加旁字，次同。

〔八〕曰，明道本、正統本作「云」。

〔九〕《平議》：「本，乃『大』字之誤。下文曰『今將惠以小賜，祀以獨恭。小賜不咸，獨恭不優』，即承此文而言。惠不大爲小賜，民不和爲獨恭也。又曰『夫民求不匱於財，而神求優裕於享者也，故不可以不本』，『本』亦『大』字之誤，民求不匱，而神求優裕，故不可以不大也。若作『本』字，於義皆失矣。」《集解》徑從改，唯從韋注看，似未見其「大」。《安徽大學藏戰國簡・曹沬之陳》有「則由其梟與」。

〔一〇〕明道本不重「志」字，疑脱。

〔一一〕器，明道本、正統本作「財」，《考異》疑作「財」者涉下句而誤，可從，蓋由韋注「不過用禮」一語可知該字所指者乃禮器。

〔一二〕「共祀」前，明道本有「能使」二字，《考異》云：「依注，二字當衍。」可從。

〔一三〕共，明道本、正統本作「供」，《斠證》：「韋讀以正字，則作『供』是也。」據韋注「非獨己也」之語，作「供」者誤。

〔一四〕《玉篇》鈔本引用正文字作「優」，而注文鈔本字作「瀀」，則《玉篇》之傳抄亦存瑕疵。

〔一五〕弗，明道本、正統本作「不」。

〔一六〕「小賜」六句，《御覽》神鬼部一、《永樂大典》卷二九四九作「小賜不咸，民弗歸也；獨恭不優，神弗福也」，南宋胡宏《皇王大紀》卷三十七三王紀首「弗」作「不」，餘同。

〔一七〕明道本句首有「知」字，《考異》、李慈銘斷其衍，是，《集解》徑删。

〔一八〕知，明道本、正統本作「智」，注同。不，明道本、正統本作「弗」。

〔一九〕明道本無「其」字，疑脱，正統本有；許宗魯本「其」作「事」，誤。

2 曹劌諫莊公如齊觀社

嚴公如齊觀社。嚴公二十三年，齊因祀社，蒐軍實以示客〔一〕，公往觀之。○孔晁：聚民於社，觀戎器也（《左傳·莊公二十三年》正義引）。○《春秋·莊公二十三年》「夏，公如齊觀社」杜注：「齊因祭社蒐軍實，故公往觀之。」○《存校》：劌云觀民於社，當是聚會歌舞之義，注謂蒐軍實，似未然。○孫鑛：社非蒐，蓋民間社會祀神而燕，因多爲轂抵、優俳之觀，相角奇而競奢，今都鄉時有之（盧之頤校訂《國語》）。○《正義》：或謂《郊特牲》言「唯爲社田，國人畢作」，是未祭社之前，先田獵以習蒐狩，不聞祭時而檢閲軍實。況戎車，國之利器，不以示人，恐無示客之理。《穀梁傳》：

「常視曰視，非常曰觀，觀，無事之辭也。以是爲尸女也。」范甯注：「主爲女往，以觀社爲辭。」鄭康成《駁五經異義》引公羊說云：「蓋以觀齊女也。」《墨子》曰：「燕之祖，齊之社稷，宋之桑林，男女之所聚而觀也。」觀社之義公羊爲長。◎志慧按：韋昭、孔晁、杜預皆以爲因祀社而觀戎器，必有所據，《左傳·襄公二十四年》即載：「齊社，搜軍實，使客觀之。」唯如范甯所云：「以觀社爲辭。」則《穀梁傳》所揭者乃莊公的真實意圖，故衆說各有所當。**曹劌諫曰：「不可。夫禮，所以正民也。是故先王制諸侯，使五年四王、一相朝也**〔二〕。賈侍中云：「王，謂王事天子也。歲聘以志業〔三〕，閒朝以講禮，五年之閒，四聘於王，而一相朝者〔四〕，將朝天子，先相朝也。」唐尚書云：「先王，謂堯也〔五〕。五載一巡守，諸侯四朝。」昭謂：以《堯典》相參，義亦似之，然此欲以禮正君，宜用周制。周禮〔六〕：中國凡五服，遠者五歲而朝〔七〕。《禮記》曰：「諸侯之於天子也，比年一小聘，三年一大聘。」「五年一朝」謂此也。晉文公霸時亦取於此禮〔八〕。○《正義》（刊本）：「再聘以志業，閒朝以講禮」，此《昭十三年傳》文，疏謂「每歲令大夫一聘天子，閒一歲親自入朝」，其說與《尚書》、晚出之《周官篇》「六年五服一朝」合，然曹劌言相朝是彼朝此，此亦朝彼。若朝天子，則不得名爲相朝。賈侍中之說與此傳未合。韋解引《王制》「比年一小聘，三年一大聘，五年一朝」，彼經鄭注明言：「此大聘與朝，晉文霸時所制也。」疏引《昭三年傳》子太叔曰「昔文、襄之霸也，其務不煩諸侯，令諸侯三歲而聘，五歲而朝」爲證，《王制》作於漢時，正述晉文霸時之制，故云「晉文霸時亦取此禮也」，《秋官·大行人》：「凡諸侯之邦交，歲歲相問也，殷相聘也，世相朝也。」注：「小聘曰問。殷，中也。久無事，又與（於）殷朝者及而相聘也。父死子立曰世。凡君即位，大國朝焉，小國聘焉。」劇言當依此制，諸侯位敵，尚歲歲修聘，則於天子，每年必聘可知，所謂五年四王也。一相朝者，謂大國，子即位，則我往朝，如《昭十年傳》「齊侯、衛侯、鄭伯如晉朝嗣君」是也。我更一世，亦往朝大國，《襄三年》「如晉，始朝也」杜注「公即位而朝」是也。劇謂諸侯唯即位則一相見，其餘則無有相如者，以止公之行也。至《文十五年傳》曰：「曹伯來朝，禮也。」諸侯五年再相朝以修王命，此即晉文所定之制，非周公之典，左氏生定、哀之後，故亦以此爲古制，不得援此以議《大行人》「世相朝」之文也。○秦鼎：相朝，謂諸侯相朝也，賈説得之。○《辨正》：《左傳・文公十五年》爲是年《春秋》「夏，曹伯來朝」句作傳曰：「諸侯五年再相朝，以修王命，古之制也。」則是就諸侯之間而言，本則「諸侯……一相朝」，既曰「相」，實指諸侯之間，則韋注將《周禮・秋官・大行人》所載之制混爲一談，亦未達一間。◎志慧按：韋注所引《禮記》文，見於《王制》，該篇鄭注謂「此大聘與朝，晉文霸時所制也」，韋昭結合《國語》本段文字，謂「晉文公霸時亦取於此禮」，從「所制」到「亦取於此」，似爲調停之辭。「中國凡五服」之説，與《周禮・夏官・職方氏》、《大司馬》及《秋官・大行人》都有出入，疑是概述周制。**終則講於會，以正班爵之義**〔九〕，終，畢也。講，習也。班，次也。謂朝畢則習禮於會，以正爵位、次序尊卑之義。**帥長幼之序，訓上下之則，**帥，循也。○秦鼎：《傳》疏：「長幼，謂國大小也。」沈氏云：「爵同，則據年之大小。」亦通。　○《國語疑義新證》：長幼，謂先後。制財用之節，謂牧伯差國大小，使受職貢也〔一〇〕。其閒無由荒怠。其閒，朝會之閒〔一一〕。夫齊棄大公之法而觀民於社〔一二〕，大公，齊始祖大公望也。○孔晁：聚民於社，觀戎器也（《左傳・莊公二十三年》正義引，汪、黄輯）。君爲是舉，舉，動也。而往觀之，非故業也，業，事也。　○《爾雅・釋詁》：業，事也。　○《略説》：故業，謂周公遺制，子孫所守也，非惟齊棄太公之法，而魯亦違周公之制。何以訓民？土發而社，助時也。土發，春分也。《周語》曰：「土乃脉發。」社者，助時求福爲農始也〔一三〕。收攟而烝〔一四〕，納要也。攟，拾也。冬祭曰烝，因祭社以納五穀之要，休農夫也。《月令》曰：「孟冬祀于天宗，大祀公社及門閭〔一五〕。」○賈逵：捃，拾穗也（釋玄應《一切經音義》十三引，汪、蔣輯）。　○《正義》：《月令》鄭注：「天宗，謂日、月、星也。」疏引蔡邕曰：「日爲陽宗，月爲陰宗，北辰爲星宗。」鄭注又云：「大割，大殺羣牲，割之也。」公社以上公配祭，故云公社。先祭社稷，後祭門閭，故曰及。此等之祭總謂之蜡。其祭則皮弁、素服、葛帶、榛杖。凡蜡皆在建亥之月。　○秦鼎：要，要計也。鄭注《周禮》云：「簿書之最目。」天宗，日、月、星辰也。　○《發正》：《月令》「農事備收，舉五穀之要」鄭注云：「定其租税之簿。」《淮南子・時則訓》高誘注云：「要，簿書也。」　○《補正》：《月令》：「季秋，農時備，收舉五穀之要。」鄭注：「定其租税之簿。」此納要之義也。今齊社而往觀旅〔一六〕，　○《增注》：旅，疑當作「旃」，旃，之也。　◎志慧按：冢田虎之説或是也，惜未見所據。非先王之訓也。旅，衆也。天子祀上帝，上帝，天也。諸侯會之，受命焉。助祭、受政命也。○《正義》：天子于日南至祀昊天上帝於圜丘，則謂之禘。祀感生帝于南郊，則謂之郊。韋解「上帝，天也」，蓋言帝不足以包天，而言天足以包帝，舉昊天上帝以統五德之帝也。諸侯祀先王、先公，先王，謂若宋祖帝乙、鄭祖厲王之屬也。先公，先君也。卿大夫佐之，受事焉。事，職事也。臣不聞諸侯之相會祀也〔一七〕，祀又不法。不法，謂觀民也。君舉必書，動則左史書之，言則右史書之。○龜井昱：舉，出行也，與天子之巡守、卿之越境對言。書而不法，後嗣何觀？」公不聽。遂如齊。

【彙校】

〔一〕客，《史記·魯周公世家》集解引作「軍容」，《左傳·襄公二十四年》句作「使客觀之」。

〔二〕明道本、正統本無「也」字。

〔三〕志，正統本作「至」，因音同而訛，古鈔本不訛；弘治本作「脩」，未見所據。

〔四〕明道本、正統本重「相朝」二字，《考正》從補，是，且二「相朝」間當以句號點斷。

〔五〕堯，許宗魯本該字作墨釘，弘治本空格。

〔六〕明道本無「周」字，李慈銘《越縵堂讀書簡端記》斷其脱，據前一句「周制」，是。

〔七〕遠，弘治本、許宗魯本作「内」，於義後者誤。

〔八〕明道本、正統本無「公」字。明道本、正統本無「禮」字，疑脱。

〔九〕班，正統本同，明道本作「斑」，後者借字。

〔一〇〕職貢，正統本同，明道本作「貢職」，疑後者倒。

〔一一〕之閒，明道本、正統本作「間也」。

〔一二〕大公，明道本、正統本作「太公」，下同。

〔一三〕求，明道本、正統本作「祈」。農，遞修本、弘治本、許宗魯本作「晨」，疑形近致訛。

〔一四〕攟，據賈逵注，知賈所見本作「捃」，《元龜》陪臣部規諷、《玉海》食貨引同，《説文·手部》：「攈，拾也。」段注據韋昭此注認定「攟」、「攈」同字，攟從囷得聲，「攈」爲「攟」之省文，可從。捃從君得聲，與「攟」爲聲符更旁字也。

〔一五〕明道本、正統本「公社」前有「于」字。

〔一六〕往觀旅，《平議》以爲係「旅往觀」之倒，旅，古文「魯」字，《集解》從乙，《斠證》以爲其説固甚新穎，然訓旅爲衆於文亦可通也。

〔一七〕《元龜》引同，明道本、正統本無「之」字。

3 匠師慶諫莊公丹楹刻桷

嚴公丹桓宮之楹，而刻其桷。桓宮，桓公廟也。楹，柱也。唐云：「桷，榱頭也。」昭謂：桷，一名榱，今北土云亦然〔一〕。《爾雅》曰：「桷謂之榱。」嚴公娶于齊，曰哀姜。哀姜將至，當見於廟，故丹柱刻榱以夸之〔二〕。　○段注本《説文·木部》：「榱，椽也。秦名屋椽也，周謂之椽，齊、魯謂之桷。」「桷，榱也，椽方曰桷。从木，角聲。《春秋傳》曰：『刻桓宮之桷。』」俱可參。　○穆文熙：桓公娶於齊而罹彭生之禍，何其辱也。嚴公復娶於齊，而欲丹刻桓廟以夸之，豈不取笑於齊人哉？（《國語評苑》）　○《正義》：《穀梁傳》：「禮：天子黝堊，大夫倉，士黈。」丹楹非禮也。禮：天子之桷斲之、礱之，加密石焉。諸侯之桷斲之、礱之，大夫斲之，士斲本。刻桷非禮也。　○《翼解》：《穀梁》「刻桓宮桷」釋文云：「方曰桷，圓曰椽。」是桷與椽有方圓之異，總名爲榱耳。**匠師慶言於公**匠師慶，掌匠大夫御孫之名也〔三〕。　◎志慧按：《左傳·襄公四年》載匠慶刺季文子非禮，那已是百餘年後的事了，當非一人，蓋如南宮括、王良等同名者，文獻中非一。考諸先秦時身份、職業在前姓氏名字在後的稱謂慣例（如后羿、祖庚、傅説、帝乙、史伯、醫和、師曠、匠石、庖丁、弈秋、豎刁、舅犯、優孟、卜徒父等），匠與師分屬兩種身份，頗疑此匠師乃工匠之長，如《晉語六》之工尹襄，或者爲了與《左傳》之匠慶區別，如《孟子·盡心上》中的宋句踐，標明宋以與越句踐相區別。**曰：「臣聞聖王公之先封者，**謂若湯、武、周公、太公。**遺後之人法，使無陷於惡。其爲後世昭前之令聞也，**爲，猶使也。○《略説》：「爲，猶使也」恐非是，蓋「爲」字管下十三字，不必讀使。○秦鼎：爲，作也，作亦訓使。《儀禮》「作下大夫二人媵爵」注：「作，使也。」**使長監於世，**監，觀也。觀世成敗以爲戒也。○《增注》：以前之令聞，爲子孫之監戒也。○龜井昱：廟貌器物，存其法式，使長監於前世之恭儉也。○《校補》：監，當讀爲「鑒」，借鑒。◎志慧按：於禮，唯天子之桷刻而礱之，魯莊此舉，不僅侈大，而且僭越，故被視爲不法、惡行。**故能攝固不解以久。**攝，持也。**今先君儉而君侈之**〔四〕，先君，桓公。**令德替矣。」**替，滅也。○《爾雅・釋言》：替，滅也。○賈逵：替，滅也（《令集解》卷二引）。

公曰：「吾屬欲美之。」屬，適也。適欲自美之，非先君意也。○《補正》：屬，謂臣屬也。蓋君欲委過於下，故下云「無益於君」，「君」字亦是對臣下言。**對曰：「無益於君，而替前之令德，臣故曰庶可以已乎**〔五〕。」已，止也。○賈逵：庶，冀也（《文選》傅咸《贈何劭王濟詩》李善注引，汪、蔣輯）。◎志慧按：「臣故曰庶可以已乎」一語於前文並無鋪墊，疑匠師慶諫語「臣聞聖王公之先封者」前，當有「庶可以已乎」五字，唯所見各傳本皆如目前之狀。**公弗聽。**◎志慧按：莊公爲桓宮丹楹刻桷，事並載於《春秋・莊公二十三年》、《二十四年》及《左傳・莊公二十三年》、《二十四年》，其中，《左傳・莊公二十四年》載御孫之諫言，與《魯語》所載不同，疑因其事不合禮制，臣工各有所諫乎。觀社、丹楹刻桷與下篇覿哀姜用幣，孤立地看，雖於禮制不合，但也不宜斥爲惡德敗行。如果放在後世愛情題材的文藝作品中，這些行爲甚至可以作爲夫妻間舉案齊眉、相敬如賓的正面典型，更何況後二篇所述事件都發生在親迎環節。這裏的問題是，文姜給魯國造成的傷害使得魯國士民有意爲齊魯關係降温。在迎娶哀姜這件事情上，李代桃僵的莊公，做什麽、怎麽做都是不合宜的。而其後哀姜的一系列穢行醜跡使得對相關齊魯關係的回敘烙上了灰暗的底色。《魯語》這三篇涉及的問題雖然只是些微文瑣節，其背後卻是魯國的洶洶民意，在這個輿論場中，這些微文瑣節卻成了莫大的政治，這或許就是這三篇緊接齊魯長勺之戰置於《魯語》卷前的原因。同時，三篇的第三段都只有「弗（不）聽」，而没有拒諫之後的進一步結果，這與言類之語拒諫必有災殃隨之之通例不合，其實，這結果即輿論，在敘述者看來是魯國士民的共同認知，是可以被省略的，故不勞贅述。

【彙校】

〔一〕今，弘治本作「令」，後者形訛。

〔二〕夸，弘治本作「誇」，後起繁化字。

〔三〕御，明道本、正統本作「禦」，《左傳·莊公二十四年》作「御」。

〔四〕正統本及《元龜》卷二五五引同，明道本無「之」字，《斠證》以爲有「之」字文義較顯。

〔五〕《元龜》引同，明道本、正統本、監本無「以」字，疑脱。乎，明道本作「矣」，於句法，作「矣」較作

「乎」爲勝。

4 夏父展諫宗婦覿哀姜用幣〔一〕

哀姜至，公使大夫、宗婦覿用幣。宗婦，同宗大夫之婦也。覿，見也〔二〕，見夫人也。用幣，言與大夫同贄。 ○《正義》：《内傳》孔疏：「襄二年，葬齊姜，《傳》稱『齊侯使諸姜宗婦來送葬』，諸姜是同姓之女，知宗婦是同姓大夫之婦也。《士相見禮》稱大夫始見於君，執贄。夫人尊，與君同。臣始爲臣，有見君之禮，明小君初至，亦當有禮以見也。且《傳》唯譏婦贄不宜用幣，不言覿之爲非，知其禮當然也。大夫當用羔、雁，用幣亦爲非禮也。莊公欲奢夸夫人，故使男女同贄。惡其男女無別，且譏僭爲失禮，故書之。」 ○《集解》：哀姜，齊襄公之妹也。**宗人夏父展曰：「非故也。」**宗人，宗伯也。夏父，氏也。展，名也。宗伯，主男女贄幣之禮。故，故事也。 ◎志慧按：《左傳・莊公二十四年》將諫言係於御孫名下，《列女傳・孽嬖傳》則作「大夫夏甫不忌」，展之後人，是傳聞異辭也。**公曰：「君作故。」**言君所作則爲故事。 ◎志慧按：「君作故」一語，與《魯語上・夏父弗忌改昭穆之常宗有司論僖公不可躋》中夏父弗忌「我爲宗伯，明者爲昭，其次爲穆，何常之有」語氣逼似，可合併討論。無論婦人之贄，還是昭穆之次，本來都是君主制下貴族共同體的行爲規則——即夏父展之

「故」與宗有司之「常」，不是哪一個個人或者團體可以肆意違反，包括君主。在周禮的大本營，比起晉國、衛國來，大臣們仍然敢嬰龍鱗，但魯莊公與夏父弗忌出於私利上下其手，上行下效，可以想見，各色人等都有理由利用手中的權力給人家制訂規矩，則規則的嚴肅性、權威性就大打折扣，即使是新訂立的規矩也不能倖免。從這個角度看，「君作故」之類的觀念與行事方式恰恰是亂源，比具體的操作上的不合禮儀更有破壞性，夏父展斥之爲「逆」，以此。復次，從長時段看，厲王弭謗專利、宣王立魯少子戲、魯莊公侈言「君作故」等等情節，昭示著周公以來的君主政體正在逐步蜕變，向專制政體過渡，司馬遷所謂「盛衰大指」，韋昭所謂「逆順之數」，此其例也。**對曰：「君作而順則故之，**順，順於禮，則書以爲故事〔三〕。**逆則亦書其逆也。臣從有司，懼逆之書於後也，故不敢不告。**從有司，言備位隨從有司後行也〔四〕。◎志慧按：韋注於上文已言「宗伯主男女贄幣之禮」，則此謂「從有司」實爲謙詞，如《論語·先進》孔子自稱「從大夫之後」。**夫婦贄不過棗、㮚〔五〕，以告虔也。**棗，取蚤起。㮚，取敬㮚。虔，敬也。《曲禮》曰：「婦人之贄，脯、脩〔六〕、棗、㮚。」○《正義》：《昏禮》：婦見舅以棗、栗，見姑以腶脩。小君之尊同於君，故以見舅之贄見之也。○《標注》：棗、栗告虔，猶有若之「戰栗」，此等皆注家之增益耳。◎志慧按：《論語·八佾》：「哀公問社於宰我，宰我對曰：『夏后氏以松，殷人以柏，周人以栗。』曰：『使民戰栗。』」言主非有若，謂此等皆注家之增益則是也。**男則玉、帛、禽、鳥，以章物也。**謂公執桓圭，侯執信圭，伯執躬圭，子執穀璧，男執蒲璧；

孤執皮帛，卿執羔，大夫執鴈，士執雉，庶人執鶩，工商執鷄也。章，明也〔七〕，明尊卑異物也。○《左傳·莊公二十四年》「以章物也」杜注：章所執之物，别貴賤。○秦鼎：《大宗伯》鄭注：五穀養人，蒲席安人。故或穀或蒲以爲璧飾。璧皆徑五寸，不執圭者，未成國也。今婦執幣，是男女無别也。男女之别，國之大節也，不可無也。」○賈逵：節，制也（日本信瑞纂《浄土三部經音義集》卷第二引《國語》「國大節」並及賈注）。公弗聽。

【彙校】

〔一〕正統本本則屬上，上海師大本從公序本單列，言主與上文不同，且各有獨立的敘述結構，當單列。

〔二〕《元龜》引同，明道本、正統本無「見也」二字，疑脱。

〔三〕《元龜》引同，明道本無此韋注，李慈銘斷其脱，《集解》從補，是。

〔四〕後，明道本作「從」，疑後者涉前文而誤。

〔五〕㮚，明道本作「栗」，《補音》：「㮚，篆文『栗』字。」

〔六〕脩，各古本中唯葉邦榮本作「修」，從俗。

〔七〕明道本無「明也」二字，李慈銘斷其脱，上海師大本校點者云：「疑『章』下脱一『物』字。」

5 臧文仲如齊告糴

魯饑，臧文仲言於嚴公魯饑，在嚴公二十八年。文仲，魯卿，臧哀伯之孫、伯氏瓶之子臧孫辰也。**曰：「夫爲四鄰之援，**援，所攀援以爲助也。○賈逵：援，引也（《文選》司馬長卿《長門賦》李善注引，又孫興公《游天臺山賦》李善注引，王、黄將此條置於《晉語八》「事君不援而進」下，汪遠孫將此條置於《晉語四》「舉善援能」下，蔣曰豫輯，蔣同時將此條置於《晉語二》「援秦以搖之」下）。**結諸侯之信，重之以婚姻，申之以盟誓，**申，重也。○《爾雅·釋詁》：申，重也。**固國之艱急是爲。**艱，難也。是爲，爲難急也。○《爾雅·釋詁》：艱，難也。○《校補》：爲，動詞，讀平聲，救治。下文「固民之殄病是待」，待，防備。**鑄名器，**名器，鍾鼎也。**藏寶財，**寶財，玉帛也。**固民之殄病是待。**殄，絶也。病，餓也〔一〕。○《述聞》：殄，亦病也。◎志慧按：《爾雅·釋詁》：「殄，絶也。」是韋注所本，唯此處殄、病同義連文，當從王説。**今國病矣，君盍以名器請糴于齊？」**盍，何不也。市穀曰糴。**公曰：「誰使〔二〕？」對曰：「國有饑饉，卿出告糴，古之制也。**告，請也。◎志慧按：《爾雅·釋天》：「穀不熟爲饑，蔬不熟爲饉。」《墨子·七患》：「一穀不收謂之饉，二穀不收謂之旱，三穀不收謂之凶，四穀不收謂之饋，五穀不收謂之饑。」《逸周書·糴匡》：「年儉，穀不足，君親巡方，卿參告糴。」《説文·食部》：「穀不孰爲饑，蔬不孰爲饉。」俱可參證。辰也備卿，辰請如齊。」公使往。

【彙校】

〔一〕餓，明道本、遞修本、正統本同，張一鯤本作「饑」，疑後者擅改，《增注》、《正義》承之。

〔二〕《白氏六帖事類集》卷二十三「使」下有「之」字。

從者曰：「君不命吾子，吾子請之，其爲選事乎？」選事，自選擇其職事也〔一〕。文仲曰：「賢者急病而讓夷，夷，平也。○秦鼎：夷，即夷居之夷。居官者當事不避難，在位者恤民之患，是以國家無違。無相違很者〔二〕。○《補正》：謂作事中理，無違背也。今我不如齊，非急病也。在上不恤下，居官而惰，非事君也。」

【彙校】

〔一〕其，正統本同，明道本作「於」，疑後者誤。

〔二〕很，遞修本同，正統本、弘治本、葉邦榮本作「狠」，疑從俗，黃刊明道本作「恨」，《考異》據《韓詩》「中心有違」云「違，很也」，斷作「很」是，可從。

文仲以鬯圭與玉磬如齊告糴，鬯圭，裸鬯之圭，長尺二寸，有瓚，以祀廟〔一〕。玉磬，鳴璆也。○舊注：宋〈宗〉廟磬，鳴球也（《御覽》時序部二十引，汪遠孫輯）。○《正義》：《周官・典瑞》：「裸圭有瓚，以肆先王，以裸賓客。」鄭注引漢禮：「瓚槃大五升，口徑八寸，下有槃，口徑一尺。」則瓚如勺，爲槃以承之也。天子之瓚，其柄之圭長尺有二寸，其賜諸侯，蓋九寸以下。《詩・旱麓》鄭箋：「圭瓚之狀，以圭爲柄，黄金爲勺，青金爲外，朱中央矣。」**曰：「天災流行，戾于敝邑〔二〕，饑饉荐降，民羸幾卒，**戾，至也。荐，重也。降，下也。羸，病也。幾，近也。卒，盡也。○《爾雅・釋詁》：戾，至也。幾，近也。卒，盡也。又《釋天》：仍饑爲荐。○賈逵：羸，病也（釋慧琳《一切經音義》卷二十九引）。○《舊音》：幾，音祈。○《補音》：幾，勤衣反。○《正義》：《爾雅・釋天》：「仍饑爲荐。」《僖十三年傳》「晉荐饑」疏引李巡《爾雅》注：「連歲不熟曰荐。」○《翼解》：此經當以罪戾爲義，下「獲戾」《解》曰：「戾，罪也。」◎志慧按：《廣韻》平聲微韻：「幾，近也。又居依、居豈二切。」獲戾之「戾」自可作罪戾解，此處「戾」、「降」對文，則韋注爲「至」無誤。**大懼殄周公〔三〕、大公之命祀，**賈、唐二君云：「周公爲大宰，大公爲大師〔四〕，皆掌命諸侯之國所當祀也。」或云：「命祀，謂命祀二公也〔五〕。」昭謂：《傳》曰：「衛成公祀夏后相，甯武子曰：『不可以閒成王、周公之命祀。』」如此〔六〕，賈、唐得之〔七〕。○《正義》：此獨配周公以太公者，太公爲齊之始祖，舉之以尊齊也。○《平議》：神不歆非類，民不祀非族。此太公非齊之太公，乃魯之太公也。太公者，始封之君。◎志慧按：《左傳・僖公十年》云：「神不歆非類，民不祀非族。」於禮數，曲園之說是也，下文「大公」義同此。**職貢業事之不共而獲戾。**戾，罪也。**不腆先君之敝器**〔八〕，腆，厚也。◎志慧按：不腆，不豐厚，指禮幣、田賦、兵馬、器物、伎樂等，謙辭，多用於外交辭令，《左傳》九見，《國語》五見。此作不多解。**敢告滯積，以紓執事，**滯，久也。紓，緩也。執事，齊有司也。穀久積則將朽敗〔九〕，執事所憂也，請之所以緩執事。○賈逵：滯，久也（《原本玉篇殘卷・水部》引）。○皆川淇園：言今敢以幣告之齊國，齊國若出其滯積，紓邑之急，且使其執事救敝邑之患，則寡君之幸也。○秦鼎：司，謂齊有司也。○《補正》：言以緩執事之憂，注語未盡。**以救敝邑，使能共職。豈唯寡君與二三臣實受君賜，其周公、大公及百辟神祇實永饗而賴之**〔一〇〕**！」**辟，君也。賴，蒙也。天曰神，地曰祇。百辟，謂百君卿士有益於民者。○《爾雅・釋詁》：辟，君也。**齊人歸其玉而予之糴**〔一一〕。○葉明元《抄評》：魯之命卿告糴，齊之與糴歸玉，皆禮也。○穆文熙：此與《左傳》晉乞秦糴之意頗同，而「命祀」一語尤見一體之情，齊人歸玉而予之糴，其知恤憐之義矣（《國語評苑》）。

【彙校】

〔一〕祀，明道本作「禮」，據義作「禮」者字訛。

〔二〕敝，明道本作「弊」，《考異》謂「弊」字俗。

〔三〕殄，明道本、監本作「乏」，秦鼎謂明道本「似是」。《楚語下》有「乏臣之祀也」，《詩・大雅・雲漢》「不殄禋祀」，《左傳・僖公十年》「君祀無乃殄乎」，二本各有所據。

〔四〕明道本三「大」字皆作「太」，正統本唯「大師」之「大」作「太」。

〔五〕明道本無「命祀謂」三字，李慈銘斷其脱，是。

〔六〕「如此」前，明道本有「職貢」二字，疑涉下文衍。

〔七〕明道本、正統本句末有「矣」字。

〔八〕《左傳・文公十三年》同，敝，明道本作「弊」，《舊音》摘「獘」，李慈銘、《補正》皆謂宜從公序本。敝、弊正假字，次三「敝」字同。

〔九〕將，張一鯤本、李克家本、秦鼎本作「當」，《考正》斷作「當」者誤，是。

〔一〇〕大公，明道本、正統本作「太公」。

〔一一〕予，《左傳・莊公二十八年》正義引作「與」，古通。

6 展禽使乙喜以膏沐犒齊師

齊孝公來伐〔一〕，孝公，齊桓公之子孝公昭也。魯僖公叛齊，與衛、莒盟于洮〔二〕，又盟于向，故孝公伐魯，討此二盟。臧文仲欲以辭告，欲以文辭告謝齊也。病焉，病不能爲辭也。問於展禽。展禽，魯大夫，展無駭之後柳下惠也，字季禽〔三〕。○《左傳・僖公二十六年》正義：展禽對臧文仲云「獲聞之」，是其人氏展，名獲，字禽，柳下是其所食之邑名，謚曰惠。《列女傳》：「柳下惠死，門人將謚之，莊子云：柳下季者，季是五十字，禽是二十字。」◎志慧按：《平議》謂當以「臧文仲欲以辭告病焉」九字爲句，《集解》從之，可備一説。對曰：「獲聞之，處大教小，處小事大，所以禦亂也，不聞以辭。獲，展禽之名也。禦，止也。若爲小而崇，以怒大國，崇，高也，謂自高大，不事大國。○《增注》：魯既叛齊，與衛、莒盟，故云。使加己亂，亂在前矣，亂，惡也。○《增注》：兵亂在目前也。○《補正》：亂，宜就本字，不訓惡。◎志慧按：「亂」義當從冢田虎與吴曾祺説。辭其何益？」文仲曰：「國急矣！百物唯其可者，將無不趨也。百物之中，可用行賂，將無不趨，言無所愛也。願以子之辭行賂焉，其可乎〔四〕？」

【彙校】

〔一〕明道本「伐」下有「魯」字，《札記》謂當依公序本，此係《魯語》，疑「魯」字後加。

〔二〕洮，静嘉堂本、弘治本作「洗」，後二者形訛，唯静嘉堂本似補筆。

〔三〕季禽，遞修本、正統本、李克家本同，許宗魯本作「子禽」，唯静嘉堂本、弘治本作「李禽」，後二者似俱形訛；明道本作「展禽」，後者亦誤。

〔四〕明道本「可」下有「賂」字，疑涉上句衍。

展禽使乙喜以膏沐犒師〔一〕，乙喜，魯大夫展喜也。犒，勞也。以膏沐爲禮，欲以義服齊，明不以賂免〔二〕。　○賈逵：⿰食高，勞也（《原本玉篇殘卷·食部》引）。　○陶望齡：膏沐，是今肥皂、香油（盧之頤校訂《國語》）。　○《正義》：《禮·内則》鄭注：「脂，肥凝者。釋者曰膏。」《文選》曹植《求通親親表》吕向（濟）注：「膏，脂也。沐，甘漿之屬。」《衛風》：「自伯之東，首如飛蓬。豈無膏沐，誰適爲容？」則膏沐以潤髮也。「犒，勞也」者，《僖二十三年傳》疏引服虔《内傳注》：「以師枯槁，故饋之飲食。」高誘《淮南注》：「酒肉曰餉，牛羊曰犒。」洪氏《隸釋》載漢碑有「勞⿰酉高」之語，《公羊傳》注：「牛酒曰犒。」故其字一從牛，一從酒也。《周官·小行人》：「若國有師役，則令槁禬之。」則「槁」爲「犒」本字。以膏沐爲禮，言以膏沐爲槁（犒）師之物也。　◎志慧按：《衛風·伯兮》之

「膏沐」所指似爲一物，且與飲食無所關涉，《左傳・僖公二十三年》只云僖公「使展喜犒師」，故有服虔此解，所謂「以師枯槁，故饋之飲食」，疑出於臆測，《魯語》明言膏沐，故不必如服氏猜度；至於韋昭「以膏沐爲禮，欲以義服齊，明不以賂免」之説，不知何所據而云然，且於膏沐未予訓釋。竊以爲此接上文臧文仲語「百物唯其可者，將無不趨也」，該膏沐亦必爲一具體物品，膏者，油脂也，沫者，泡沫也，陶望齡釋爲肥皂、香油，今人薛安勤、王連生《國語譯注》以潤髮油釋之，方向正確。在洗衣粉、清潔劑還不流行的年代，齊魯一帶人們普遍使用皂莢洗滌衣物。時至今日，紹興一帶依然把無患子的果實叫做肥皂核，其果皮去污力强，潤髮效果好，公曆十月至十一月皆屬采摘期，入冬以後，果漿收縮易於保存。也有人用水晶皂基和純天然植物油做成生態肥皂。乙喜所用以犒師者，面對的是成建制的將士，而不是《衛風・伯兮》中的某一個貴族婦女，故而即使《伯兮》中之膏沐所指者爲潤髮油，這裏所指者仍應爲肥皂的原材料或者成品，相對於潤髮油，前者更易於大批量采集、規模化生産並方便派發到將士手上。其時氣候較近世濕熱，齊魯等地應該是適宜無患子生長的。曰：「寡君不佞，佞，才也。不能事疆埸之司〔三〕，司，主也。主疆埸吏也。不能事，故構我也〔四〕。○《舊音》：埸，音亦。○《補音》：埸，盈隻反。使君盛怒，以暴露於敝邑之野〔五〕，敢犒輿師。」輿，衆也。齊侯見使者，曰：「魯國恐乎？」使者，乙喜也。對曰：「小人恐矣，君子則不〔六〕。」公曰：「室如縣磬〔七〕，野無青草，何恃而不恐？」縣磬，言魯府藏空虚，但有榱梁〔八〕，如縣磬也。野無青草，旱甚也。故言「何恃」。　○孔晁：懸磬，但有桷，無覆蓋（《左傳·僖公二十六年》正義引，汪、黄輯）。　○《正義》：杜預《左傳注》：「如，而也。時夏四月，今之二月，野物未成，故言居室而資糧縣盡。」則以磬爲盡，陸氏《釋文》因訓曰：「磬，盡也。」劉炫曰：「如磬在縣，下無粟帛。」孔疏袒杜而斥劉，謂野無青草可食，明此在室無資糧可噉，故改「如」爲「而」，言居室而資糧縣盡也。明與《内》、《外傳》文相背。孔氏作《禮記疏》「則磬於甸人」，引《左傳》亦作「縣磬」，則孔氏亦明知杜氏改「如」爲「而」、訓磬爲盡之非，特《左傳疏》中拘於疏不破注之積習，而爲杜左袒耳。　◎志慧按：磬，《左傳·僖公二十六年》作「罄」，《説文·缶部》：「罄，器中空也。古文磬字。」《石部》：「磬，樂石也。象縣虡之形。」與「野無青草」並列，當取空義、盡義。在這一點上，韋昭「府藏空虚」與杜預「資糧縣盡」並無區别，唯於「縣」字，或取虚懸義，與罄義近；或取懸絶義，修飾「罄（磬）」，皆無不可。韋昭從器中空聯想到具體的器，雖然形象，但總嫌失焦，孔晁的問題同此。至於劉炫，其時或已有了中空的磬，遂有「下（中）無粟帛」之説，甚爲不辭。　對曰：「恃二先君之所職業。昔者成王命我先君周文公及齊先君大公曰[九]：『女股肱周室，以夾輔先王。先王，武王也。賜女土地，質之以犧牲，世世子孫無相害也。』質，信也。謂使之盟，以信其約。今君來討敝邑之罪[一〇]，其亦使聽從而釋之，釋，置也。必不泯其社稷，泯，滅也。豈其貪壤地而棄先王之命？其何以鎮撫諸侯？恃此以不恐。」齊侯乃許爲平而還。平，和也。

【彙校】

〔一〕犒，《原本玉篇殘卷·食部》引從食不從牛，於義無别。《發正》：「其字當作『槀』，《説文》無『犒』字。」先秦古字未獲收於《説文》者亦復不少，故不能全以《説文》爲甄别的標準。

〔二〕《白氏六帖事類集》卷十五引同，明道本「免」下有「之也」二字。

〔三〕疆，《補音》：「本亦作『彊』，音同。」古「疆」亦書作「彊」，秦會稽刻石「被澤無彊」之「彊」即當作「疆」解。埸，《補音》：「疆界也。」明道本正文同，韋注作「場」，弘治本、葉邦榮本亦作「場」，後者字訛。

〔四〕明道本無「不能事故構我也」七字，疑脱。構，遞修本省冉部，避宋高宗諱。

〔五〕敝，明道本作「弊」，次同。

〔六〕不，明道本、正統本作「否」。

〔七〕縣，《正義》同，明道本、正統本作「懸」，注同，金李本注作「懸」，「縣」、「懸」古今字，下同。磬，《補音》出「罄」，並云「讀如鍾磬，本亦作『磬』」，又云：「磬，盡也，據注當作『罄』。」《補正》：「《内傳》作『罄』，罄，空也。『罄』正字，『磬』借字。注中如『縣磬也』句似竟作鐘磬之『磬』，不合。」既有「縣（懸）」修飾，則本字自當作「磬」。

〔八〕明道本無「但有榱梁」四字，《札記》、秦鼎皆謂無者是，於義是。

〔九〕周文公，明道本、正統本作「周公」。

〔一〇〕今君，明道本、正統本作「君今」。敝，明道本作「弊」。

7 臧文仲説僖公請免衛成公

温之會，温之會，晉文公討不服，在魯僖二十八年。晉人執衛成公，歸之于周，成公恃楚而不事晉，又殺弟叔武，其臣元咺訴之晉，故文公執之。事見《周語中》。使醫鴆之〔一〕，不死，鴆，鳥名也〔二〕，一名運日，其羽有毒，漬之酒而飲之，立死。《傳》曰：「晉侯使醫衍鴆衛侯，甯俞貨醫，使薄其鴆〔三〕，不死〔四〕。」在魯僖三十年。○《舊音》：鴆，直禁反。○《發正》：《淮南·繆稱訓》：「暉日知晏，陰諧知雨。」高注：「暉日，鴆鳥也。陰諧，暉日雌也。」是專以鴆之雄者爲暉日矣。醫亦不誅。不誅醫者，諱以私行毒也〔五〕。

【彙校】

〔一〕醫，正統本同，明道本作「毉」，義符更旁字也，下同。

〔二〕明道本無「名」字。

〔三〕明道本無「使」字，《左傳・僖公三十年》原文有之，疑明道本脱，正統本有。

〔四〕「不死」前，明道本、正統本有「而」字。

〔五〕明道本無「私」字，疑脱。

臧文仲言於僖公僖公，嚴公之子僖公申也。**曰：「夫衛君殆無罪矣。**◎志慧按：晉酖衛侯，罰不當罪。臧文仲指衛君無罪，則係爲方便行事的説辭，不宜因爲臧文仲藉這次公共事件提升了魯國的國際地位，一並肯定其衛君無罪之説。**刑五而已，無有隱者，隱乃諱也。**隱，謂鴆也。○賈逵：隱，私也（《文選》顏延年《赭白馬賦》李善注引，王、黄將此條置於《魯語上》「五刑三次，是無隱也」下，汪遠孫輯，蔣曰豫將此條置於《周語上》「勤恤民隱」下）。○《補校》：此「隱」當如《文王世子》刑于隱者之「隱」，言不於野、朝、市也，《左傳》稱「晉執衛侯，寘諸深室，使醫酖之」，寘諸深室，是隱之也。**大刑用甲兵**〔一〕，賈侍中云：「謂諸侯不式王命〔二〕，則以六師移之〔三〕。」昭謂：甲兵，謂臣有大逆，則被甲聚兵而誅之，若今陳軍也。○賈逵：用兵甲者，諸侯逆命，征討之刑也（《尚書・舜典》正義引〔四〕，汪、蔣輯）。○《存校》：用甲兵，謂伐也，賈注是也。○《正義》：《漢書・刑法志》張晏注：「以六師誅暴亂。」是與賈同義。**其次用斧鉞**〔五〕，斧鉞，軍戮也〔六〕。《書》曰：「後至者斬。」○賈逵：謂犯斬罪者（《周禮・掌戮》正義引，汪、蔣輯）。○《存校》：斧鉞，謂大辟也。　○《正義》：後至者斬，古文《泰誓》文。《史記·魯鄒列傳》「東藩之臣因齊後至則斮之」，集解引成二年《公羊傳》注：「斮，斬也。」是後至者斬，古常法也。　○《標注》：雖平時要斬之刑須斧鉞，何必軍戮也哉。　◎志慧按：《魯語下》「禹致群神於會稽之山，防風氏後至，禹殺而戮之」，疑爲此類軍法在史前傳説中的投射。　韋昭所見之《尚書·泰誓》當爲《今文尚書》之後得《泰誓》，該篇隨《今文尚書》散佚而散佚，劉向《別録》謂得於武帝時，與《論衡》所云宣帝時者異，然司馬遷猶及見之，並采入《周本紀》。　董説不確。　**中刑用刀鋸**，割劓用刀，斷截用鋸〔七〕，亦有大辟，故《周語》曰：「兵在其頸。」　○賈逵：用刀以劓之，鋸以笮之，如是刀中容棄市（《周禮·掌戮》正義引，汪、蔣輯）。　以刀有所鋸斷，謂大辟、宫、劓、刖等刑是也（釋慧琳《一切經音義》卷七引）。　○《存校》：刀鋸，謂宫刵也。　○《正義》：《漢書·刑法志》韋昭注：「刀，割刑。鋸，刖刑也。」《太平御覽》刑法部引《尚書考靈曜》：「割者，丈夫割其勢也。」　**其次用鑽笮**〔八〕，鑽，臏刑〔九〕。　笮，黥刑也。　○賈逵：鑽額，涅墨。　笮，割勢，謂宫刑也（《周禮·掌戮》正義引，汪、蔣輯）。　○舊注：鑽，鑿也（釋慧琳《一切經音義》卷五十四、五十七引，王、黄輯）。　○《正義》：孔穎達以鑽與笮皆墨刑所用，墨刑爲五刑之輕者，故曰小刑。　若髕刑，則重於刵、刖，不得爲小，孔疏之義似勝於韋也。　○《標注》：臏宜用刀，當屬中刑，非鑽所能。　鑽所以黥也，非臏。　笮以竹夾手指，或手足懸以重石，但取其痛而已，非黥也。　**薄刑用鞭扑，以威民也。**　鞭，官刑〔一〇〕。　扑，教刑也。　○《漢書·刑法志》顏注：扑，杖也。**故大者陳之原野，**謂甲兵、斧鉞也。○《正義》：《漢書·刑法志》顏注：「謂征討所殺也。」○《標注》：陳，即陳尸也，下文「致」與之同義，非陳器之謂。◎志慧按：韋注與《正義》無誤，陳屍則是其後續。**小者致之市朝**〔一一〕，刀鋸以下也。**其死刑，大夫以上尸諸朝**〔一二〕**，士以下尸諸市。**○賈逵：大夫已上于朝，士已下于市（《尚書·舜典》正義引，並引《國語》汪、蔣輯）。**五刑三次，是無隱也。**五刑，甲兵、斧鉞、刀鋸、鑽笮〔一三〕、鞭扑也。次，處也。三處，野、朝、市。**今晉人鴆衛侯不死**〔一四〕**，亦不討其使者**〔一五〕，使者，醫衍。**諱而惡殺之也。**諱殺衛侯也。○《補正》：諱言用鴆，惡人言欲殺之也。○《校證》：鴆衛侯不死，罪在晉人之疏，罪亦在醫者之受賂，此乃晉侯之所諱惡也，故云「諱而惡之也」。蓋言諱此事，而又惡此事之不成。《解》云「諱殺衛侯也」，「之」字即指此事，韋解蓋得其意。今本「惡」下皆有「殺」字，蓋涉韋解而衍耳。◎志慧按：鄭說有理，有「殺」字不通。**有諸侯之請，必免之。臣聞之：班相恤也，故能有親。**班，次也。恤，憂也。言位次同者當相憂也。◎志慧按：意謂魯、衛爲地位相等的國家，魯國理當救恤。**夫諸侯之患，諸侯恤之，所以訓民也。**訓，教也，教相救恤也。**君盍請衛君，以示親於諸侯，且以動晉？**動發晉侯之志。○帆足萬里：動晉，乃下文「不棄其親」是也。**夫晉新得諸侯，**新爲伯也。**使亦曰：『魯不棄其親，其亦不可以惡。』」**不可以惡，亦不可以惡魯也〔一六〕。○《標注》：兩「亦」同義，「其」者晉亦也，承上「其親」而完，偏指衛也，不及魯。**公説，行玉二十瑴，乃免衛侯。**雙玉曰瑴。《傳》曰〔一七〕：「納玉於王及晉侯，皆十瑴，王許之。」○《説文·玨部》：二玉相合爲一玨，玨，或爲瑴。○《補音》：瑴，古學反。按《内傳》「納玉於王及晉侯〔一八〕，皆十瑴」，此云二十瑴，並言之也。又按諸本「二十」字無作「廿」者，《舊音》獨出「廿」字，如此則當音入。顔之推《稽聖賦》云：「魏嫗何多？一孕四十。中山何夥？有子百廿。」此其證。又，以三十爲卅，先合反；四十爲卌，先入反，皆興於秦隸書之後，務從簡便，因各有音，大抵急言之耳。今正本作「二十」，得其正。因《舊音》作「廿」，故詳言之。◎志慧按：承文字學家張再興惠告，「廿」、「卅」在甲骨文中已有，「廿」字見于商代金文，「卅」字見于西周早期金文，則是宋庠指上述諸字興於秦隸書之後爲臆説。

【彙校】

〔一〕甲兵，《御覽》刑法部一引作「兵甲」，觀賈注，賈所見本似亦作「兵甲」。

〔二〕諸侯，南監本同，但補版痕跡明顯，明道本、遞修本作「諸夏」，據文義及《尚書·舜典》正義所引，似作「諸侯」較勝。

〔三〕明道本、正統本「諸侯」作「諸夏」，疑後者誤；明道本並無「則」字。

〔四〕《輯存》：「《周禮疏》引與《書正義》同，不言是賈逵，下文皆賈逵可知。」義與同條上引賈逵注同，疑此爲約引。

〔五〕其次，《御覽》刑法部一引作「次刑」，《校證》謂「疑古别本或作『次刑』」。

〔六〕戮，明道本、遞修本、張一鯤本同，弘治本、許宗魯本、李克家本及清沈家本《唐代刑法考》引作「器」，似作「器」者長。

〔七〕《漢書·刑法志》引韋注作：「刀，割刑。鋸，刖刑也。」蓋傳本有異，或爲約引。

〔八〕笮，監本、《漢書·刑法志》作「鑿」，《文選·長笛賦》李善注：「韋昭注爲『笮』，而賈逵注爲『鑿』，然『笮』與『鑿』音義同也。」唯《周禮·掌戮》正義引賈注亦作「笮」，似「鑿」爲本字，「笮」爲通假字，次同。

〔九〕臏，《漢書·刑法志》引韋注作「髕」，《説文》有「髕」無「臏」，《考正》據此認爲當以作「髕」爲正。刑，明道本作「刖」，觀下文韋注皆用「刑」，則是明道本字訛。

〔一〇〕官，弘治本作「宫」，後者形訛。

〔一一〕《校證》：「市朝，當作『朝市』，《左成十六年傳》疏、《御覽》五七引『市朝』咸作『朝市』，是其明證。」

〔一二〕尸，明道本作「屍」，屍，《説文》置於尸部，知許慎視「尸」、「屍」爲古今字，段注則謂「經傳字多作『尸』，同音假借也」，丁山《釋疒》認爲「死」象人在棺槨之中（《歷史語言所集刊》第一本第二分)，准此，「屍」字乃「死」之後起聲符加旁字，與「尸」字並非初文與孳乳字的關係，段説可從。

〔一三〕筰，明道本作「鑿」。

〔一四〕晉人，《左傳·僖公三十年》作「晉侯」。

〔一五〕討，《御覽》地部二十二引作「誅」。

〔一六〕明道本無次「以」字。

〔一七〕次「曰」字，弘治本作「介」，後者形訛。

〔一八〕玉，遞修本原作「王」，兹據微波榭本與文淵閣《四庫》本改。

自是晉聘於魯加於諸侯一等，貴其義也。爵同，則厚其好貨〔一〕。爵與魯同者，特厚其好貨。○《存校》：此釋上「加一等」之義。衛侯聞其臧文仲之爲也，使納賂焉。辭曰：「外臣之言不越境，不敢及君。」言臣不外交也。○賈逵：越，踰也(《文選》顔延年《五君詠》李善注引，汪遠孫輯)。越，踰踰也(《法華經釋文》上引)。

【彙校】

〔一〕明道本無「則」字，疑脱，正統本有之。

8 臧文仲請賞重館人

晉文公解曹地以分諸侯，解，削也。晉文公誅無禮，曹人不服，伐而執其君，削其地以分諸侯。事在魯僖三十一年，取濟西之田〔一〕。○賈逵：解，削也（釋慧琳《一切經音義》卷六十六引）。○《存校》：解，散也，注「削也」未當。○帆足萬里：解，分剖也。◎志慧按：《左傳・僖公二十八年》謂「執曹伯，分曹、衛之田以畀宋人」，嗣後又「私許復曹、衛」，同年，晉文公又接受筮史之諫，復曹伯，則韋注「削」者爲後來之事實，《存校》謂「散」者爲晉文當時之初衷，皆各有當。帆足萬里釋作「分剖」於義亦明。**僖公使臧文仲往，宿於重館，**重，魯地。館，候館也。《周禮》：五十里有市，市有候館。○《正義》：《後漢・郡國志》「山陽郡方與縣」注引《内傳》杜預注：「縣西北有重陽城。」○秦鼎：《周禮・地官・遺人》注：「候館，樓可以觀望者。」○《釋地》：重鄉城在今山東濟寧州魚臺縣北。**重館人告曰：「晉始伯而欲固諸侯，**人，守館之隸也〔二〕。固，猶安也。○《存校》：固，結也。○惠士奇《禮説》卷十二：古之賓客不舍於庶民之家，韋昭謂重館人，守館之隸，不知人與氏皆官名，貴非大夫，賤不至隸。且館者，候館也，周制：畺有寓望，謂寄寓之樓可以觀望。亦曰候館，館有積，遺人掌之，其官中士、下士，而賓客羈旅，則委人以稍、甸之畜聚供之，凡軍旅之賓客館焉。臧文仲，魯卿也，卿行旅從，非所謂軍旅之賓客歟？委人之官與遺人等，然則重館人者，委人也。　○户埼允明：謂晉主會盟，使諸侯守其班位。　○《補正》：謂欲堅諸侯信服之心，不訓安。　◎志慧按：「人」爲官名，惠説甚是，《正義》亦謂「理或然也」。**故解有罪之地以分諸侯。**有罪，謂不禮文公，觀駢脅也〔三〕。**諸侯莫不望分而欲親晉，皆將争先**〔四〕，**晉不以故班**〔五〕，班，次也。**亦必親先者，吾子不可以不速行。魯之班長而又先，**長，猶尊也。先，先至也。**諸侯其誰望之？**誰敢望與魯爲比也〔六〕。**若少安，恐無及也。」**　○户埼允明：言少徐徐，則恐無及得福。　○《增注》：安，謂舒行。**從之。獲地於諸侯爲多。**　◎志慧按：《左傳·僖公三十一年》：「春，取濟西田，分曹地也。使臧文仲往，宿於重館。重館人告曰：『晉新得諸侯，必親其共。不速行，將無及也。』從之。分曹地，自洮以南，東傅于濟，盡曹地也。」即今山東東平、巨野及舊壽張等地。**反，既復命，爲之請曰：「地之多也，重館人之力也。臣聞之曰：『善有章，雖賤賞也；**章，著也〔七〕。**惡有釁，雖貴罰也。』**釁，孔也〔八〕。　○賈逵：釁，兆也，謂罪萌兆也（《文選》曹子建《上責躬詩表》李善注引，汪、蔣輯）。　○《補音》：釁，許覲反。　○户埼允明：言惡之如有孔可見者，與善之章著對。　○《翼解》：韋以兆訓「釁」者，蓋取釁龜之義。《周官》「龜兆」，《説文》「兆，灼龜兆也。」遂借以爲騰兆之兆。**今一言而辟境，其章大矣，**辟，開也。**請賞之。」乃出而爵之。**出，出之於隸。爵，爵爲大夫。　○《校文》：凡有位於朝者皆爵也，不必其爲大夫。　◎志慧按：此「出」只是將重館人這個較低級别的職位提拔到較高級别的職位，非「出之於隸」也。

【彙校】

〔一〕明道本、正統本無「之」字，《考正》從删。

〔二〕隸，道春點本、《增注》作「吏」，後者指「一作『隸』」，不知何所據而云然。

〔三〕駢，正統本同，明道本與《正義》俱作「骿」，《考正》謂當依明道本，且與《説文》合，其實二字古通。

〔四〕争先，弘治本、許宗魯本、穆文熙抄評本作「事於」，《訂譌》疑其訛，檢静嘉堂本作「争□」，弘治本、許宗魯本之底本南監本作「争先」，則孔氏説是也。

〔五〕故，正統本同，明道本作「固」，盧文弨《鍾山札記》卷四「掌固」條：「『固』本與『故』通，『掌故』亦作『掌固』。」

〔六〕望，静嘉堂本漫漶不可識，弘治本、許宗魯本作「當」，後二者誤。

〔七〕著，明道本、正統本作「明」，義同。

〔八〕孔，明道本、正統本作「兆」，《訂譌》、秦鼎謂作「孔」者誤，從明道本，下文《子叔聲伯辭邑》章「釁」字韋注各本作「兆」，於義則二説皆可從。

9　展禽論祭爰居非政之宜

海鳥曰爰居，止於魯東門之外二日〔一〕，爰居，雜縣也。東門，城東門也。○《爾雅·釋鳥》：「爰居，雜縣。」邢疏：「爰居，海鳥也，大如馬駒，一名雜縣，漢元帝時琅邪有之。」○賈逵：爰居，雜縣也（《文選》郭景純《遊仙詩》李善注引，王、汪、黃、蔣輯）。○《莊子·至樂》成玄英疏：「昔有海鳥，名曰爰居，形容極大，頭高八尺，避風而至，止魯東郊。實是凡鳥，而妄以爲瑞。」○《舊音》：縣，音玄。○《補音》：縣，胡涓反。◎志慧按：爰居，又作「鶢鶋」，《文選》左思《吴都賦》五臣注：「鶢鶋，鳥也，似鳳。」疑「似鳳」一詞係臆測。《本草綱目》卷四七引宋景焕《閑談》云：「海鳥鶢鶋，即今之禿鶖。」禿鶖係「禿鸛」，有時也在灘塗活動，高達1.60—1.70米。有動物學著作指爰居爲海鳥信天翁者，唯信天翁頭高上限僅一米，文獻闕如，姑且存疑，上揭《爾雅》邢疏、《莊子》成疏疑皆有誇大之嫌。**臧文仲使國人祭之。**文仲不知，以爲神也。○《正義》：《莊子·至樂篇》：「海鳥止於魯郊，魯侯御而觴之於廟，奏《九韶》以爲樂，具太牢以爲膳。鳥乃眩視憂悲，三日而死。」是因魯祭爰居而相傳爲此説也。**展禽曰：「越哉，臧孫之爲政也**〔二〕**！**越，迂也，言其迂闊不知政要。○賈逵：越，踰也（《文選》顔延年《五君詠》李善注引，王、黃、蔣將此條置於《齊語》「鄉不越長」下，蔣曰豫同時將此條置於此下）。○《經義叢鈔》：越，過也，謂過於禮，故下文文仲聞柳下季之言曰：「信吾過也。」◎志慧按：《方言》卷六：「仂、邈，離也。楚謂之越，或謂之遠。」郭注：「謂乖離也。音劌。」此「越」字疑爲方言詞。復次，洪氏之説有理，而《魯語上·臧文仲説僖公請免衛成公》有云「外臣之言不越境」，彼「越」有逾義，故將賈注並繫於兩處。**夫祀，國之大節也，**節，制也。○賈逵：節，制也（《文選》張平子《東京賦》薛綜注引，汪遠孫輯）。**而節，政之所成也。**言節所以成政。**故慎制祀以爲國典。**典，法也。**今無故而加典，非政之宜也。**加，益也，謂以祭鳥益國法也。

【彙校】

〔一〕二日，明道本、正統本、《左傳·文公二年》孔穎達正義、《御覽》卷六一二、《元龜》卷七九七引作「三日」，《左傳·文公二年》孔穎達正義、《御覽》羽族部十二引皆作「三日」，陳樹華、秦鼎皆據《文選·吴都賦》李善注及明道本斷作「三日」，《訂譌》復揭《文選》郭景純《游仙詩》李善注引作「三日」，俱有據，可以采信。

〔二〕臧孫，《文選》郭景純《遊仙詩》李善注引作「臧文仲」。

「夫聖王之制祀也，法施於民則祀之〔一〕，謂五帝、殷契、周文也。○皆川淇園：制禮樂，均刑法。　○《發正》：《禮記·祭法》疏云：「若神農及后土，帝嚳與堯，及黄帝、顓頊與契之屬是也。」遠孫案：孔疏與韋注不合，或孔疏所引是《國語》舊注文。**以死勤事則祀之，**殷冥水死、周棄山死是也。　○龜井昱：舜及鯀亦在是例。**以勞定國則祀之，**虞幕、夏杼、殷上甲微〔二〕、周高圉、大王也。　○《補音》：杼，直吕反。**能禦大災則祀之，**夏禹是也。**能扞大患則祀之。**殷湯、周武是也。**非是族也，不在祀典。**族，類也。**昔烈山氏之有天下也，**烈山氏，炎帝之號也，起於烈山。《祭法》〔三〕以「烈山」爲「厲山」。　○賈逵：烈山，炎帝之號(《左傳·昭公二十九年》正義引，汪遠孫輯)。　○《發正》：「烈」、「厲」古字通。杜注《内傳》云：「烈山氏，神農世諸侯。」劉炫以爲烈山氏即神農，非諸侯，柱是名，其官曰農，猶呼周棄爲稷。**其子曰柱，能殖百穀、百蔬。**柱爲后稷，自夏以上祀之。草實曰蔬。**夏之興也**〔四〕**，周棄繼之，故祀以爲稷。**夏之興，謂禹也。棄能繼柱之功〔五〕，自商以來祀之〔六〕。　○《正義》：《昭二十九年傳》「稷，田正也」，疏引《月令》「則首種不入」鄭注：「首種，爲稷也。」《周語》虢文公曰：「民之大事在農，是故稷爲大官。」然則百穀稷爲其長，遂以稷名爲農官之長。案：史墨言封爲上公，祀爲神，故生爲稷官，死爲稷神。《漢書·郊祀志》言「能殖百穀，死爲稷祠」是也。應劭曰：「湯遭大旱七年，明德以薦，而旱不止，故遷社以棄代爲稷，欲遷句龍，而德莫能繼，故止。」孔穎達曰：「湯於帝世年代猶近，功之多少，傳習可知。棄功乃過於柱，廢柱以棄爲稷神也。」〔七〕　◎志慧按：《正義》所引「然則百穀稷爲其長，遂以稷名爲農官之長」爲《左傳・昭公二十九年》正義語。《祭法正義》亦云：「夏末，湯遭大旱，七年，欲變置社稷，故廢農祀棄。」可參。**共工氏之伯九有也**〔八〕，共工氏伯者，在戲、農之閒。有，域也〔九〕。○《正義》：《祭法》疏引《昭十七年傳》郯子稱炎帝氏以火紀，共工氏以水紀，太皞氏以龍紀，從下逆陳，是在炎帝之前、太皞之後也。「有，域也」者，《商頌》「奄有九有」，《文選》注引《韓詩》作「奄有九域」，薛君《章句》：「九域，九州也。」又「正域彼四方」毛傳：「域，有也。」互相轉訓。○《發正》：九域即九有，「有」、「域」聲通。○《集解》：共工有三，此爲太昊時女媧所滅之共工，後堯、舜時並有共工也。**其子曰后土，能平九土，**其子，共工之裔子句龍也〔一〇〕，佐黄帝爲土官。九土，九州之土也。后，君也，使君土官，故曰后土。**故祀以爲社。**社，后土之神也。**黄帝能成命百物，以明民共財，**黄帝，少典之裔子帝軒轅也。命，名也。○《禮記・祭法》正義：以明民者，謂垂衣裳，使貴賤分明得其所也。共財者，謂山澤不鄣，教民取百物以自贍也。○《補正》：使民明於治生之道，凡有財物，與民共之也。○《國語疑義新證》：成命百物，謂定百物之名。◎志慧按：成命，《祭法》作「正名」，是命即名也。古文「命」、「名」常通作，故二字意義無殊，《荀子・正名》：「後王之成名，刑名從商，爵名從周，文名從禮。」其中之「成名」與此「成命」同，其義則如《祭法正義》所云：「黄帝爲物作名，正名其體也。」准此，則吴曾祺之釋，猶有未安。**顓頊能脩之。**顓頊，黄帝之孫、昌意之子帝高陽也。能脩，脩黄帝之功〔一一〕。**帝嚳能序三辰以固民，**固，安也。帝嚳，黄帝之曾孫、玄囂之孫、蟜極之子帝高辛也。三辰，日、月、星也。謂能次序三辰，以治曆明時，教民稼穡以安之〔一二〕。○賈逵：三辰，日、月、星（《文選》左太沖《魏都賦》李善注引，王、汪、黄、蔣輯）。○《補音》：嚳，苦毒反。○帆足萬里：固民，謂從時（事）稼穡不流亡也。◎志慧按：《漢書·律曆志》：「日合於天統，月合於地統，斗合於人統。五星之合於五行，水合於辰星，火合於熒惑，金合於太白，木合於歲星，土合於填星。三辰五星而相經緯也。」此漢人之五行觀念，未必合於遠古。龐樸《火曆三探》謂三辰當指大火與日月，其中有遠古火曆的遺意在焉。其説考訂精審，可從。下文「天之三辰，民所以瞻仰也」，《楚語下·觀射父論祀牲》韋注皆指三辰爲日、月、星，當依改。**堯能單均刑法以儀民，**堯，帝嚳之庶子陶唐氏放勛也。單，盡也。均，平也。儀，善也。○《補音》：單，都韓反。○《發正》：單，當讀爲「禪」，謂遜位於舜也。均刑法，謂誅四凶也。○《集解》：儀，準也。韋訓爲「善」，似未安。○《辨正》：《祭法》作「堯能賞均刑法以義終」，「賞均」與「刑法」爲並列短語，意謂刑賞都實施得平正得法，有刑無賞則不足以儀民，故知「單」係「賞」之形誤，「賞均刑法」鄭玄注：「賞，賞善。謂禪舜封禹、稷等也。能刑，謂去四凶。」下句「舜勤民事」，《祭法》作「舜勤衆事」。「儀民」之「儀」，韋注訓「善」，徐元誥《集解》釋爲「準」，取爲民衆作則之意，可從。「義（儀）終（衆）」之義當與「儀民」同。◎志慧按：單，《述聞》卷十六從韋注，並讀「單」爲殫，又以《祭法》之「賞」字爲「亶」之形誤，引《鄭語》之「夏禹能單平水土以品處庶類」爲例證，義亦通。《爾雅·釋詁》：「儀，善也。」

是韋注所本，然《周語下》「儀之于民」、「不儀生物之則」，韋皆注云：「儀，準也。」韋昭牽合《爾雅》，致前後失於照應。**舜勤民事而野死**，舜，顓頊之後六世有虞帝重華也。野死，謂征有苗死於蒼梧之野。○《正義》：《昭八年傳》史趙明言陳爲顓頊之族，《昭九年傳》裨竈又言「陳，水屬也」，此傳下文明言「幕能帥顓頊」，以杼、上甲微、太王、高圉例之，則舜祖幕，幕祖顓頊矣。《檀弓》、《山海經》並言舜葬蒼梧之野，《史記·五帝本紀》：「舜崩於蒼梧之野，葬九嶷山。」《吕氏春秋》言舜葬於紀，九嶷山下有紀邑。《孟子》言舜卒於鳴條，《汲郡古文》：「帝舜四十九年，居於鳴條。五十年，陟。」沈約注：「鳴條有蒼梧之山，帝崩，遂葬焉。」王應麟曰：「今蒼梧山在海州，近莒之紀。」則《史記》、《吕氏春秋》皆與《孟子》合。至征苗，則《淮南子》亦云「舜征三苗死」，蓋鳴條非常都之地，故云野死與?·**鯀鄣洪水而殛死**〔一三〕，殛，誅也。鯀，顓頊之後，禹之父也，堯使治水，鄣防百川，績用不成，堯用殛之于羽山。禹爲天子而郊之，取其勤事而死。○《正義》：居東裔而不返，即是殛。殛鯀於羽山，虞史臣先已言之。《晉語》：「昔鯀違帝命，殛之於羽山，化爲黄熊，以入於羽淵，實爲夏郊，三代舉之。」此以死勤事之事也。**禹能以德脩鯀之功**，鯀功雖不成，禹亦有所因，故曰脩鯀之功。**契爲司徒而民輯**，契，殷之祖，爲堯司徒，能敬敷五教。輯，和也。◎志慧按：《尚書·舜典》：「汝作司徒，敬敷五教，在寬。」孔安國傳：「布五常之教，務在寬，所以得人心。亦美其前功。」《漢書·百官公卿表》：「卨作司徒，敷五教。」應劭注：「五教，父義、母慈、兄友、弟恭、子孝也。」可參。**冥勤其官而水死**，冥，契後六世孫、根圉之子也〔一四〕，爲夏水官，勤於其職而死於水。○《補韋》：《竹書》：帝少康十一年，使商侯冥治河。帝杼十三年，商侯冥死於河。案：冥即元冥，相土之曾孫也。**湯以寬治民而除其邪**〔一五〕，湯，冥後九世，主癸之子，爲夏諸侯，以寬得民。除其邪，謂放桀扞大患也。◎志慧按：《呂氏春秋·異用篇》：「湯見祝網者置四面，其祝曰：『從天墜者，從地出者，從四方來者，皆離吾網。』湯曰：『嘻，盡之矣！非桀其孰爲此也。』湯收其三面，置其一面，更教祝曰：『昔蛛蝥作網罟，今之人學紓。欲左者左，欲右者右，欲高者高，欲下者下，吾取其犯命者。』漢南之國聞之曰：『湯之德及禽獸矣。』四十國歸之。」此蓋周秦時期人們觀念中湯的寬政。**稷勤百穀而山死**，稷，周棄也，勤播百穀，死於黑水之山，《毛詩傳》云。○《删補》：《毛詩·生民章》言后稷，《毛傳》無此語，《周本紀》注：「《山海經·大荒經》曰：『黑水青山之間，有廣都之野，后稷葬焉。』疑謂是事歟？」未審。《山海經》無「青水」二字，「黑水」上有「西南」二字。○《正義》：《大荒經》所紀稷葬界太遼遠，殊不足據。后稷封邰，邰在雍州境，則黑水之山當以三危爲是。◎志慧按：后稷山死之説先秦文獻中僅見於《國語》此文。朱亦棟《群書札記》卷一云：「《魏志·杜畿傳》亦引韋注，今《毛詩傳》無此語，不知韋注何所本也。」后稷播百穀，見載於鄭玄《詩譜序》；死於黑水之山之説，不見於《毛詩傳》，《山海經·海内經》記其葬地云：「西南黑水之間有都廣之野，后稷葬焉。」此係韋昭誤記，抑或「《毛詩傳》云」以下有脱文，但未見相關資料。**文王以文昭**〔一六〕，文王演《易》，又有文德，《周語》曰「文王質文」。**武王去民之穢**〔一七〕。穢，謂紂也。　○《正義》：穢者，《説文》：「蕪也。」徐鍇曰：「田中雜草也。」《漢書・楊惲傳》「蕪穢不治」，湯之數桀曰：「若苗之有莠，若粟之有秕。」故以穢喻紂。朱虚侯曰：「非其種者，鋤而去之。」《漢書・敘傳》「方今大漢洒埽羣穢」，此「去穢」之義也。**故有虞氏禘黄帝而祖顓頊，郊堯而宗舜**，賈侍中云：「有虞氏，舜後，在夏、殷爲二王後，故有禘、郊〔一八〕、宗、祖之禮也。」昭謂：此上四者，謂祭天以配食也。祭昊天於圜丘曰禘〔一九〕，祭五帝於明堂曰祖、宗，祭上帝於南郊曰郊。有虞氏出自黄帝、顓頊之後，故禘黄帝而祖顓頊。舜受禪於堯，故郊堯。《禮・祭法〔二〇〕》：「有虞氏郊嚳而宗堯。」與此異者，舜在時則宗堯，舜崩而子孫宗舜，故郊堯耳。　○《存校》：禘、郊、宗、祖皆天子之祭，而有虞氏禪於夏，則宗舜者非天子也，故賈侍中以舜後在夏、殷爲二王後當之，然亦未有據。注「祭昊天於圜丘曰禘」，是又與禘、祫之「禘」不同。《祭法》：「有虞氏郊嚳而宗堯」，當從《祭法》，《國語》蓋誤，賈侍中注亦强解耳。　○金鶚《求古録禮説》：《周頌・我將序》云：「祀文王於明堂也。」《詩》言「惟天其右之」，可知明堂饗帝是祭天也。　○《集解》：禘黄帝，謂冬至日祭天於圜丘，而以黄帝配，謂之禘黄帝也。禘與郊皆祭天地之禮，古者冬至祭天於南郊，夏至祭地於北郊。郊堯者，即《大傳》云：「王者禘其祖之所自出，以其祖配之。」祖之所自出，天也，有虞氏郊祭而以堯配，故曰郊堯也。祭五帝於明堂曰祖、宗，當祭之時，以顓頊配祖，以舜配宗，故曰祖顓頊宗舜也，已下放此。　◎志慧按：《莊子・逍遥游》成玄英疏即云：「有虞氏，舜也。」《淮南子・氾論訓》劉安注亦云：「有虞氏，舜世也。」傳説中舜作爲有虞氏的一分子（有虞氏，舜也），曾爲有虞氏首領（有虞帝重華），去世後又成爲有虞氏祭祀的對象（宗舜），以上諸説皆各有當。**夏后氏禘黄帝而祖顓頊，郊鯀而宗禹；**虞、夏俱黄帝、顓頊之後也，故禘祖之禮同。虞以上上德[一一]，夏以下親親，故夏郊鯀也[一二]。　○《正義》：夏以治水之功有天下，而治水之功基於鯀，故以配郊，《昭七年傳》「昔堯殛鯀於羽山，其神化爲黄熊，以入於羽淵，實爲夏郊」是也。**商人禘舜而祖契，郊冥而宗湯；**舜，當爲「嚳」，字之誤也。《禮・祭法》曰：「商人禘嚳。」嚳，契父，商之先，故禘之。鄭後司農云[一三]：「商人宜郊契也。」　○《正義》：郊祭雖尊，但祭一帝是小德，配寡；明堂雖卑，於郊總祭五帝是大德，配衆。冥雖勤官而水死，不及契敷教之功爲大，故配南郊也。**周人禘嚳而郊稷，**嚳，稷之父。稷，周始祖也。**祖文王而宗武王；**此與《孝經》異者[一四]，商家祖契，周公初時亦祖后稷而宗文王，至武王，雖承文王之業，有伐紂定天下之功，其廟不可以毁[一五]，故先推后稷以配天，而後更祖文王而宗武王。　○《正義》：《孝經》「宗祀文王於明堂」，而此傳言「祖」，故韋解以爲異，不知《祭法》鄭注：「祭五帝、五神于明堂曰祖、宗，祖、宗通言爾。」則此傳之「祖」，即《孝經》之「宗」，非有異也。《周頌》成於周公之手，曰「思文后稷，克配彼天」，則稷之配郊，自制禮之始而已然矣，未嘗始以爲祖，後以爲郊也。　宏嗣言初以后稷爲祖，舊無此解，不敢輒定，《祭法》疏引《月令》「季秋大饗帝」，故知明堂之祭有五天帝及五人帝也，此文、武之配皆於明堂上。　此祖、宗祭五帝，《郊特牲》祭一帝而在祖、宗上者，以其感生之帝特尊之。《祭法》鄭注：「有虞氏以上尚德，郊、禘宗、祖，配用有德者而已，自夏以下，稍用其姓氏之先後之次，有虞氏、夏后氏宜郊顓頊，殷人以郊契。郊祭一帝而明堂祭五帝，小德配寡，大德配衆，亦禮之殺也。」孔穎達曰：「祖，始也。言爲道德之初始，故云祖也。宗，尊也。以有德可尊，故云宗。夏云后氏者，后，君也，受位於君，故稱后。殷、周稱人，以人所歸往，故稱人。此並熊氏説也。」**幕，能帥顓頊者也**〔二六〕，**有虞氏報焉**；幕，舜之後虞思也〔二七〕，爲夏諸侯。帥，循也。顓頊，有虞氏之祖也〔二八〕。報，報德之祭也〔二九〕。○孔晁：幕能修道，功不及祖，德不及宗，故每於歲之大烝而祭焉，謂之報。」（《左傳·昭公八年》正義引，汪、黄輯）。○《校文》：《内傳》「自幕至于瞽瞍無違命」，舜重之以明德。幕爲瞽瞍幾世祖，不得云舜後，《鄭語》注誤同。○《正義》：《昭八年傳》史趙先言幕，次言瞍，次言舜及遂，則幕爲舜祖無疑，故《内傳》孔疏引孔晁《國語注》「幕能修道，功不及祖，德不及宗，故每於歲之大烝而祭焉，謂之報。」言虞舜祭幕，明幕是舜先矣。○《發正》：舜爲幕後，傳有明文矣。○李慈銘：以《内》、《外傳》文證之，幕爲舜先無疑。但以《大戴禮》、《史記》所載舜之先窮蟬、句望二人，班氏必有所據，「芒」、「望」皆從亡音，「亡」音同無，「幕」從莫音，「莫」、「無」音近通借，則「幕」即「句芒」二字之合音也。○《補正》：《内傳》「自幕至於瞽瞍無違命」，是幕在舜前，云舜後，非。◎志慧按：李慈銘的思路或能別開生面，但謂幕爲「句芒」的合音，必誤，或者「句」字爲詞頭歟？**杼，能帥禹者也，夏后氏報焉**；杼，禹後七世、少康之子季杼也，能興夏道者〔三〇〕。◎志慧按：據《史記·夏本紀》，杼爲禹後六世，疑韋昭視大康與中康兄弟爲父子矣。**上甲微，能帥契者也，商人報焉；**上甲微，契後八世，湯之先也。◎志慧按：《史記索隱》：「皇甫謐云：『微字上甲，其母以甲日生故也。商家生子，以日爲名，蓋自微始。』譙周以爲死稱廟主曰甲也。」可參。**高圉、大王，能帥稷者也，周人報焉。**高圉，后稷後十世，公非之子也。大王，高圉之曾孫古公亶父也。○《正義》：《汲郡古文》：「祖乙十五年，命邠侯高圉。」稷與禹、契同時，禹有天下四百五十年，而後湯有天下。自湯元祀至祖乙十五祀，又二百五十六年，通計七百六年。而周家父子相傳止十世，則每代必七十歲而生子，且每代必甫生而即爲君，此事理所必無者。周處西垂，竄于戎狄，譜牒久遺，其先人之賢而有聞者此十人耳，十人外，正多疎闕，《史記》以爲相繼之次，殊未足據。惠棟《左傳補注》引《昭七年傳》服虔注：「周人不毀其廟，報祭之。」馬融曰：「周人所報而不立廟。」齡謂高圉至周有天下時世數甚遥，久在壇墠之列，馬説是也。**凡禘、郊、宗、祖**〔三一〕、**報，此五者，國之典祀也**〔三二〕。典，法也。

【彙校】

〔一〕法，《校證》據《御覽》六一六、九二五引此咸作「功」，疑是，謂今本咸作「法」，淺人臆改耳。《漢書·郊祀志下》及《韋賢傳》皆作「功」，知鄭説或可從。

〔二〕上，弘治本、許宗魯本作「祖」，後二者無據。

〔三〕祭法，明道本、正統本作「禮祭法」，《考正》從補，不可必，《祭法》、《樂記》之類於今爲《禮記》中析出篇章，上古時亦常單行，如《韓非子》中的《孤憤》、《五蠹》，《史記》所載秦王政所讀者皆爲單篇，亦其例也，韋昭或仍舊説。

〔四〕夏之興，《禮記·祭法》作「夏之衰」，《尚書·湯誓》正義謂「興」當爲「衰」字之誤，閻若璩《尚書古文疏證》第五十七則以爲當從《魯語》作「興」，朱駿聲《經史答問》亦謂《國語》文順。若從文順而言，王朝代興，前者衰落，後者繼之而興起，豈不更順？唯韋注云「夏之興，謂禹也」，則韋昭所見者必作「興」。

〔五〕杜，静嘉堂本模糊不可識，南監本作「夏」，弘治本、許宗魯本作「禹」，依文義當作「杜」。

〔六〕明道本「以」作「已」，無「之」字，疑脱，但句末有「也」字。

〔七〕本段引文同時參酌了上海圖書館藏稿本與刊本。

〔八〕伯，《祭法》作「霸」，後者假字。有，《祭法》作「州」。

〔九〕在戲農之閒有域，《文章正宗》卷五引同，明道本作「名戲弘農之間有城」，南監本、弘治本「域」作「城」，明道本「戲、弘農之間」則爲地名，恐非。《札記》亦謂當依公序本作「在戲農之間」、「與《禮記》鄭注合」。《毛詩》「奄有九有」，《文選·册魏公九錫文》注引作「九域」，則作「城」

者形訛，弘治本即訛誤亦多與許宗魯本同，此處許宗魯本不誤。

〔一〇〕也，金李本原作「地」，玆據各本改。

〔一一〕明道本、正統本、《增注》不重「脩」字，秦鼎從明道本，然未必有據。

〔一二〕明道本無「之」字，疑脱。

〔一三〕鄣，正統本從阜，《玉篇·土部》「墇」下引作「墇」，云：「亦作『障』。」

〔一四〕根圉，《禮記·祭法》正義、《文章正宗》引作「根國」，必有一訛，《發正》謂「疑當作『國』」，並引《世本》謂《史記》脱根國一代，當據《世本》正之，《集解》從之。

〔一五〕邪，《祭法》作「虐」，與「寬」相對，似以作「虐」爲優。

〔一六〕昭，《祭法》作「治」。

〔一七〕本句《祭法》作「武王以武功去民之菑」，《平議》則據《周語》「成王能明文昭、能定武烈者也」，謂「文昭」與「武烈」相對，疑當與彼同，《集解》從補，唯文獻各有授受，於義皆可通，故不敢必其一爲誤。

〔一八〕禘郊，明道本、正統本作「郊禘」，依韋注語序，似當從公序本。

〔一九〕圜，明道本、正統本作「圓」，圜爲「圓」之古字。

〔二〇〕法，弘治本、許宗魯本作「昔」，後二者誤。

〔二一〕次「上」，明道本、正統本作「尚」。

〔二二〕明道本無「夏」字。

〔二三〕明道本、遞修本、南監本、弘治本、許宗魯本「鄭後」二字互乙，《考正》謂「鄭後司農」前後屢見，此不必改，是。

〔二四〕者，正統本同，明道本作「也」，疑後者誤。

〔二五〕明道本、正統本無「以」字。

〔二六〕帥，《左傳·昭公八年》正義引作「師」，疑後者誤。

〔二七〕明道本、正統本無「之」字。

〔二八〕明道本無「氏」字，疑脱，正統本有之。

〔二九〕之，明道本、正統本作「謂」。

〔三〇〕明道本、正統本無「者」字。

〔三一〕明道本、正統本「宗祖」二字互乙，《荀子·正論》楊倞注同，據文内表達和韋注次序，當以明道本等爲優。

〔三二〕典祀，《荀子·正論》楊倞注作「祀典」。

「加之以社稷、山川之神，皆有功烈於民者也；及前哲令德之人，所以爲明質也〔一〕；質，信也。以其有德於民而祭之，所以信之於民心。○《增注》：質，猶質的之質，言以爲民之表正也。及天之三辰，民所以瞻仰也；及地之五行，所以生殖也；殖，長也。五行，五祀，金、木、水、火、土。○《集解》：三辰，日、月、星也。及九州名山川澤，所以出財用也。謂九州之中名山川澤也。非是不在祀典。」

【彙校】

〔一〕明道本無「也」字，據下文並列句式，當有。

「今海鳥至，已不知而祀之〔一〕，以爲國典，難以爲仁且知矣〔二〕。夫仁者講功，講，論也。仁者心平，故可論功也。而知者處物。處，名也。○《述聞》卷二十一：處之爲居，常訓也；而又爲審度，爲辨察，書傳俱有其義。《魯語》「夫仁者講功而知者處物」，謂辨物也，韋注「處，名也」，於義未確。○《補正》：智者能處置事物，不訓名。◎志慧按：《釋名》：「名，明也，明實事使分明也。」韋注疑因聲求義，釋處爲明，但表述欠明白，王説較勝。無功而祀之，非仁也；言鳥無功〔三〕。不知而不問〔四〕，○賈逵：講，猶論也（《原本玉篇殘卷·言部》引）。非知也。今茲海其有灾乎！夫廣川之鳥獸，恒知而避其灾也〔五〕。」

【彙校】

〔一〕己，《元龜》卷七九七引作「矣」，蓋彼讀己作已，而屬上句，故改字。

〔二〕爲，《爾雅·釋鳥》疏、《左傳·文公二年》正義、《文選》郭景純《遊仙詩》李善注引並作「言」，《校證》：「爲，言也。」知，明道本、正統本、《元龜》作「智」，「知」初文，「智」後起字。下「非知」同。

〔三〕明道本無「言」字，疑脱，正統本有。

〔四〕不問，明道本、正統本作「不能問」，《考異》據《左傳·文公二年》正義、《爾雅疏》卷十無「能」字，斷有者衍，是。《爾雅疏》引「不」作「弗」。

〔五〕恒，《爾雅·釋鳥》疏、《左傳·文公二年》正義引作「皆」，《文選》張茂先《鷦鷯賦》、郭景純《遊仙詩》李善注引作「常」。後者「知」下有「風」字，《校證》疑古本當有之。明道本、《御覽》卷九引無「而」字，後者卷六一二、九二五引則有之《校證》、《斠證》謂無者脱，其説有理。本句《後漢書·何敞傳》李賢注作「今茲海其有風乎，廣川之鳥恆知避風」。

是歲也，海多大風，冬煗〔一〕。爰居之所避也〔二〕。○賈逵：煗，温也（釋慧琳《一切經音義》

卷二十八引)。○虞翻:是爰居之所避也(《初學記》卷一天部上引,汪、黄輯)。○《增注》:「是歲也」下,傳其言之驗。○《正義》:《淮南·時則訓》:「孟冬行夏令,則多暴風,方冬不寒。」高注:「冬當閉藏,反行夏盛陽之令,故多暴疾。陽氣温,故盛冬不寒。」桓十四年無冰,《穀梁傳》注:「政治紓緩(之)所致(置)。《五行傳》曰:『視之不明是謂不哲,厥咎舒,厥罰常燠。』」臧孫執國政,不能修德弭災而紊國典,故此傳備言其咎徵也。**文仲聞柳下季之言,**柳下,展禽之邑;季,字也。○閻若璩《四書釋地·續二》:柳下,今不可的知所在,以顔斶言「秦攻齊,令有敢去柳下季壟五十步而樵采者,死不赦」證之,古人多葬於食邑,壟所在即邑所在,則柳下者自當在齊之南、魯之北,二國壤接處。**曰:「信吾過也,季子之言不可不法也。」使書以爲三筴。**筴,簡書也。三筴,三卿,卿一通,謂司馬、司徒、司空也。○《補音》:筴,初革反,通作「册」、「策」。○穆文熙:文仲始而祭爰居,誠爲不知。及聞季子之言,遂書爲三策紀之,人孰無過,過而能知,知而能改,則亦無害其爲知矣(《國語評苑》)。○《古文析義》:魯三卿無司馬、司徒、司空之名,且季子因臧孫之失而言,與三卿無涉,疑欲書其言爲法,恐有遺忘,不厭複耳。○龜井昱:王賜叔孫豹路車,使三官書之,出《昭四年》,蓋是類也。○《正義》:據《昭四年傳》杜洩之言:司徒書名,司馬與工正書服,司空書勳,故三卿卿一通也。

【彙校】

〔一〕煥，《文章正宗》議論三引同，明道本、正統本與《元龜》卷七九七作「煖」，《補音》謂又作「暖」，古皆同。

〔二〕明道本句首有「煖」字，《初學記》天部上引虞翻注、《元龜》及《文章正宗》引俱無「煖」字。

10 孟文子郈敬子不從文公弛宅之命〔一〕

文公欲弛孟文子之宅，文公，魯僖公之子文公興也。弛，毀也〔二〕。孟文子，魯大夫，公孫敖之子文伯穀也〔三〕。宅，有司所居，公欲毀之以益宮。○《述聞》：宅，文子所居。弛之言移也，易也。弛宅者，以他所宮室易之也。韋以「弛」爲毀，則與「吾欲利子於外之寬者」不合，且下文曰「易」、曰「更」，豈毀之謂乎？○《發正》：弛，讀與「陁」同，《方言》：「陁，毀也。」○《翼解》：宅，則有職事之臣世居之室，故曰「有司所居」。○《標注》：宅，謂大夫居第也，注「有司所居」難通。◎志慧按：《校補》亦持王説，並舉《左傳·昭公三年》「景公欲更晏子之宅」爲例，謂弛當訓徙、移，於文義是。**使謂之曰**〔四〕**：「吾欲利子於外之寬者。」**於外寬地以利子也。**對曰：「夫位，政之建也；**建，立也。此位謂爵也〔五〕。言爵所以立政事。○《補正》：位，所居之官位也。**署，位之**

表也；署者，位之表識也。　○舊注：署，謂表識也（釋慧琳《一切經音義》卷九引）。車服，表之章也；車服貴賤有等，所以自章别也。宅，章之次也；有章服者之次舍也。禄，次之食也。居次舍者之所食也〔六〕。君議五者以建政，爲不易之故也。五，謂位、署、服〔七〕、宅、禄也。有其位則治其官、服其章、居其次、食其禄也。君議五者以立政事，爲不可改易。　○龜井昱：「爲」去聲，舊讀爲平聲，失之。今有司來命易臣之署與其車服，而曰：『將易而次，爲寬利也〔八〕。』下「而」，而〔九〕，汝也〔一〇〕，爲欲寬利汝也〔一一〕。　○《標注》：位、署，在朝者也。車服，亦非著宅之物。曰禄，固在野矣。從令易宅，四者無散失之患也，蓋愛宅而强辨，拒之可疾者。夫署，所以朝夕虔君命也。言朝夕者，不宜遠也。臣立先臣之署，服其車服，爲利故而易其次，先臣，父祖之官。是辱君命也，不敢聞命。言臣不守先臣之職而欲寬利，則是辱命之臣也。若罪也，則請納禄與車服而違署，納，歸也。禄，田邑也。違，去也。若臣有罪，則請歸禄與車服而去其官也。唯里人之所命次〔一二〕。」里人，里宰也。有罪去位，則當受舍於里宰。　○帆足萬里：里人，下文「司里」，司邸宅之官。公弗取。臧文仲聞之曰：「孟孫善守矣，善守，善守職也。其可以蓋穆伯而守其後於魯乎！」穆伯，文子之父公孫敖也，淫乎莒，出奔而死於齊。今文子守官不失禮，故可以掩蓋其父之惡，守其後嗣也。

【彙校】

〔一〕穆文熙《鈔評》題作「孟文子郈敬子不從毁宅之命」，葉明元《抄評》題作「文公欲弛孟文子郈敬子之宅」，上海師大本題作「文公欲弛孟文子與郈敬子之宅」，今合二而一，以見其首尾完具。

〔二〕《文選》謝希逸《月賦》、干令升《晉紀總論》李善注並引《國語》韋注作「弛，廢也」。

〔三〕文伯穀，《御覽》居處部八引同，明道本無「文」字，《考異》斷無者脱，是。

〔四〕「使」下，《御覽》居處部八引有「人」字，義同。

〔五〕明道本、正統本無「此」字，《考正》從删，並云：「此句當在『建，立也』句之上。」於語序是。

〔六〕正統本此句作「居次舍之所食也」，明道本作「居次舍之所食之」，似以公序本爲優。

〔七〕服，静嘉堂本、南監本、弘治本作「成」，後三者形訛。於義當作「車服」，然據注，知韋作省稱。

〔八〕明道本無「也」字。

〔九〕明道本、正統本不重「而」字，《考正》、《删補》、《增注》、秦鼎本據删，是。

〔一〇〕汝，明道本、正統本作「女」，次同。

〔一一〕《增注》云：「注『爲』字當作『謂』。」秦鼎引或説云：「『爲欲』倒置。」據義皆是。

〔一二〕唯里人之所命次，《御覽》居處部八引同，明道本無「之」字。

公欲弛郈敬子之宅〔一〕，**亦如之。**公，文公也。郈敬子，魯大夫，郈惠伯之後玄孫敬伯同也〔二〕。亦如之者，亦謂之欲利子於外之寬地〔三〕。○《補音》：郈，胡口反。**對曰：「先臣惠伯以命於司里，**言先臣惠伯受命於司里，居此宅也。○《侯國官制考》：司里爲司空之屬，故又掌授民居。○《標注》：「以」、「已」同。**嘗、禘、烝、享之所致君胙者有數矣。**秋祭曰嘗，夏祭曰禘，冬祭曰烝，春祭曰享。享，獻物也。賈、唐二君云：「臣祭，致肉於君，謂之致胙。」昭謂：此私祭而致肉，非所以爲辭也〔四〕。致君胙者〔五〕，謂君祭祀賜胙，臣下掌致之也〔六〕。有數，有世數也。○《增注》：致君胙者，使至（致）君之胙肉於己也。有數，謂有班爵之數也，故下曰「以班命事」以爲辭。○《正義》：秋嘗、夏禘、冬烝，見《王制》，春祭曰享，未知所據何文也。《春官》：「以脤膰之禮親兄弟之國。」賈疏謂：「對文，脤爲社稷肉，膰爲宗廟肉，其實宗廟、社稷器皆飾用蜃蛤，故《掌蜃》云：『祭祀共蜃器之蜃。』注云：『飾祭器。』」《昭十六年傳》「受脤、歸脤，其祭在廟」，劉光伯以爲脤亦宗廟之祭肉也。僖九年「王使宰孔賜齊侯胙」，《僖二十四年傳》：「皇武子曰：『宋，先代之後也，天子有事膰焉。』」此天子待諸侯之禮，則諸侯於卿大夫亦然。《禮·少儀》：「太牢則以牛左肩臂臑折九箇，少牢則以羊左肩七箇，犆豕則以豕左肩五箇。」魯於周公廟用白牡，羣公廟用騂犅，則當準九箇之禮也。○《翼解》：諸書皆以春祠、夏禴、秋嘗、冬蒸爲四祭，《詩》曰「禴、祠、烝、嘗」是也，今曰「夏祭曰禘」者，《王制》鄭注云：「此蓋夏殷之祭名，周則改之，春曰祠，夏曰礿。」其曰「春祭曰享」者，於古無徵。瑑案：四祭皆曰享，《周官》「以祠以禴，以嘗以烝」，皆曰「享」可證。韋意亦不定以享爲春祭之名，因經文嘗、禘、烝、享連文，而順秋嘗、夏禘、冬烝之文以爲言，曰「春祭曰享」耳，故於嘗、禘、烝無説，而於享特著。**出入受事之幣以致君命者，亦有數矣。**出入，謂受使出境入國。奉聘幣以致君命者，亦於此宅，世數矣〔七〕。　○《正義》：《儀禮·聘禮》：「宰書幣，命宰夫官具。及期，夕幣。使者北面，衆介立於其左，東面（上）。史讀書，展幣。官載其幣，舍於朝。上介視載者。」又云：「入境，斂旜，乃展。及郊，又展如初。及館，展幣於賈人之館如初。」又云：「賓裼，奉束帛加璧享。公再拜受幣。」此出境而奉幣以致命也。《聘禮》又云：「使者歸，及郊，請反命，朝服，載旜乃入，陳幣於朝，西上。〈上〉賓之公幣、私幣皆陳。上介公幣陳，他介皆否。公南鄉，使者執圭垂繅，北面。上介執璋屈繅，立於其左，反命，執賄幣以告曰：『某君使某子賄。』執禮幣，以盡言賜禮。」此入國而奉幣以致命也。　○《標注》：有數，謂不啻一再，注「世」字未允。**今命臣更次於外，**次，舍也。外，外里也。**爲有司之以班命事也，無乃違乎！**違，遠也。言有司以位次命職事於臣，臣在外次，無乃違遠而不便乎！　○《增注》：違，言班位不相次，則於命事將有所違逆也。　○《校補》：違，猶言過錯、過失。**請從司徒以班徙次〔八〕。」公亦弗取〔九〕。**司徒，掌里宰之政，比夫家衆寡之官也。敬子自以有罪，君欲黜之，故請從司徒徙里舍也〔一〇〕。　○穆文熙：文公欲取人臣世宅而益其宮，蓋侈心也。二臣固守不從，則不惟能保世業，而亦所以止君侈太之過（《國語評苑》）。

【彙校】

〔一〕郈敬子，明道本作「郤敬子」，注同，《御覽》居處部八引作「郈」，《札記》、《考異》及李慈銘《越縵堂讀書簡端記》、《斠證》皆謂當作「郈」，明道本字訛，是，《集解》從之，並謂《世本》「郈」作「厚」，通。本段明道本單列，或分或合，各有所當，今仍公序本之舊。

〔二〕本句明道本作「郤敬伯之後玄孫敬伯同也」，疑有誤，《御覽》作「郈惠伯玄孫之孫敬伯回也」。又，《御覽》作「者也」。

〔三〕南監本同，明道本、弘治本、許宗魯本無「地」字，句末作「也」字，《考正》斷作「也」者非，是。

〔四〕明道本、正統本「所以」作「所宜以」三字，可從。

〔五〕明道本本句作「致君之胙者」。

〔六〕秦鼎云：「掌，當作『嘗』，字之譌也。言數世嘗有致君胙於此宅也。」

〔七〕明道本、正統本「世數矣」前有「有」字，據上句例，公序本當脱，《刪補》、《略説》、户埼允明、《增注》、秦鼎本據補，是。矣，明道本、正統本作「也」。

〔八〕徙，正統本作「徒」，後者形訛。

〔九〕弗，明道本、正統本作「不」。

〔一〇〕徒，明道本作「徙」，後者形訛，正統本不訛。

11 夏父弗忌改昭穆之常宗有司論僖公不可躋〔一〕

夏父弗忌爲宗，弗忌，魯大夫，夏父展之後也。宗，宗伯，掌國祭祀之禮。烝，將躋僖公。躋，升也。賈侍中云：「烝，進也。謂夏父弗忌進言於公，將升僖公於閔公上也。」唐尚書云：「烝，祭也。」昭謂：此魯文公二年喪畢，祫祭先君於太廟，升羣廟之主，序昭穆之時也。《經》曰「八月丁卯，大事于太廟，躋僖公」是也。僖，閔之兄，繼閔而立。凡祭〔二〕，秋曰嘗，冬曰烝。此八月而言烝，用烝禮也。凡四時之祭，烝爲備。《傳》曰：「大事者，祫祭也。毁廟之主陳于太祖，未毁廟之主皆升合食于太祖」〔三〕。「躋僖公，逆祀也」，逆祀者，先禰而後祖也。○《爾雅·釋詁》：躋，陞也。烝，進也。○《正義》：「烝，進也」者，賈據《爾雅·釋詁》文，然此《傳》下文言「商周之烝，未嘗躋湯與文、武」，則烝爲祭名明矣，賈侍中説未合，故韋氏不從。《毛詩·閟宫》「秋而載嘗」《傳》曰：「諸侯夏禘則不礿，秋祫則不嘗。」《王制》云：「禘，一犆，一祫。嘗，祫。烝，祫。」蓋行禘、祫於時祭之中，非以禘、祫廢時祭，是雖行禘禮，仍不廢烝嘗之名，故知秋嘗而用烝禮，即謂之烝也。「逆祀者，先禰而後祖也」者，此韋氏據《公羊傳》立義，《公羊傳》注曰：「『後祖』者，僖公以臣繼君，猶子繼父，故閔公於文公猶祖也。」推《公羊》及何休之義，謂閔、僖非昭穆同位，故以父子爲喻。然《内傳》孔疏曰：「閔、僖不得爲父子，同爲穆耳。今升僖先閔，此二公位次之逆，非昭穆亂也。若使兄弟相代，即異昭穆，設令兄弟四人皆立，則父祖之廟即已從毁，禮必不然。」《周官·小宗伯》賈疏：「周以后稷爲始祖，不窋父爲昭，鞠子爲穆，從此以後皆父爲昭，子爲穆。」父子異昭穆，兄弟昭穆同，弟必不可爲兄後，子必不可爲父孫也。如《公羊》之言，以閔、僖爲父子，則是以兄爲弟後，以子爲父孫，其亂昭穆之序也甚矣。據列代禮官所議，合之孔穎達之言，可知閔、僖同居穆位，就同位之中而升僖於閔上，故爲逆祀，其昭穆實未紊亂，公羊之義未爲得也。○胡培翬《儀禮正義·宗人》：天子有大宗伯、小宗伯，諸侯以司馬兼之，無宗伯，唯立宗人而已。春秋時諸國皆不見有宗伯，而《左傳》稱魯夏父弗忌爲宗伯，似魯獨立其官，然《哀二十四年傳》稱「使宗人釁夏獻其禮」，《定四年傳》稱「分魯以祝、宗、卜、史」，杜注解「宗」爲宗人，則魯無宗伯可知。鄭注《大宗伯》及《禮器》引《左傳》俱云「夏父弗忌爲宗人」，疑今本作「宗伯」者誤也。○《標注》：春祭曰禘享，元無定名於四時，然在是文，當充夏祭。◎志慧按：韋注所引《傳》，見《公羊傳·文公六年》。韋注《國語》雖「以《爾雅》齊其訓」，但此間釋「烝」，自當關乎禮制，故以烝禮爲優。據《左傳》，則行此烝禮在周曆八月十九日。宗有司曰：「非昭穆也。」宗有司，宗官司事臣也。非昭穆，謂非昭穆之次也〔四〕。父爲昭，子爲穆。僖爲閔臣，臣子一例〔五〕，而升閔上，故曰非昭穆也。○《備考》：二公位次之逆，非昭穆亂也。◎志慧按：秦鼎同《備考》。僖公爲閔公臣，例應閔公爲昭，僖公爲穆。躋僖公，既屬位次之逆，也爲昭穆之亂，《魯語》原文俱在，韋注無誤，《正義》、《備考》等疑所不當疑。曰〔六〕：「我爲宗伯，明者爲昭，其次爲穆，何常之有？」

明，言僖有明德，當爲昭。閔次之，當爲穆也。○《正義》：昭穆之次，是世數相值，並非宗伯之在臣位者敢衡德之大小而升降先君之次第也，如以德之大小分昭穆，則文王居昭、武王居穆，將文王之德降於武王乎？此弗忌悖理之讏言，言昭穆尚可衡德爲升降，豈有同居穆位而不可因德以易其先後乎？下文展禽但言順逆，不言昭穆，知昭穆未嘗亂也。○《標注》：「明者爲昭」，是就「昭」作傅會之説也，自古無此解。昭穆唯是室中之明闇而已，若據夏父之説，文王何以爲穆而不得昭？◎志慧按：清沈家本（一八四〇—一九一三）《諸史瑣言》卷六、清皮錫瑞（一八五〇—一九〇八）《左傳淺説》卷上皆指「我爲宗伯」爲譖稱，竊疑非夏父弗忌之譖，而係《國語》的敘述者於春秋前期禮制已有隔膜，如春秋戰國「諸侯惡其害己也，而皆去其籍」，致孟子慨嘆「其詳不可得聞也」。**有司曰：「夫宗廟之有昭穆也，以次世之長幼，而等胄之親疏也。**長幼，先後也。等，齊也。胄，裔也〔七〕。○《增注》：等，差等也。○《集解》：而，猶「與」也，及也。**夫祀，昭孝也。**昭，明也，明孝道也。**各致齊敬於其皇祖，昭孝之至也。**皇，大也。○《略説》：皇祖，祖先之總稱。**故工、史書世，**工，瞽師官也。史，太史也。世，世次先後也〔八〕。工誦其德，史書其言。○《正義》：《周官·瞽矇》「世奠繫」注引杜子春云：「世奠繫，謂《帝繫》、諸侯、卿大夫《世本》之屬是也。」「小史主次序先王之世、昭穆之繫，述其德行。瞽矇主誦詩，並誦《世繫》，以勸戒人君也。」又《小史職》云：「大祭祀，讀禮法，史以書敘昭穆之俎簋。」注引鄭司農云：「大祭祀，小史主敘其昭穆，以其主奠（定）繫世，祭祀，史主敘其昭穆，次其俎簋。」小史統於太史，故韋解言太史也。　◎志慧按：杜子春、韋昭皆將工與史區分，故此將「工、史」斷開。《儀禮》通謂樂人爲工，杜子春、韋昭以瞽釋「工」無誤，唯《國語》正文謂「工、史書世」，杜、韋二氏將「書」之職司屬諸史，將誦之職司屬諸瞽，蓋因後者目不能見耳，但如瞽誦《世系》之類，亦與於史之職事，故泛言之亦可謂之「工、史書世」。**宗、祝書昭穆，**宗，宗伯。祝，太祝也。宗掌其禮，祝掌其位。　○《正義》：《周官・小宗伯》「掌三族之別，以辨親疏」鄭注：「三族，謂父、子、孫，人屬之正名。《喪服小記》曰：『親親以三爲五，以五爲九。』」《太史》「凡大禋祀相尸禮」注：「延其出入，詔其坐作。」此宗、祝掌禮、掌位之事也。**猶恐其踰也。今將先明而後祖，**以僖爲明而升之，是先禰而後祖。**自玄王以及主癸莫若湯，**玄王，契也。主癸，湯父也。　◎志慧按：主癸之「主」疑尊稱，表身份，同帝乙、后稷、師曠、庖丁、弈秋、豎刁等之前一詞。**自稷以及王季莫若文、武，**稷，棄也。王季，文王父。**商、周之烝也，未嘗躋湯與文、武，爲踰也**[九]。不使相踰。**魯未若商、周而改其常，無乃不可乎？」**

【彙校】

〔一一〕穆文熙《鈔評》題作「宗有司論僖公不可躋」，上海師大本題作「夏父弗忌改昭穆之常」，今合之以見首尾完具。

〔二〕明道本、正統本「祭」下有「祀」字。

〔三〕太，正統本作「大」，古通。

〔四〕明道本無「非昭穆謂」四字，疑脱。

〔五〕「一例」前，明道本有「之」字，衍，上海師大本徑删。

〔六〕「曰」前，《左傳·文公二年》正義引有「弗忌」二字。

〔七〕裔，明道本作「後」。

〔八〕明道本不重「世」字，脱。

〔九〕踰，明道本作「不踰」，似因誤讀而誤補，《集解》斷其涉注而衍。

弗聽。遂躋之。

展禽曰：「夏父弗忌必有殃〔一〕。夫宗有司之言順矣，僖又未有明焉〔二〕。未有明德。犯順不祥，以逆訓民亦不祥，易神之班亦不祥，不明而躋之亦不祥，犯鬼道二，二，易神之班、躋不明也。○《讀書雜志·管子》：鬼、神，對文則異，散文則通，故神亦謂之鬼。犯人道二，犯順、以逆訓民也。能無殃乎？」侍者曰：「若有殃，焉在？抑刑戮也，其夭札也〔三〕？」不終曰夭，疫死曰札。唐云「未名曰夭」，失之矣。○《補正》：不終，宜作「不禄」。短折曰不禄。

○《集解》：兩「也」字並與「耶」通用。曰：「未可知也。若血氣强固，將壽寵得沒。壽寵，老壽而保寵也。没，終也。○《增注》：老壽，斯天之寵靈，故曰壽寵。雖壽而沒，不爲無殃。」必以殃終〔四〕。

【彙校】

〔一〕殃，《左傳·文公二年》正義引作「天殃」。

〔二〕孔氏詩禮堂本無「僖」字，疑脱。

〔三〕《斠證》據《國語》文法疑「其」與「抑」互乙，可備一説。

〔四〕明道本句末有「之也」二字。

既，其葬也焚，煙徹于上。已葬而火焚其棺槨也。徹，達也。○孔晁：已葬而柩焚，煙達椁外（《左傳·文公二年》正義引，汪、黄、蔣輯）。○《述聞》：「既其葬也焚」五字，「既」爲一句，「其葬也焚」爲一句。既，猶既而也，言既而夏父弗忌之葬也，火焚其棺槨，煙達於上也。○《增注》：蓋弗忌壽終，及其葬也，火發於棺中也。傳者以驗展禽之言焉。○《平議》：既，猶暨也。暨，及也，猶曰及其葬也。◎志慧按：據《國語》言類之語的結構模式，王説較勝，今從其斷句，下文凡涉「既」字此義皆准此。復次，對比《左傳·文公二年》，後者無展禽與侍者的對話，即深入幽明作爲預言的第二段，自然也没有作爲應驗的第三段，這兩段恰恰是《國語》言類之語的主體，於是也形成了《魯語》與《左傳》敘述的區别：在對臧文仲的評價上，《左傳》將縱逆祀與祀爰居作爲三不智的例證，記在臧氏帳上；而《魯語》、《臧文仲如齊告糴》《臧文仲説僖公請免衛成公》《臧文仲請賞重館人》三篇皆以臧文仲爲功臣，躋僖公自始至終只是夏父弗忌的問題，最後的應驗也只及於死後的夏父弗忌；即使是祀爰居，在臧文仲那裏，也是一個過而能改的案例。

12 里革更宣公書逐莒大子僕〔一〕

莒大子僕殺紀公〔二〕，紀公生僕及季它〔三〕，既立僕，又愛季它而黜僕，僕故殺紀公也。○《釋地》：杜預曰：「東海贛榆縣東北有紀城。」贛榆今屬江蘇海州，紀自是莒地。又名紀障，在贛榆縣北七十五里。◎志慧按：今山東莒縣城區有莒國故城。春秋時期莒國的疆域西迄今江蘇沂水，東抵黄海，北至山東昌邑，南達江蘇贛榆，爲東夷之雄者。**以其寶來奔**。寶，玉也。來奔，奔魯也。或有「魯」字，非也，此《魯語》，不當言魯〔四〕。**宣公使僕人以書命季文子**宣公，文公之子宣公倭也。命，告也。僕人，官名。文子，魯正卿季孫行父。◎志慧按：僕人，古代太僕、御僕等官職的通稱。

曰：「夫莒大子不憚以吾故殺其君，而以寶來〔五〕，**其愛我甚矣。**憚，難也。**爲我予之邑。今日必授，無逆命矣。」**授，予也。**里革遇之，而更其書**里革，魯太史克也〔六〕。遇僕人，見公書，以大子殺父大逆，故更之〔七〕。**曰：「夫莒大子殺其君而竊其寶來，不識窮固，又求自邇，**固，廢也。邇，近也。○《爾雅·釋詁》：邇，近也。○《存校》：「固，廢也。」未然。○《略説》：固，塞也。言弑君竊寶，理當窮塞不通，而僕不自知之。○皆川淇園：教而不入者固也。○《增注》：窮，極。固，固陋也。言不識己之極陋。◎志慧按：《存校》疑韋注，《增注》釋「固」爲「固陋」，《補校》亦以《鄭語》「近頑童窮固」韋注「固，陋也」爲訓，皆是也。**爲我流之於夷。**夷，東夷也。**今日必通，無逆命矣。」**今日必通，疾之之言〔八〕。○《略説》：言今日必逐出於竟上，不得使僕一日在魯。○《補正》：通，達也。《内傳》作「今日必達」。**明日，有司復命，**有司，司寇。復，反也。文子得書，使司寇出之竟〔九〕，明日反命於公也。○《爾雅·釋言》：復，反也。**公詰之，**詰問僕人以違命意。**僕人以里革對。**對以里革所更也。**公執之，**執里革也。**曰：「違君命者，女亦聞之乎？」對曰：「臣以死奮筆，奚啻其聞之也！**言所以觸死奮筆而更公命者〔一〇〕，不欲傷君德耳。奚，何也。何啻，言所聞非一也。○《删補》：奚啻聞之，言非徒聞之而已，乃實行之也。○户埼允明：公曰：「我嘗命違君命者有刑，汝必聞之也，何不畏刑。」對曰：「臣今更命之罪甚，何啻違君命者之比乎，故以死行之也。」奮筆，謂更命也。○《正義》：里革爲更書，故云「奮筆」

也。○秦鼎：啻，猶言何止。又與「適」通，《國策》「疑臣者不適三人」注：「適、啻同。」臣聞之曰：『毁則者爲賊，則，法也。掩賊者爲臧〔一一〕，掩，匿也。竊寶者爲軌〔一二〕，亂在内爲軌，謂以子盜父。用軌之財者爲姦。』財，寶也〔一三〕。○《標注》：姦、軌隨文解之可也，若内外，非此所謂也。使君爲臧、姦者，不可不去也。臣違君命者，亦不可不殺也。」公曰：「寡人實貪，非子之罪也〔一四〕。」乃舍之。○《集解》：舍，猶「釋」也，古字通用。◎志慧按：莒大子弑父奔魯事，亦見《左傳・文公十八年》，所載各有詳略，可參看。

【彙校】

〔一〕穆文熙《鈔評》題作「里革更書逐莒太子僕」，傅庚生選本因之，上海師大本又承傅本，葉明元《抄評》題作「里革更宣公之書」，今合之，亦以示與下章並列。

〔二〕殺，《補音》：「申志反。」明道本、正統本作「弑」，注同，但本則下文正文各「殺」字皆同，則是明道本後來據義改，作「殺」者又其修改未盡之跡。

〔三〕它，《左傳・文公十八年》作「佗」，或體字。

〔四〕「魯」前，明道本、正統本有「其」字，疑衍。

〔五〕明道本、正統本「竇」前有「其」字，似有者稍勝。

〔六〕克，明道本作「剋」。

〔七〕明道本、正統本無「之」字。

〔八〕明道本、正統本首「之」字作「通」，疑涉上而誤。

〔九〕竟，明道本、正統本作「境」，古通。

〔一〇〕「命」下，明道本、正統本有「書」字，《考正》從補。

〔一一〕臧，明道本、正統本作「藏」，下同，「臧」通假字，「藏」本字。

〔一二〕軌，明道本、正統本作「宄」，下同。「軌」通假字，「宄」本字。

〔一三〕寶，弘治本、許宗魯本同，明道本、正統本作「玉」，遞修本、静嘉堂本、南監本作「王」，後者當係「玉」字之殘。

〔一四〕明道本、正統本無「也」字。

13 里革斷宣公罟以諫〔一〕

宣公夏濫於泗淵〔二〕，濫，漬也。漬罟於泗水之淵，以取魚也。泗在魯城北，又曰南門。

○《札記》：「又曰南門」四字，雖廣異聞，而不可從。　○《發正》：周禮：一歲三時五取魚，唯夏不取。○《補正》：泗水在城北，「又曰南門」四字無考。◎志慧按：今泗水在曲阜城北。又，《説文·水部》：「漬，漚也。」則韋訓濫爲漬於義無誤，然「濫」或「漬」下似當有賓語，檢《後漢書·馬融傳》李賢注引「濫」下有「罟」字，於語法稍勝。**里革斷其罟而棄之，**罟，網也。**曰：「古者大寒降，土蟄發，**降，下也。寒氣初下，謂季冬建丑之月，大寒之後也。土蟄發，謂孟春建寅之月，蟄始震也。《月令》：「孟春，蟄蟲始震〔三〕，魚上冰〔四〕，獺祭魚。」○《存校》：此謂季冬土蟄將發，春氣動，故將發也，與《月令》「孟春，蟄蟲始震」所指各别。○《述聞》：降，猶減也，退也。○户埼允明：凡寒暑謂往來不謂上下也，二氣謂上下也，故大寒降與寒氣初下不同。大，盛也。寒氣盛窮，而後其氣漸減損，而陽氣始發也。言孟春建寅之月，陽氣發而土脈動，蟄蟲震也。如從韋注，「大寒降」一句蛇足。○《翼解》：《漢志》稱驚蟄，今曰雨水；雨水，今曰驚蟄，乃東漢所改，班氏紀之於史。**水虞於是乎講罛罶〔五〕，取名魚，登川禽，而嘗之寢廟〔六〕，行諸國人〔七〕，助宣氣也。**水虞，漁師也，掌川澤之禁令。講，習也。罛，魚網也〔八〕。罶，笱也。名魚，大魚也。川禽，鼈蜃之屬。諸，之也。是時陽氣起，魚陟負冰，故令國人取之，所以助宣氣也。《月令》：「季冬，始漁，乃嘗魚，先薦寢廟。」唐云孟春〔九〕，誤矣。○《爾雅·釋器》：嫠婦之笱，謂之罶。魚罟，謂之罛。○《舊音》：罛罶，上音孤，下音柳。○《補音》：罛罶，上攻胡反，下力九反。○《略説》：講，簡閲也。登，亦取也。○皆川淇園：案《周禮·羅氏》云：「中春，羅春鳥，獻鳩，以養國老，行羽物。」注云：「行謂賦賜。」即與此「行」字同。　○《述聞》：講，讀爲構，《小雅·四月》箋曰：「構，猶合集也」，謂合集罛罶以取魚也。上文大寒降，土蟄發，皆孟春之事，則唐説爲長。　○《發正》：《月令》：「孟春，獺祭魚。」則魚肥而可薦，但自禮文不具，無其事耳，里革稱古以言，不當謬也。　○《翼解》：鄭康成《周禮注》云：「凡鳥獸未孕曰禽。」此經下文云「鳥獸孕，水蟲成，獸虞於是乎禁罝羅」，則登川禽者，登其未孕者也，言其登取以時也。　○《補正》：古人多謂「大」爲名。《禮器》「因名山升中於天」鄭注：「名，大也。」　○《詳注》：笱，曲簿爲之，如籠，編繩爲底，以承魚梁之空，魚入而不能出也。稱水族爲禽，猶《考工記》「天下之大獸五」，有鱗者，鱗，水蟲也。　○郭萬青《〈説文解字繫傳〉引〈國語〉斠證》：「講」和「禁」是相對而言的，韋注：「禁，禁不得施也。」則這裏的「講」應該就是「施」之義。　◎志慧按：古代宗廟的正殿稱廟，用於祭祀，後殿稱寢，用於放置先人牌位，二者合稱寢廟。宣氣之「宣」，猶通也（《左傳·昭公元年》「宣汾、洮」杜注），散也（《左傳·昭公元年》「於是乎節宣其氣」杜注），揚也（《左傳·宣公十二年》「寵光之不宣」杜注）。助宣氣，與下文「助生阜」「畜功用」互相補足，唐順之謂「見先王對時育物之意」，《周語上·西周三川皆震伯陽父論周將亡》中伯陽父謂「土演而民用」亦此意。《召公諫厲王弭謗》中召公由「決之使導」推廣爲「宣之使言」（韋注：「宣，猶放也。」），則由生活經驗上昇爲政治社會的法則，宣之時義大矣哉。　**鳥獸孕，水蟲成，**孕，懷子也。此謂春時〔一〇〕。　**獸虞於是乎**

禁罝羅，矠魚鼈〔一一〕**，以爲夏槁**〔一二〕，獸虞，掌鳥獸之禁令。罝，兔罟。羅，鳥罟也。禁，禁不得施也。矠，摉〔一三〕也。槁，乾也。夏不得取，故於此時摉刺魚鼈以爲夏儲〔一四〕。○《爾雅·釋器》：鳥罟，謂之羅。兔罟，謂之罝。○《説文·网部》：罝，兔網也。从网，且聲。徐鍇按：《爾雅》注：「罝，猶遮也，走雅反。」○《舊音》：音策，「或作『簎』。」又士亦反，與《莊子》「擉鼈于江」義同，擉，音士角反。○《補音》：矠，叉角反。經典並作「簎」，從手，《説文》別有從矛，音士革反，矛也，今《國語》從矛，古字通耳。○皆川淇園：矠與「簎」同，謂以杈刺泥中搏取之。○《補正》：矠，以矛取物之名字，又作「簎」。**助生阜也**。阜，長也。鳥獸方孕，故取魚鼈，助生物也。○賈逵：阜，長也（《文選》左太沖《魏都賦》李善注引，王、汪、黄、蔣輯）。◎志慧按：《國語》中「阜」之詞義，賈逵於《周語上》首章「阜其財求」下謂「盛也，大也」（此固其常訓，已見于《毛詩傳》）；《召公諫厲王弭謗》「阜財用、衣食」下謂「厚也」；於此則謂「長也」，各訓釋間外延雖有交集，但還是揭出了其間的明顯差異，包括詞性與搭配，韋注幾乎全承賈注，不爲無因。**鳥獸成，水蟲孕，水虞於是乎禁罝麗**〔一五〕**，設穽鄂**〔一六〕，罝，當爲罜〔一七〕。罜麗〔一八〕，小網也。穽，陷也。鄂，柞格，所以誤獸也。謂立夏鳥獸已成，水蟲懷孕之時，禁魚鱉之網〔一九〕、設取獸之物也。○賈逵：罜麗，小罟也（《荀子·成相篇》楊倞注引，汪遠孫輯）。穽，陷也（《舊音》引，汪遠孫輯）。鄂，柞格也，所以誤禽獸（《舊音》，汪遠孫輯）。○《舊音》：罜麗，上音獨，下音鹿，小網也。穽鄂，上音静，賈曰：「陷也。」下音愕，柞格也，所以誤禽獸。　○《補音》：韋注云罝當作罜，則作音者先合寫爲「罝」字，然後引注音獨乃允耳。《舊音〔二〇〕》直改「罝」作「罜」，則注爲虛設，今改作「罝」。罜，一音之庚反。穽鄂，上疾正反，下五各反。諸韻自有鄂字，《音〈集〉韻》云：「柞鄂，取獸阱中木也。」《舊音》愕，恐二字點畫小異，誤爲愕音。然本多作「鄂」，今從衆。　○帆足萬里：罷，所以漉取小魚。**以實廟庖，畜功用也。**以獸實宗廟庖廚也。而長魚鼈，畜四時功，足國財用也。**且夫『山不槎蘖，**槎，斫也。以株生曰蘖。　○賈逵：槎，邪斫也（《文選》張平子《西京賦》李善注引，王、汪、黄、蔣輯）。　○《補音》：槎蘖，上仕雅反，下五達反。　○《説文·木部》「槎」下段注：賈云「衺斫」者，於字從差得之。《周禮》有柞氏，《周頌》曰：「載芟載柞。」毛云：「除木曰柞。」「柞」皆即「槎」字，異部假借，魚歌合韻之理也。**澤不伐夭，**艸木未成曰夭〔二一〕。**魚禁鯤鮞，**鯤，魚子也。鮞，未成魚也。　○《爾雅·釋魚》：鯤，魚子也。　○賈逵：鯤、鮞，魚子（《舊音》引，汪遠孫輯）。　○《舊音》：鮞，音而，《説文》及賈並曰「魚子」，《呂氏春秋》：「魚之美者，有東海之鮞。」○《補音》：「鯤」、「鮞」並訓魚子，則《莊》、《呂》之説非此義也。　◎志慧按：以魚子釋鯤，見於《爾雅·釋魚》，《文選·海賦》李善注：「鯤，大魚名。」反訓之例，如亂、逆、沽之類也。**獸長麑麌**〔二二〕，鹿子曰麑，麋子曰麌。　○《舊音》：麑麌，上音迷，下一老反〔二三〕。　○《補音》：麑，莫兮反。今按《説文》及經典「麛」字乃音迷耳，作「麑」者自音倪，《説文》「狻麑」也。唯《諸韻〔二四〕》

收「麑」與「麛」，同音迷。下「麇」字，《諸韻》有之，音一浩反，云「鹿子」，李舟説，據注云「麑，鹿子；麇，麋子」，則與《韻》説略通矣〔二五〕。○《爾雅·釋獸》：麋，其子麇。鹿，其子麛。○《增注》：麑麇，假以爲諸獸子。◎志慧按：《説文·鹿部》：「麛，鹿子也，从鹿，弭聲。」韋昭注《國語》「以《爾雅》齊其訓」，據上揭《爾雅·釋獸》，則是韋昭所見本作「麛」而不作「麑」，即《舊音》所注「音迷」者亦只作「麛」，至宋庠著《補音》時，始見「麑」不見「麛」，故有上引考辨。其作「麑」者，蓋麛、麑、[illegible]、[illegible]皆爲鹿子，文獻中作「麛」者，每作「麑」，如《詩·小雅·魚麗》毛傳「不麛」，釋文：「麛，亡兮反，本或作『麑』。」《禮記·檀弓》鄭注「麛裘」，釋文：「麛，音迷，本又作『麑』。」《補音》所謂「《諸韻》收『麑』與『麛』，同音迷」者，表述有誤，「麑」與「麛」同韻而已，並非「麑」有迷音。鹿子曰麛，麋子曰麇，亦當各有所歸，《補音》所云韻書麛麑同音之説，未見於今傳本《集韻》，或係宋庠誤引。**鳥翼鷇卵**，翼，成也。生哺曰鷇，未孚曰卵〔二六〕。○《爾雅·釋鳥》：生哺，鷇。○《舊音》：鷇，寇、確二音。○《補音》：鷇，古候反。卵，力管反。○《標注》：翼，謂使其生成長翼也，未可訓成。**蟲舍蚳蝝**，蚳，螘子也〔二七〕，可以爲醢。蝝，復陶也〔二八〕，可食〔二九〕。舍，不取也。○《爾雅·釋蟲》：蝝，蝮蜪。飛螘，其子蚳。○《舊音》：蚳蝝，上音遲，下音沿。○《補音》：蚳蝝，上直基反，下悦全反。○《詳注》：蝝，蝗子未生翅者。○《集解》：蝠陶，《爾雅·釋蟲》作「蝮陶」，李注云「蝗子也」，而《説文》引劉歆説以爲「蚍蜉子」，是也。若蝗子，去之不暇，何以舍之？蕃庶物也，古之訓也。蕃，息也。今魚方別孕，不教魚長，又行網罟〔三〇〕，貪無蓺也。」別，別於雄而懷子也。蓺，極也。○賈逵：藝，極也（釋慧琳《一切經音義》卷七引）。◎志慧按：《荀子·王制》楊倞注：「別，謂生育與母分別也。」又引韋昭注云：「自別於雄而懷子也。」似兩存之。復次，此間里革以冬夏山澤生養捕獵異時爲説，然則若是捕獵得時，官家是否可爲？《史記·循吏列傳》載同是魯國的公儀休以下行狀云：「食茹而美，拔其園葵而棄之；見其家織布好，而疾出其家婦，燔其機，云：『欲令農士工女安所讎其貨乎？』」司馬遷用敘述人語言概括道：「食禄者不得與下民争利，受大者不得取小。」或可見古人思想之另一翼。

【彙校】

〔一〕穆文熙《鈔評》題作「里革斷罟匡君」，葉明元《抄評》題作「里革諫濫魚」，《國語精華》題作「里革斷罟」，上海師大本題作「里革斷宣公罟而棄之」。

〔二〕淵，《國語》各本同，《文選》張平子《西京賦》李善注引作「流」。

〔三〕明道本無「蟲」字，《月令》、《元龜》陪臣部規諫二引皆有之，無者脱。

〔四〕冰，遞修本、南監本作「水」，字殘。

〔五〕罛罶，《補音》：「上攻胡反，下力九反。」《説文·网部》「罶」下云：「罶，或从䍡，《春秋國語》

曰：『溝罛䍡』。」《札記》：「『溝』字誤也。」黄説是。「留」古讀來母幽部，「婁」古讀來母侯部，音近，則「罶」、「䍡」係聲符更旁字。

〔六〕寢，《後漢書·馬融傳》注引《國語》無「寢」字，《述聞》據此以爲「寢」字當衍，但《述聞》同時斷下句「國人」亦衍，以與之對稱，《考異》從之。唯「國人」又見於句下韋注，則不可必其爲衍文；況且「寢廟」一詞正在韋注所引《月令》中，而「嘗之寢廟」與「行之國人」亦不失對稱。

〔七〕明道本無「人」字，正統本及《御覽》時序部六引同公序本，同書資産部十四引則同明道本。

〔八〕魚，正統本同，明道本作「漁」，疑後者誤。

〔九〕唐，《詩·周頌·潛》正義引韋昭語云「《國語》」，疑誤引。

〔一〇〕明道本、正統本無「此」字，又，《禮記·王制》正義引舊注云：「謂季春時。」或係韋注原文，或係其他各家之注。

〔一一〕矠，《説文·手部》「簎」下引《國語》作「簎」，並云「刺也。从手，籍省聲」。《發正》以爲作「矠」者通假字耳。該字作爲刺取游魚的動作在今天的吴語區仍在使用。

〔一二〕槁，明道本作「犒」，注同。《説文·木部》「槀」下段注：「計《左》、《國》皆本作『槀』，今本作『犒』者，亦漢人所改。」從後來的用字看來，「槁」通假字，「犒」本字，下同。

〔一三〕摝，《舊音》：「賈本作『鏃』。」

〔一四〕明道本無「此」字，疑脱，《文章正宗》卷五引有之，《經子法語》作「春」。儲，《元龜》陪臣部十二、《經子法語》、《文章正宗》卷三引同，明道本作「犒」，《四庫薈要》從之，疑涉上而誤，不可從。

〔一五〕明道本無「乎」字，似脱。「罷」前，明道本有「罜」字，《補音》無，《備考》據韋注「罝，兔罟也。罷，小網也」謂不必改作「罜罷」，《述聞》謂《舊音》「罜罷」二字乃《國語》原文，注内「罝當」三字乃後人所增耳。《札記》云：「李善注《西京賦》引有『罜』字，又《荀子·成相篇》楊倞注引亦作『禁罝、罜罷』，賈逵曰：『罜罷，小罟也。』韋與賈同。唐人《舊音》云：『上音獨，下音鹿。』公序乃於正文删『罜』，於注文『罝』當爲『罛』，改云『罝』當爲『罜』，大謬。」《正義》亦云：「罛是大網；罜，罷之小者，尚禁，則大者可知。故舉罜罷足以包罛，況『罝』與『罜』形相似，『罝』與『罛』形迥别，『罛』安得轉寫成『罝』？」衆説各有所得，原文似當作「禁罝、罜罷」。

〔一六〕鄂，《札記》引段玉裁説云：「當從卩字，見《文選·長笛賦注》。」《補正》從之。

〔一七〕罜，明道本作「罛」。

〔一八〕明道本無「罜」字，《札記》謂當依公序本補，是，從韋昭吸納賈逵成果論也當從有。

〔一九〕「魚」前，明道本、正統本有「取」字，《考正》、秦鼎本從補，是。魚鱉，《元龜》引同，明道本、正統本與《文章正宗》引無「鰲」字，《考正》從删。

〔二〇〕音，原作「昔」，茲據微波榭本、文淵閣《四庫》本改。

〔二一〕艸，正統本作「草」，明道本作「中」，皆爲同源字。

〔二二〕麑麌，《爾雅·釋獸》郭注、《禮記·王制》正義俱引作「麛夭」，《備考》：「麑，當作『麛』，《説文》：『麛，鹿子也。』『麑，狻麑獸也。』」可從，據《舊音》，知其時尚作「麛」，《補音》時則已作「麑」。

〔二三〕南監本同，弘治本作「一考反」，雖於音無誤，疑後者因版片漫漶臆補。

〔二四〕諸，南監本、弘治本、文淵閣《四庫》本同，微波榭本作「集」，正德丁丑（十二年，一五一七年）明德堂本此字不清，陳樹華校作「集」，檢《集韻·亝韻》云：「麛，《説文》：『鹿子也。』或从兒，从弭。」知陳氏所校可從。

〔二五〕「韻」和「通」二字南監本漫漶，弘治本作空格，微波榭本此句作「則與李説略異矣」，文淵閣《四庫》本作「則與李説略同矣」。

〔二六〕孚，明道本、正統本作「乳」，秦鼎云：「蓋孚，鳥之乳卵也。」《説文·爪部》：「孚，卵孚也。」則「孚」即「孵」之初文，作「乳」者字訛。

〔二七〕螘，明道本、正統本作「蟻」，古同，《説文》有「螘」無「蟻」。

〔二八〕復陶，《文選·西京賦》李善注引同，明道本「復」作「蝠」，《字林》引《補音》作「蝮」，《札記》謂「蝠」乃「蝮」之譌，《爾雅·釋蟲》二字皆從虫，《增注》亦謂「復陶」當作「蝮蜪」，韋昭自云「以《爾雅》齊其訓」，則當以「蝮蜪」爲近真。

〔二九〕可食，明道本、正統本作「可以食」，秦鼎據明道本補。

〔三〇〕網罟，《御覽》時序部六、《元龜》陪臣部十一引同，《補校》謂《補音》作「網罟」非，明道本、《諸子瓊林》卷四人倫門「網」作「罜」，《札記》引段玉裁説云「『罜』爲『罜』之誤」，其説是，正統本正作「罜」。

公聞之曰：「吾過而里革匡我，不亦善乎！是良罟也，爲我得法。良，善也。使有司藏之，使吾無忘諗。」言見此罟則不忘里革之言也。諗，告也。○《説文·言部》：「諗，深諫也。」○《補音》：諗，式荏反，告也。○陳奂：《小雅》傳曰：「諗，念也。」無忘諗，言不忘諗也。韋云「諗，告也」，失之。○《集解》：良罟，是就事設譬，意謂如里革之言，合設罟之正道，是一善罟也。爲，使也，謂使我得罟以取魚之準則也。◎志慧按：《爾雅·釋言》：「諗，念也。」《詩·小雅·四牡》「將母來諗」毛傳：「諗，念也。」鄭箋：「諗，告也。」韋昭不從《爾雅》而從鄭箋，見其去取之精。師存侍，師，樂師，存，名也。◎志慧按：師存，僅此一見，文獻未見其他信息，疑韋昭據其時名謂習慣斷其爲樂師，如晉師曠、魯師摯、鄭師悝、師慧，若非樂師，則另有限定詞，如《魯語上》匠師慶、《左傳・定公十年》工師駟赤。**曰：「藏罟不如寘里革於側之不忘也。」**寘，置也。

14 子叔聲伯辭邑〔一〕

子叔聲伯如晉謝季文子，子叔聲伯，魯大夫，宣公弟叔肸之子公孫嬰齊也。謝季文子者，魯叔孫僑如欲去季氏，譖季文子於晉，晉人執之。郤犫之妻，聲伯之外妹也〔二〕，故魯成公使聲伯如晉謝之〔三〕，且請之。事在魯成十六年。○《述聞》：謝即請也，謝季文子者，請釋季文子也。◎志慧按：本則記載與《左傳・成公十六年》所載各有詳略，可互參。謝，《左傳・成公十六年》作「請」。復次，《集解》於「如晉」下句，唯子叔聲伯如晉的唯一目的就是爲季文子請，故不當斷，上海師大本不斷。《左傳・成公十一年》：「聲伯以其外弟爲大夫，而嫁其外妹於施孝叔。郤犫來聘，求婦於聲伯。聲伯奪施氏婦以與之。」可補韋注之未及。**郤犫欲與之邑〔四〕，弗受也。**郤犫，晉卿苦成叔也，以妻故親聲伯，故欲爲請邑以予之〔五〕。**歸，鮑國謂之曰：「子何辭苦成叔之邑？欲信讓邪〔六〕，**○《補正》：信，申也。謂申明其辭讓之旨。**抑知其不可乎？」**鮑國，鮑叔牙之玄孫鮑文子也〔七〕，去齊適魯，爲施孝叔臣。　○《發正》：《左傳·成公十七年》杜注：「鮑牽，鮑叔牙曾孫，國，牽之弟。」以國爲叔牙曾孫，與韋不同。對曰：「吾聞之，不厚其棟，不能任重。厚，大也。任，勝也。　○《增注》：任重，與下文「任兩國」同，任，負荷也。　○《正義》：《説文》：「棟，極也。」《繫傳》：「極，屋脊之棟也，亦謂之危。」《釋名》：「棟，中也，居室之中也。」極亦訓爲中，《儀禮·鄉射記》鄭注：「是制五架之屋也，正中曰棟。」是屋中棟最高而任最重也。重莫如國，棟莫如德。言國至重，非德不任國棟。夫苦成叔家欲任兩國而無大德〔八〕，任，負荷也。兩國，晉、魯也。其不存也，亡無日矣！　○皆川淇園：不存，謂其必亡也。而又云「無日矣」者，補添其亡之在近也。譬之如疾，余恐易焉。疾，疫癘也〔九〕。　○《備考》：《尚書正義》曰：「易種者，即今俗語云相染易也。」　○《述聞》：謂禍之相延，亦如疫癘之相延也。　○《增注》：言若受其邑，則其邑殃將易於余也。　○《補正》：易，爲漸染也。《大雅·皇矣篇》「施於孫子」箋云：「施，猶易也，延也。」即漸染之義。苦成氏有三亡：少德而多寵，位下而欲上政，位爲下卿，而欲專國政。無大功而欲大禄，皆怨府也。怨之所聚〔一〇〕，故曰府。　○賈逵：府，猶本也（《原本玉篇殘卷·广部》引）。其君驕而多私，其君〔一一〕，謂厲公也。多私，多嬖臣也。勝敵而歸，必立新家。勝敵，敗楚也。大夫稱家，立新家，謂立所幸胥童之屬爲大夫〔一二〕。立新家，不因民，不能去舊。不因民之所惡〔一三〕，不能去舊卿也。　○秦鼎：蓋欲立新家者，非去舊家，無地可與：，欲去舊家，非因民之所怨，則不能也。因民，非多怨，民無所始。言郤氏多怨，民所始伐也。○户埼允明：當因民之所怨而去舊家而立新家，雖因民，非民舊多怨，則何主而爲之？爲怨三府，可謂多矣。三，謂少德而多寵，位下而欲上政、無大功而欲大禄也。其身之不能定，焉能予人邑〔一四〕？」鮑國曰：「我信不若子，若鮑氏有釁，吾不圖矣。釁，兆也。言鮑氏若有禍兆〔一五〕，吾不能豫圖之〔一六〕。○賈逵：釁，兆也（《文選》李密《陳情表》李善注引，王、黄輯）。釁，兆也，言有禍兆也（釋慧琳《一切經音義》卷九十五引）。○龜井昱：吾則不能圖矣，請子爲我圖之，子皮所謂「自今請雖吾家聽子而行」之意。◎志慧按：《詳注》釋此「信」爲自信，誤，當作確實解。今子圖遠以讓邑〔一七〕，必常立矣。」○皆川淇園：常立者，諸（謂）其子孫常立魯國，猶言必不廢也。○《增注》：言其當常立於魯朝也。

【彙校】

〔一〕《文章正宗》題作「子叔聲伯論郤氏多怨」，《鈔評》作「聲伯辭晉邑」，《抄評》作「子叔聲伯不受郤犨與邑」，鄔國義等《譯注》標題雖取「子叔聲伯辭邑」，但譯文則作「郤犨想請晉君封給他（聲伯）城邑以示籠絡」，傅庚生《國語選》作「子叔聲伯辭邑」，且在該文註釋中云：「苦成叔憑仗著自己在晉國的權勢，替聲伯向魯君請求封給他食邑。」童書業《春秋史料集・國語》謂「與外國人」。《魯語》僅云「郤犨欲與之邑」,《左傳·成公十六年》則謂「吾與子國,親於公室」,二者皆没有明確苦成叔許諾的邑屬晉還是屬魯,致啟後人迷思。誠然,春秋時期,諸侯有給外邦大夫賜邑的現象,如《左傳·成公十六年》:「鄭伯如晉,公孫段相,甚敬而卑,禮無違者。晉侯嘉焉,授之以策,曰:『子豐(段父)有勞於晉國,余聞而弗忘,賜女州田,以胙乃舊勛。』」又如襄公十年,晉國主導的諸侯聯軍滅偪陽,欲以封宋國的向戌,但在這個節點上,晉爲盟主,郤犨「將新軍,且爲公族大夫,以主東諸侯」;魯國及成公一方,内有穆姜、叔孫僑如煎迫,外有季孫行父被執,又逢晉厲公之怒,故有求於郤犨。若是郤犨趁機爲聲伯向魯成公索邑,成功的概率較大,類似的例子有《左傳·僖公四年》載齊桓公命鄭文公給鄭國的申侯以虎牢。至於爲聲伯向晉厲公索邑,似看不出理由及勝算的可能,故傳説稍勝,上海師大本承之,經與黄越博士討論,今從之。

〔二〕妹,遞修本作「姝」,後者字訛。

〔三〕明道本、正統本無「之」字,《考正》從删。

〔四〕與,明道本、正統本作「予」,下文「予人邑」各本同,韋注作「予」,《國語》多作「予」,則似作「予」者稍勝。

〔五〕明道本、正統本無「之」字,句末有「也」字。

〔六〕邪，明道本、正統本作「耶」。
〔七〕之，弘治本作墨釘。
〔八〕皆川淇園：「大夫，故稱家。」秦鼎一則云：「家，疑『子』之誤。」再則云：「『家』字衍。」《御覽》疾病部一引無「家」字。《左傳·成公十四年》「苦成家其亡乎」，楊伯峻注：「各本均作『苦成家』，無『叔』字，唐石經旁注『叔』字，《藝文類聚》卷三十六、《初學記》卷十四引均有『叔』字，《魯語上》『苦成叔家欲任兩國』，可見『苦成叔家』爲當時習慣稱謂。」楊説是。
〔九〕癘，明道本、正統本作「厲」，「厲」、「癘」古今字。
〔一〇〕明道本、正統本句下有「也」字，《考異》斷其非，據注例當無。
〔一一〕明道本、正統本無「其」字。
〔一二〕童，《文章正宗》卷六引同，明道本作「僮」，義符加旁字也。
〔一三〕民，明道本、《諸子瓊林》前集卷二十四交接門作「人」，但後者下文諸「民」字無殊，疑爲唐諱回改未盡之跡。
〔一四〕予人邑，正統本同，明道本作「予人之邑」，「予」下是雙賓語，「之」字疑衍。
〔一五〕兆，静嘉堂本、南監本、弘治本、許宗魯本作「釁」。
〔一六〕豫，明道本、正統本作「預」，《考異》謂「預」俗。

〔一七〕今，南監本、弘治本作「合」，後者字訛。

15 里革論君之過

晉人殺厲公，晉人，晉欒書、中行偃也。○《補音》：殺，申志反。○《標注》：晉人者，國殺之，泛辭。注以欒、中行解晉人，失於辭。邊人以告，邊人，疆埸之司〔一〕。成公在朝。成公，魯宣公之子成公黑肱也。公曰：「臣殺其君，誰之過也？」大夫莫對，里革曰：「君之過也。夫君人者，其威大矣。君，天也，故其威大矣。○《略說》：人君賞善懲惡，臣民所以畏服，故其威大行。◎志慧按：《左傳·宣公四年》載箴尹語：「弃君之命，獨誰受之。君，天也。天可逃乎？」可參。關修齡說亦可互補。失威而至於殺，其過多矣。過不積，不至於殺〔二〕。且夫君也者，將牧民而正其邪者也，若君縱私回而棄民事，回，邪也。民旁有慝，無由省之，慝，惡也。省，察也。○《爾雅·釋詁》：省，察也。○《述聞》：旁之言溥也，徧也。○《校補》：旁訓邪曲、邪僻。《荀子·議兵》：「旁辟曲私之屬。」楊注：「旁，偏頗也。」字或作「放」，《孟子·梁惠王上》：「放僻邪侈。」有，讀爲又。◎志慧按：《校補》之說於文義亦順，可備一說。益邪多矣。若以邪臨民，陷而不振，陷，墜也。振，救也。用善不肯專，則不能使，至於殄滅而莫之恤也，將安用之？安用君也〔三〕。桀奔南巢，南巢，揚州地〔四〕，巢伯之國也，今廬江居巢縣是也〔五〕。紂踣于京，踣，斃也。京，殷京師也。○《爾雅・釋言》：踣，斃也。○《詳注》：今河南淇縣東北有朝歌古城，紂所都也。厲沶于彘〔六〕，厲，周厲王也。彘，晉地。幽滅于戲，幽，幽王，爲西戎所殺。戲，戲山，在西周。○孔晁：戲，西周地名（《詩・王風・王城譜》正義引，汪、黄、蔣輯）。○《詩・王風・王城譜》正義：《魯語》里革對成公云：「幽王滅於戲。」孔晁曰：「戲，西周地名。」《史記》云麗山，《國語》言於戲，則是麗山之下有地名戲。皇甫謐云：「今京兆新豐東二十里戲亭是也。」潘岳《西征賦》述幽王之亂滅云：「軍敗戲水之上，身死麗山之北。」則戲亦水名。韋昭云戲山名，非也。○《釋地》：蘇林曰：「戲，邑名，在新豐東南四十里〔七〕。」新豐故城在今西安府臨潼縣東北。◎志慧按：《左傳・昭公二十六年》正義云：《汲冢書紀年》云：「平王奔西申，而立伯盤以爲大子，與幽王俱死于戲。」可與《國語》互證。關於戲之所在，《釋地》所引蘇林之語見載《史記・秦始皇本紀》集解，《集解》復引應劭注云：「戲，弘農湖西界也。」則是各家所指並非某一具體的點，而是一個大致的地區，加之或指山，或指水，則戲之名蓋因山水得名，進而更有戲邑、戲亭、戲驛（見《史記・高祖本紀》索隱）。近出清華簡《繫年》於幽王覆滅事言之甚詳，唯未及戲地，劉國忠據此推斷《史記・周本紀》所載幽王烽火戲諸侯爲小説家言，或是也。檢先秦文獻，未見幽王烽火戲諸侯之記載，甚至幽王之時是否有烽燧制度也是一個需要論證的問題，錢穆《國史大綱》第三章之四《幽王見殺與平王東遷》就斷言「舉烽傳警，乃漢人備匈奴事耳」。頗疑其因地名戲附會成動詞戲所致。皆是術也。術，道也。皆失威多過之道。夫君也者，民之川澤也。行而從之，美惡皆君之由，民何能爲焉？」川澤者，以君諭川澤，民諭魚也。從之者，魚從川之美惡以爲肥瘠。○皆川淇園：言川路曲，則水從而曲；直則水從而直，君行而民從之。○《校文》：里革之言，爲君言之可也，若臣，其何以訓？《晉語》所載宋人殺昭公，趙宣子之言可謂義形于色矣。《内傳》石祁子曰：「天下之惡一也。」原繫曰：「臣無二心，天之制也。」○《增注》：民何能爲焉，言民不能自爲美惡也。◎志慧按：里革君爲民之川澤之喻可與孔孟「君子之德風，小人之德草，草上之風必偃」共參，或爲後者張本歟？

【彙校】

〔一〕塲，明道本同，遞修本、正統本、許宗魯本、《增注》、《正義》刊本、《册府元龜》卷七四一陪臣部作「場」，「場音易，有邊境義，作「塲」者字訛。

〔二〕殺，明道本、正統本作「弑」，出本字也。

〔三〕明道本、正統本重「安用」二字，秦鼎從明道本補，不可必。

〔四〕揚州，明道本與《元龜》陪臣部十一俱作「楊州」。

〔五〕明道本無「居」字，「居」爲古吴越語前綴，秦置居巢縣，漢明帝封宣帝玄孫劉般子劉愷爲居巢侯，愷又讓於其弟劉憲，歷三世，復爲縣，故有「居」者爲勝。

〔六〕沵，明道本作「流」，「沵」爲「流」的古文。

〔七〕《史記·秦始皇本紀》集解作「三十里」。

16 季文子以德榮爲國華〔一〕

季文子相宣、成，無衣帛之妾，無食粟之馬。仲孫它諫〔二〕，仲孫它，魯孟獻子之子子服它也。○賈逵：仲孫他，孟獻子庶子（《御覽》百卉部五引，汪遠孫輯）。曰：「子爲魯上卿，相二君矣，○《補正》：文子至襄六年始卒，《内傳》云「相三君」，並襄數之也。◎志慧按：相，輔佐也。妾不衣帛，馬不食粟，人其以子爲愛，且不華國乎？」愛，吝也。華，榮華也。文子曰：「吾亦願之。願華侈也。然吾觀國人，其父兄之食麤而衣惡者猶多矣，吾是以不敢。◎志慧按：麤，同「粗」，異體字。人之父兄食麤衣惡，而我美妾與馬，無乃非相人者乎〔三〕！且吾聞以德榮爲國華，以德榮顯者可以爲國光華。不聞以妾與馬。」

【彙校】

〔一〕蘇應龍《諸子瓊林·外修門》題作「季文子妾無衣馬不食粟」，穆文熙《鈔評》題作「季文子儉德」，葉明元《抄評》題作「季文子答仲孫子服」，高梅亭《國語鈔》題作「季文子論妾馬」，傅庚生選本、上海師大本均承之，兹采其中之警句凸現其明德特色。

〔二〕仲孫它，明道本、正統本同，與明道本「它」慣作「他」字異，《御覽》職官部二、《諸子瓊林》前集卷二十一外修門引作「他」，據《諸子瓊林》録自明道本判斷，則明道本早期或仍作「他」亦未可知，《說文》有「它」無「他」，梁履繩《左通補釋》：「《說文》：『祂，裾也。』『祂』、『它』古字通。」故仲孫它字子服。

〔三〕《元龜》總録部一百十四、《文章正宗》卷六引同，明道本、《御覽》職官部二、《諸子瓊林》引無「者」字，《集解》從補，據句法是。

文子以告孟獻子，獻子，它之父仲孫蔑也〔一〕。獻子囚之七日。囚，拘也。○舊注：囚子服也（《御覽》卷六八九）。自是子服之妾衣不過七升之布〔二〕，子服，即它也。八十縷爲升。○《正義》：《禮·閒傳》：「斬衰三升。既虞，卒哭，受以成布六升。爲母疏衰四升，受以成布七升。」則七升雖已成布，而爲極麤者。◎志慧按：《儀禮·喪服》鄭注：「布八十縷爲升。」韋注同，疑爲其時共識。七升之布是一種怎樣粗糙簡陋的衣著呢？除了《閒傳》所載重喪之服外，尚可參照以下相關記載：《晏子春秋・内篇・雜下》：「晏子相齊，衣十升之布，脱粟之食。」在這裏，十升之布已極言晏子之清貧；同是晏子，《説苑・臣術》載晏嬰自述：「八升之布，一豆之食足矣。」八升之布與一豆之食並提，節儉之狀不言而喻。《史記・孝景本紀》：「令徒隸衣七緵布。」張守節正義：「緵，八十縷也，與升相似。七升布用五百六十縷。」這雖是西漢制度，但因其正好也是七升，適可參照，知子服之妾所衣者在西漢孝景帝時乃徒隸之衣。《禮記・王制》鄭注謂「布廣二尺二寸」，《漢書・食貨志》亦云：「布帛廣二尺二寸爲幅，長四丈爲匹。」馬王堆一號墓出土的絲織品、甘肅古玉門關出土的素錦、新疆民豐尼雅出土的萬世如意錦，幅寬都在四十八—五十一釐米之間，證鄭玄與《漢志》所言不虛，由此可推知，七升之布相當於一釐米寬的布料中約有十一點二根經線，其密度只相當於現今醫用紗布的一半，既粗糙又疏朗，與舊時夏日的蚊帳相仿。難怪柳宗元《非國語》譏之「未適乎中庸也已」，不過敘述中或有誇張成份。**馬餼不過稂莠。**餼，秣也。稂，童稂也。莠，草，似稷而無實〔三〕。○《爾雅・釋草》：稂，童粱。○《補音》：稂，魯當反，或音良，注云「董粱」，即音郎。莠，羊九反。○《訂字》：童，宜作「董」，《本草》：「狼尾草。」一名稂，一名董蓈。○程瑶田《九穀考》：昭誤以粱爲稷，曰「似稷」，蓋言似粱云爾。莠非無實，熟則易落。○陳奐：秣，粟也。○《集解》：稂，《爾雅・釋草》名「童粱」，《説文》作「童蓈」。◎志慧按：據《補音》所引及韋昭「以《爾雅》齊其訓」，疑韋注「童稂」似原作「董粱」，《訂字》所考有理。文子聞之，曰：「過而能改者，民之上也。」使爲上大夫。○穆文熙：世人皆習聞季氏强臣，豈知其自處之儉、言論之高如此乎？子服過而能改，亦足徵賢(《國語評苑》)。○《增注》：言能改過者爲人之上行也。

【彙校】

〔一〕蔑，各本同，《舊音》摘「篾」字，形符更旁字。

〔二〕秦鼎云：升，「字當作『登』，登，成也。俗作『升』，誤已久矣。」古「升」、「登」通作，非誤，如《周易》升卦，帛書《周易》即作「登」。

〔三〕明道本無「而」字。

魯語上卷第四

國語卷第五

魯語下

1 叔孫穆子聘於晉

叔孫穆子聘於晉，穆子，魯卿，叔孫得臣之子豹也。晉悼公饗之，以饗禮見之〔一〕。樂及《鹿鳴》之三，而後拜樂三。及，至也。悼公先爲穆子作《肆夏》、《文王》各三篇，而不拜，至作《鹿鳴》之三篇〔二〕，而後拜樂三也〔三〕。晉侯使行人問焉，行人，官名，掌賓客之禮。《傳》曰：「韓獻子使行人子員問焉。」○孔晁：韓獻子白晉侯，使行人問也（《左傳·襄公四年》正義引，汪、黄、蔣輯）。◎志慧按：《左傳·襄公四年》將此事繫於子員名下，襄公八年、二十六年復見其名，蓋爲春秋晉國一著名行人。曰：「子以君命鎮撫敝邑〔四〕，鎮，重也。撫，安也。○《辨正》：「鎮撫」並非偏正短語，而是一個同義合成詞，《廣雅·釋言》即釋鎮爲「撫也」。不腆先君之禮以辱從者，腆，厚也。稱「從者」，謙也。不腆之樂以節之。以樂節禮也〔五〕。吾子舍其大而加禮於其細，敢問何禮也？」大，謂《肆夏》、《文王》。細，謂《鹿鳴》也。

【彙校】

〔一〕遞修本、張一鯤本、穆文熙編纂本同，明道本、正統本無「之」字，但句末有「也」字。許宗魯本、李克家本作「以賓禮饗之」，静嘉堂本、南監本、弘治本俱作「賔饗之」，「賔」、「饗」上各空一字，《考正》：「此句下注文元本、弘治本作『賔饗之』，『賔』上、『饗』上俱空一字。許宗魯本作『以賓禮饗之』，宋本及嘉靖本、萬曆本已下作『以饗禮見之』。」案：《補音》摘注『爲樂』二字，今注無之，始悟舊本作『爲樂，賓饗之』，元本、弘治本『賔』上所空非『爲』字，即『以』字，『饗』上所空是『樂』字，『賓樂』二字雖本《禮經》，但《補音》『爲樂』二字連文，微有不合，故今定作『爲樂，賓饗之』。」陳氏引入《補音》佚文，可備一説，唯所云元本、弘治本之「□賓□饗之」，則似許宗魯本與李克家本更近似。復次，據今所見各本，其特徵與陳氏所見之元本、弘治本相合者，前者其實是明弘治十七年（一五〇四）南監修補本（宋元明遞修本），北京大學圖書館「大倉文庫」本藏有同版印本；後者是弘治十五年印本。更進一步，疑許宗魯本在南監本、弘治本基礎上，據遞修本等增補，李克家本因之。

〔二〕明道本、《諸子瓊林》前集卷二十四交接門無「作」字，有者疑衍。

〔三〕而，明道本、《諸子瓊林》作「乃」。
〔四〕敝，明道本作「弊」，「敝」通假字，「弊」本字，似明道本出本字。
〔五〕禮，明道本作「之」。

對曰：「寡君使豹來繼先君之好，君以諸侯之故，○《略説》：諸侯之故，故事也。○《增注》：以諸侯之故，言用諸侯待賓客之典禮也。**況使臣以大禮**〔一〕。況，賜也。○《爾雅・釋詁》：貺，賜也。○《札記》：《毛詩傳》曰：「兄，茲也。」亦作「滋」，益也，貺使臣，字古祇作「兄」，今作「況」者，假借也。「貺」者，俗字也。**夫先樂金奏《肆夏》**〔二〕**、《繁遏》**〔三〕**、《渠》**〔四〕**，天子所以饗元侯也；**金奏，以鍾奏樂也〔五〕。《肆夏》，一名《樊》；《韶夏》，一名《遏》；《納夏》，一名《渠》，此三《夏》曲也。禮有九《夏》。《周禮・鍾師》：「掌以鍾鼓奏九《夏》。」元侯，牧伯也。鄭後司農云〔六〕：「九《夏》皆篇名，《頌》之類也，載在樂章，樂崩亦從而亡，是以《頌》不能具。」○西漢呂叔玉：《肆夏》、《繁遏》、《渠》皆《周頌》也。《肆夏》，《時邁》也。《繁遏》，《執競》也。《渠》，《思文》也。肆，遂也。夏，大也。言遂於天位也。故《時邁》曰：「肆于時夏，允王保之。」繁，多也。遏，止也。言福祿止於周之多也，故《執競》曰：「降福穰穰，降福簡簡，福祿來反。」渠，大也，言以后稷配天，王道之大也。故《思文》曰：「思文后稷，克配彼天。」（《左傳・襄公四年》正義引，汪遠孫輯）

○隋劉炫(約五四六—約六一三)《春秋規過》:《肆夏》之三,亦當《肆夏》是其一,《樊遏》、《渠》是其二,安得復以《樊》爲《肆夏》之别名也?若《樊》即是《肆夏》,何須重舉二名(《左傳·襄公四年》正義引)。○《左傳·襄公四年》正義:《肆夏》之三,是自《肆夏》以下有三,故爲《韶夏》、《納夏》,凡爲三《夏》,但此三《夏》各有别名,故《國語》謂之《繁》、《遏》、《渠》,是一字以當一《夏》,若《國語》直云金奏《繁》、《遏》、《渠》,則三《夏》之名没而不顯,故於「繁」字之上特以「肆夏」冠之,云《肆夏繁》、《樊》既是《肆夏》,明《遏》是《韶夏》,《渠》是《納夏》也。○《標注》:此「樂」偏指「金奏」者,與下文「歌」字相對,蓋古樂舞時無歌,歌時無樂,此雖不用舞者,而金奏是舞樂,如夫升歌間奏,亦可見此意。○《詳注》:或曰:《肆夏》,《時邁》也。《樊遏》,《執競》也。《渠》,思文也。聚訟紛紜,莫衷一是,今並存之。元,長也,諸侯之長,牧伯也。◎志慧按:金奏之「金」謂鍾及鎛。汪遠孫以爲「吕説當是西京舊説」,唯完整的《樂經》已渺不可聞,即兩漢、魏晉時學者亦已人言人殊,聊録之以備考耳。《周禮·鍾師職》「掌金奏,凡樂事,以鍾鼓奏九夏」鄭注:「擊金以爲奏樂之節。」賈疏:「凡作樂,先擊鍾。」先樂金奏,即此意。**夫歌《文王》、《大明》、《緜》,則兩君相見之樂也,**《文王》、《大明》、《緜》,《大雅》之首,《文王》之三也[七]。此三篇皆美文王[八]、武王有聖德,天所輔胙[九],其徵應符驗箸見於天[一〇],乃天命,非人力也。周公欲昭先王之德於天下,故兩君相見,得以爲樂也。**皆昭令德以合好也,皆非使臣之所敢聞也。臣以爲肄業及之,故不敢拜。**肄,習也。以爲樂人自習修其業而及之，故不敢拜。　○賈逵：肄，習也（《文選》潘安仁《西征賦》李善注等引，王、汪、黄、蔣輯）。**今伶簫咏歌及《鹿鳴》之三**〔一一〕，伶，伶人〔一二〕，樂官也。簫，樂器，編管爲之。言樂人以簫作此三篇之聲，與歌者相應也。《詩》云：「簫管備舉。」　○《存校》：此堂下之樂歌，《文王》、《大明》、《緜》，則堂上之樂；伶簫咏歌及《鹿鳴》之三，則合奏也。　○《補正》：伶，正字作「泠」。**君之所以況使臣，臣敢不拜況**〔一三〕**？夫《鹿鳴》，君之所以嘉先君之好也，敢不拜嘉？**嘉，善也。《鹿鳴》曰：「我有嘉賓，德音孔昭。」是爲嘉善先君之好也〔一四〕。**《四牡》，君之所以章使臣之勤也，敢不拜章？**《四牡》，君勞使臣之樂也。章，箸也。言臣奉命勞勤於外〔一五〕，述敘其情以歌樂之，所以箸其勤勞也。　○《左傳·襄公四年》杜預注：《詩》言使臣乘四牡，騑騑然行不止。勤，勞也。晉以叔孫來聘，故以此勞之。**《皇皇者華》，君教使臣曰『每懷靡及』，**《皇皇者華》，君遣使臣之樂也。皇皇，猶煌煌也。懷私爲每懷。靡，無也。言臣奉使當榮顯其君〔一六〕，如華之色煌煌然〔一七〕。既受命，當思在公，每人人懷其私〔一八〕，於事將無所及。　○《標注》：《詩》言使人每常懷無及之心，而汲汲然也。無及者，恐其遲緩而後于事也，即是遑遑栖栖之意。　○《補正》：《詩·毛傳》：「每，雖。懷，和也。」蓋《傳》意以下「諏、謀、度、詢」皆須取益於人，其事以得人和爲主，故云雖能和於人，猶皇皇然如不及也。鄭箋改爲「私」，義便不可通，韋注主之，非是。　◎志慧按：《爾雅·釋訓》：「每有，雖也。」此「每懷」之「每」義亦當從毛傳。鄭箋改「和」爲「私」，韋昭捨毛傳取鄭箋，失當。

諏、謀、度、詢，必咨於周，敢不拜教？此六者，皆君之所以教臣也。訪問於善爲咨，忠信爲周。言諏、謀、度、詢，必當咨之於忠信之人〔一九〕。○《爾雅·釋詁》：詢、度、咨、諏，謀也。**臣聞之曰：『懷和爲每懷**〔二〇〕，鄭後司農云〔二一〕：「和，當爲『私』。」○《發正》：懷和爲六德之一，若懷私，豈可謂之德乎？**咨才爲諏**〔二二〕，才，當爲「事」，《傳》曰：「咨事爲諏。」○《說文·言部》：諏，聚謀也。○孔晁：材，謂政幹也（《左傳·襄公四年》正義引，並及《國語》，汪、黃、蔣輯）。○《發正》：《內》、《外傳》本不相襲，不必破從《內傳》，武進臧氏琳《經義襍記》曰：「咨才爲諏者，謂咨賢才之謀也。咨詢爲親戚之謀，咨諏爲賢才之謀，合親賢之謀而無不周矣。」臧說最直捷。孔晁《國語注》云：「材，謂政幹也。」亦不改字。○《補正》：咨才爲咨於才能之人，不必從《內傳》改作「事」。**咨事爲謀**，事，當爲「難」。《傳》曰：「咨難爲謀。」○《補正》：《詩·毛傳》訓「難」爲難易之「難」。**咨義爲度**，咨禮義爲度，度，亦謀也。○《標注》：「事」亦如字，「義」與此同，注添一「禮」字，便非，亦據《傳》之愆。**咨親爲詢**，詢親戚之謀。**忠信爲周。』**言當咨之於忠信之人也〔二三〕，《詩》云「周爰咨詢〔二四〕」。**君況使臣以大禮，重之以六德，敢不重拜？」**六德，謂諏也，謀也，度也，詢也，咨也，周也。○孔晁：既有五善，又自謂無及，成爲六德。言自謂知無所及，懷（靡）謙以問知者，此亦即是一德，故爲六德也（《左傳·襄公四年》正義引，汪、黃、蔣輯）。○《補韋》：叔孫明曰：懷和爲每懷，一也；咨才爲諏，二也；咨事爲謀，三也；咨義爲度，四也；咨親爲詢，五也；忠信爲周，六也，故曰「重之以六德」。　○《正義》：六德皆受君之教而始，知此亦是君之所賜，故蒙上「君況使臣」之文而言之。若韋解以諏、謀、度、咨、詢之外益以周爲六德，則鄭康成明言已有五德，當復問忠信之人。上文韋解亦言「當咨之忠信之人」，則周當指使臣所就正之人，不得以周歸使臣之身也。孔晁正確，守鄭義不嫌與韋歧説也。　○《發正》：上文「臣聞之曰：『懷和爲每懷，咨才爲諏，咨事爲謀，咨義爲度，咨親爲詢，忠信爲周。』」六語即六德，與《内傳》「五善」傳文均極明白。《毛詩·皇皇者華》二章《傳》云：「忠信爲周，訪問於善爲咨，咨事爲諏。」三章《傳》云：「咨事之難易爲謀。」四章《傳》云：「咨禮義所宜爲度。」卒章《傳》云：「親戚之謀爲詢。」兼此五者，雖有中和，當自謂無所及成於六德也。」正本《内》、《外傳》爲説，箋、疏申毛亦同，惟以中和爲周之訓，恐未得《傳》意耳。孔晁義亦同毛。忠信爲周，言咨於忠信之人，即《内傳》之「訪問於善爲咨」，善即忠信也，自忠信之人言之曰周，自訪問之人言之曰咨。韋既從鄭破上文「和」字爲「私」，遂分咨與周爲二，以合六德之數，誤矣。○《補正》：自「每懷」下六句，正與六德合，韋注非是。　◎志慧按：《左傳·襄公四年》穆叔所稱者非六德，而係「五善」，曰：「訪問於善爲咨，咨親爲詢，咨禮爲度，咨事爲諏，咨難爲謀。」文字亦略有出入，故當分别討論。與「咨才爲諏」等句子並列，可知「懷和爲每懷」之義是正面的，然後再判斷「懷和」之「和」字是否爲訛字（「和」從口，「私」從厶，二字極易混淆），至於鄭箋則是另一回事，蓋春秋引詩用詩多斷章取義，於詩的作者義與文本義未必規行矩步。准此可知韋注之誤，蓋由於讀「懷和」之「和」爲「私」，而「懷私」又當不得「六德」之一，遂引入《左傳》「訪問於善爲咨」之「咨」，唯此中作爲動詞之「咨」皆不與諏、謀、度、詢及咨忠信之「周」並列；孔晁又添「自謂無及」一項，亦不免增字（句）解經；汪遠孫、黄模、吴曾祺等説皆是也。

【彙校】

〔一〕況，《補音》謂「本多作『貺』」，明道本、正統本作「貺」，下同，説見《周語下·晉羊舌肸聘周論單靖公敬儉讓咨》。

〔二〕《增注》云：「先樂，字疑倒。」然無據。

〔三〕繁，《周禮·鍾師》鄭注、《左傳·襄公四年》正義引同，明道本、正統本作「樊」，古通，《春秋·襄公二十五年》「吴子遏伐楚」，杜注：「遏，諸樊也。」其名蓋取於該組樂曲，准此，則「樊」是本字，「繁」是通假字。

〔四〕斷句從《周禮》鄭注所引吕叔玉説及《集解》。

〔五〕鍾，明道本、《諸子瓊林》作「金」，上海師大本徑改作「鍾」。

〔六〕明道本、正統本、秦鼎本無「後」字，上海師大本徑補，是，語出《周禮·春官》鄭注。

〔七〕三，静嘉堂本、南監本、弘治本、許宗魯本作「一」，後四者字訛。

〔八〕明道本、正統本無「此」字。

〔九〕胙，明道本、正統本作「祚」。

〔一〇〕箸，明道本、正統本、《增注》作「著」，《增注》從習見者改。

〔一一〕伶，《補音》：「或作『泠』，音義同。」《左傳·成公九年》作「泠」，是年《左傳正義》引《國語》亦作「泠」，《詩·小雅》正義引鄭玄《詩譜》則作「伶」，《説文·人部》「伶」下段注謂「伶」古作「泠」，則「伶」爲「泠」之更旁字。詠，明道本、正統本不從口而從言，義符更旁字也。

〔一二〕明道本不重「伶」字，疑脱，上海師大本徑補，是。

〔一三〕「況」下，明道本有「貺，賜也」三字，《四庫薈要》據補，唯此三字前文已有，疑明道本衍。

〔一四〕好，静嘉堂本、南監本此處破損，無從比對，弘治本作「德」，疑據義臆補。

〔一五〕「於外」二字，静嘉堂本、南監本破損，弘治本、許宗魯本作「故詩」二字，疑弘治本據義補，許宗魯本因之。

〔一六〕其，明道本、正統本作「於」。

〔一七〕色，静嘉堂本、南監本、弘治本作「以」，後三者誤，許宗魯本已改從作「色」。

〔一八〕「每人人」三字，明道本作一「無」字，疑在豎行書寫狀態中，次「人」字又以重文號的形式出現，遂將三個字符誤合成一個「無」字。

〔一九〕當，明道本作「常」，疑訛。咨，明道本、正統本作「諮」，形符加旁字也，下同。

〔二〇〕懷和，《詩·皇皇者華》鄭箋引同，明道本、《諸子瓊林》無首「懷」字，《補校》則據鄭箋、《毛詩正義》及《晉語》韋注校之，斷無者脱，是。

〔二一〕鄭後，明道本作「後鄭」。

〔二二〕才，《左傳·襄公四年》正義引作「材」，《標注》謂「如字自通，不必據《左傳》改文，此等皆非《詩》本義，隨文解之可也」，是。

〔二三〕明道本無句末「也」字。

〔二四〕詢，明道本、正統本作「謀」，《詩·小雅·皇皇者華》三章作「謀」，五章作「詢」。

2 叔孫穆子諫季武子謂三軍不可作〔一〕

季武子爲三軍，爲，作也。武子，魯卿，季文子之子季孫夙也〔二〕。周禮：天子六軍，諸侯大國三軍。魯，伯禽之封，舊有三軍，其後削弱，二軍而已。武子欲專公室，故益中軍以爲三，三家各征其一〔三〕。事在魯襄十一年〔四〕。○《詩·魯頌·閟宫》「公徒三萬」鄭箋：「萬二千五百人爲軍，大國三軍，合三萬七千五百人，言三萬者，舉成數也。」○皆川淇園：《春秋·襄十一年》經云：「作三軍。」疏云：「是作中軍耳，而云『作三軍』者，《傳》云『三子各毀其乘』，則舊時屬己之乘毀之以足成三軍，是舊軍盡廢而全改作之，故云『作三軍』也。」此説似是。○《標注》：「削弱」無明據，蓋注家以魯始封方百里，大國，固當有三軍之制，故臆度作是説耳，不可從。自伯禽以後，吞弱併小多，其地已數倍矣。削弱乃在其後，雖弱而其地乃廣大。◎志慧按：皆川氏乃據下文「遂作中軍」從孔疏，唯於義皆無殊。叔孫穆子曰：「不可。天子作師，公帥之，以征不德。師，謂六軍之衆也。公，謂諸侯爲王卿士者也。《周禮》：「軍將皆命卿〔五〕。」《詩》云：「周公東征。」周公時爲二伯而東征，則亦上公爲元帥也。元侯作師，卿帥之，以承天子。元侯，大國之君也〔六〕。師，三軍之衆也。大國三卿，皆命於天子。承天子，謂從王師征不義也〔七〕。孔子曰：「天下有道，則禮樂征伐自天子出。」○《校補》：承，讀爲「丞」，輔佐也。下文「贊元侯」韋注：「贊，佐也。」是其比。諸侯有卿無軍，帥教衛以贊元侯。諸侯，謂次國之君也〔八〕。有卿，有命卿也，二卿命於天子，一卿命於其君。無軍，無三軍也。若元侯有事，則令卿帥其所教武衛之士〔九〕，以佐元侯。《禮》所謂「次國二軍，小國一軍」，謂以賦出軍從征伐也。贊，佐也。○《增注》：無軍，謂無作軍師也。自伯、子、男有大夫無卿，無卿，無命卿也。《王制》曰：「小國二卿，皆命於其君〔一〇〕。」○《發正》：《禮記·王制》鄭注云：「小國亦三卿。此文似誤脱耳。」帥賦以從諸侯。賦，國中出兵車、甲士，以從大國諸侯也。是以上能征下，下無姦慝。征，正也。慝，惡也。今我小侯也，言小侯者，削弱之日久矣〔一一〕。

處大國之間，大國，齊、楚也。繕貢賦以共從者，猶懼有討。猶懼以不給見誅討也。○《補正》：共，與「供」通，下「不共有法」同。若爲元侯之所，之所，謂作三軍，元侯所爲[一二]。○《集解》：此文疑作「若元侯之所爲」，「爲」字誤倒在「若」下耳，若，如也，謂魯小國，作三軍，是如大國之所爲也。注之「所」下疑脱「爲」字。◎志慧按：《集解》所疑有理，俞樾《群經平議》已先有此疑，唯韋昭所見正文已如是。以怒大國，無乃不可乎？」○穆文熙：兵，人之所畏，大則取忌，小則取伐，此三軍之作而魯其日衰矣（《國語評苑》）。弗從。

【彙校】

〔一〕穆文熙《鈔評》題作「叔孫論三軍不可作」，葉明元《抄評》題作「叔孫穆子諫季武子爲三軍」，上海師大本承之，今改題以免歧義。

〔二〕夙，許宗魯本作「宿」，《左傳·昭公二年》作「宿」，或者許宗魯本據《左傳》改。

〔三〕三家，明道本作「三軍」，但《史記·魯周公世家》集解及《御覽》兵部二十九引韋注俱作「三家」，疑明道本據義改，李慈銘亦謂作「三軍」誤。

〔四〕十一年，正統本同，明道本作「十二年」，《左傳》載其事在襄公十一年正月。

〔五〕軍將，《周禮·夏官·敘官》同，明道本作「將軍」，前者是，《集解》與上海師大本從改。

〔六〕明道本無「也」字。

〔七〕王，道春點本作「正」，後者形訛，《訂字》已揭其非，其祖本穆文熙編纂本不誤。

〔八〕明道本無「也」字。

〔九〕令，《御覽》作「命」，二字古常通用。

〔一〇〕明道本句末尚有「也」字。

〔一一〕矣，明道本、正統本作「也」。

〔一二〕明道本句末尚有「也」字。

遂作中軍。言中者，明已有上、下軍也。**自是齊、楚代討於魯，**代，更也。◎志慧按：此後齊、楚輪番征討魯國之説於史無證，疑爲夸飾之辭，開戰國策士之先聲。**襄、昭皆如楚。**襄，襄公〔一〕。昭，昭公也。如楚，朝事楚也。事在襄二十九年〔二〕、昭七年。

【彙校】

〔一〕明道本句末有「也」字。

〔二〕二十九年，秦鼎本據《左傳》改作「二十八年」，《春秋》記襄公二十八年十一月如楚，《左傳》更有詳述，但各本韋注俱作「二十九年」，疑韋注原誤，而非傳寫之誤。

3 諸侯伐秦魯人以莒人先濟

諸侯伐秦，及涇，莫濟。及，至也。涇，水名也。濟，度也〔一〕。魯襄十一年，晉悼公伐鄭，秦人伐晉以救鄭。十四年，晉使六卿帥諸侯之大夫伐秦，至涇水，無肯先渡者。○《爾雅·釋言》：濟，渡也。○《補正》：涇水出笄頭山涇谷，在今陝西平涼府城西南。◎志慧按：平涼於康熙八年（一六六九）後改隸甘肅。諸侯聯軍攻秦渡涇之處不可能遠達今甘肅平涼一帶的涇水上中游，其地當在涇水下游，今陝西涇陽境内，當地文史資料及口傳即作如是説，清顧祖禹（一六三一—一六九二）《讀史方輿紀要》卷五十二於涇水下引樂吏曰：「濟處即今涇陽縣之睢城渡。」。晉叔嚮見叔孫穆子〔二〕，曰：「諸侯謂秦不恭而討之，及涇而止，於秦何益？」何益，何益於伐秦之事〔三〕。○《國語疑義新證》：「謂」與「爲」同，有「認爲」、「以爲」之義，《左傳》、《國語》多有其例。穆子曰：「豹之業，及《匏有苦葉》矣〔四〕，不知其它。」業，事也。《匏有苦葉》，《詩·邶風》〔五〕篇名也，其詩曰：「匏有苦葉，濟有深涉。深則厲，淺則揭。」言其必濟，不知其它也。○《補正》：業，即上篇「肄業及之」之「業」，不訓事。叔嚮退，召舟虞與司馬，舟虞，掌舟。司馬，掌兵。曰：「夫苦匏不材於人，共濟而已。材，讀若裁也〔六〕。不裁於人，言不可食也〔七〕。共濟而已，佩匏可以度水也〔八〕。○《考正》：韋注以「不材於人」爲句，愚謂當以「不材」爲句，「於人」屬下。○《刪補》：春臺先生曰：「不材，猶言不用也。」○《補正》：不材，當就本字解，爲材不足爲人用也。借作「裁」，義更迂曲。◎志慧按：北宋陸佃《埤雅·釋草》、南宋段昌武《毛詩集解·匏有苦葉》引斷句皆同韋注，未見其不可，故似當從韋注。魯叔孫賦《匏有苦葉》，必將涉矣。詩以言志也。具舟除隧〔九〕，不共有法。」隧，道也。共，具也。舟虞具舟，司馬除道。法，刑也。

【彙校】

〔一〕度，明道本、正統本作「渡」，出本字也，次同。

〔二〕嚮，明道本、正統本作「向」，古通，下同。

〔三〕明道本、正統本不重「何益」二字。

〔四〕及，《御覽》兵部三十六引同，《左傳·襄公十四年》正義引作「在」，《述聞》據此斷作「及」者涉「及涇」而誤，當作「在」，《標注》亦疑之，然證據不足。《考異》據陳奐説謂當作「及」，言肄業及之也，可從。

〔五〕邶，《補音》、明道本、正統本作「鄁」，《補音》、《札記》謂作「邶」者從《詩》改。《補正》：「鄁，同『邶』字。」

〔六〕明道本、《諸子瓊林》後集卷十四謀爲門無「讀」字，疑脱。

〔七〕言不可食，《御覽》引同，明道本、《諸子瓊林》無「言」字，疑脱。

〔八〕度，遞修本同，明道本、正統本作「渡」。

〔九〕《舊音》：「本或作『隊』，同。」

是行也，魯人以莒人先濟，諸侯從之。諸侯，諸侯之大夫也。以，用也。能東西之曰以。

○《補正》：《左傳》「能左右之曰以」，言「東西」義同。　○《校證》：以，猶「與」也。《左·襄十四年傳》云：「魯人、莒人先濟。」是魯人與莒人同濟，非魯人以莒人先濟也。《永樂大典》二二五九引「以」作「與」，是其證。　◎志慧按：「能東西之曰以」，取《詩·周頌·載芟》鄭箋，而鄭箋又出自《左傳·僖公二十六年》語「凡師，能左右之曰以」，「東西之」、「左右之」義同，猶今云驅使之、差遣之也，莒猶魯之隨扈，故魯國得以左右之，莒國先濟，代表的是魯國的勢力，故《左傳》《國語》所載實同。《校證》釋「以」爲「與」，則是並列關係，於義不密，今傳各本《國語》俱作「以」，《永樂大典》所引爲孤例，疑爲誤引，不敢取。

4 叔仲昭伯勸襄公如楚榮成伯諫以楚師伐季武子〔一〕

襄公如楚，及漢，聞康王卒，欲還。襄公，魯成公之子襄公午也〔二〕。如楚者，以宋之盟朝于楚也〔三〕。漢，水名。康王，楚恭王之子康王昭也。○《補正》：漢水，出隴西氐道縣嶓冢山，東至武都沮縣爲漢水。◎志慧按：宋之盟，即「晉楚之從交相見」，魯爲晉國之從，宋盟之後魯須朝楚，故有襄公此行，《左傳·襄公二十八年》並載襄公如楚又反覆之事，可參。叔仲昭伯曰：「君之來也，非爲一人也，叔仲昭伯，魯大夫，叔仲惠伯之孫叔仲帶也〔四〕。一人，謂康王也。爲其名與其衆也。名，謂爲大國有盟主之名也〔五〕。衆，略地多、兵甲衆也〔六〕。今王死，其名未改，其衆未敗，何爲還？」諸大夫皆欲還。子服惠伯曰：「不知所爲，姑從君乎！」惠伯，魯大夫，仲孫它之子子服椒也。姑，且也。○《舊音》：它，音陀。叔仲曰：「子之來也，非欲安身也，爲國家之利也，故不憚勤遠而聽於楚；憚，難也。非義楚也，畏其名與衆也。義楚〔七〕，非以楚有義而往也。夫義人者，固慶其喜而弔其憂，況畏而服焉？慶，猶賀也。喜，猶福也。聞畏而往〔八〕，聞喪而還，苟芊姓實嗣，其誰代之任喪？芊〔九〕，楚姓也。嗣，嗣世也。任，當也。誰當代之當喪爲主者乎？言必自當之，故不可不往弔也。○《舊音》：芈，名爾反。　○《述聞》：上「聞」字蓋衍。上文曰：「子之來也，非義楚也，畏其名與衆也。」所謂畏而往也。又曰：「聞康王卒，欲還。」所謂聞喪而還也。「畏」上不當有「聞」字，此涉下句而衍也。○《補韋》：補正：「謂其國無變亂，嗣位者實芈姓也，小國自有當共之喪紀。魯君中道而還，則誰代爲在此乎？」　○《發正》：畏，讀爲「威」，上文「爲其名與其衆也」，《説苑·正諫篇》作「爲其威也」，名與衆，即所謂威也，「畏」、「威」古字通。　○《集解》：汪説不煩删字，而義可通。　◎志慧按：《説苑·正諫》、《元龜》卷七四一引「畏」前均有「聞」字，不便輕疑。「畏」與「威」通假爲載籍所常見，《發正》説可從。　**王大子又長矣，執政未改，**執政，令尹、司馬也。改，易也。**予爲先君來，死而去之，其誰曰不如先君？**言我爲楚先君故來，聞死而去之，後嗣臣子誰肯自謂德不如先君者乎〔一〇〕？**將爲喪舉，聞喪而還，其誰曰非侮也？**舉，動也。如在國聞楚有喪，將爲之舉動而往，況已至漢，聞喪而還，其誰言魯不輕侮之也〔一一〕？　○龜井昱：舉，出行也。**事其君而任其政，其誰由己貳？**任，當也。由，從也。言楚臣方事其君，而當其政，其誰肯從己時而使諸侯有攜貳者乎〔一二〕？　○《平議》：由，當作「曰」，已，當作「已而已而」之「已」，皆字之誤也。其誰曰已貳，與上文「其誰曰不如先君」、「其誰曰非侮也」文法一律，言楚臣方事其君而當其政，誰謂其已有二心也。下文「執政不貳」即承此句而言。韋注曰「其執政之臣無二心」，則不貳屬執政言，不屬諸侯言明甚。因此句誤作由己，韋乃曲爲之説，則與下意不貫矣。　○《補正》：己時，謂己爲政之時也。◎志慧按：曲園先生之説甚辨，《集解》從之，此前皆川淇園亦曾有此疑，唯指「由」作「曰」證據不足。求説其侮，而亟於前之人，其讎不滋大乎？説，猶除也。滋，益也。亟，疾也。言楚君求除其輕侮己者〔一三〕，將急疾於前之人，此讎不益大乎。○《爾雅·釋詁》：亟，疾也。○《補音》：説，它活反。○穆文熙：言嗣君執政，不肯受侮，利害在前，昭然可畏（《國語評苑》）。◎志慧按：説、脱古今字。「滋，益也。亟，疾也」，所見各本同，唯正文「亟」在「滋」前，疑注文前後互乙。説侮不懦，執政不貳，帥大讎以憚小國，其誰云待之？懦，弱也。憚，難也。言楚人欲除其侮後之恥〔一四〕，不懦弱，其執政之臣無二心。以楚大讎，爲魯作難，其誰能待之？待，猶禦也。○賈逵：懦，下也（《文選》陸士衡《猛虎行》李善注引，汪遠孫輯）。○《補正》：楚之伐魯，即在旦夕之間，誰云有所待而不發也？若從君而走患〔一五〕，則不如違君以辟難〔一六〕。走，之也。○《略説》：走，趣也。且夫君子計成而後行，○賈逵：計，謀也（釋玄應《一切經音義》卷十三引，汪、蔣輯）。二三子計乎？有禦楚之術而有守國之備乎〔一七〕，則可也；可，可還也。○《集解》：而，猶與也。○張以仁《國語虛詞訓解商榷》：而，釋爲「且」較「與」爲順。若未有，不如往也。」乃遂行。○《標注》：事楚，辱也。今以嘉好往，聞喪而還，亦無不可。或遂遣大夫弔之，亦可。禮，吉凶異貫，是時若遂往，則凶禮或不備，而吉禮終不可行也，則還者無咎，楚亦何必深罪焉。◎志慧按：魯襄公二十八年《春秋》及《左傳》皆記其事，次年四月葬楚康王，五月襄公至自楚。又，《標注》之説亦可聊備一格，唯弱勢者每每缺少話語權，楚國是否深罪於魯，魯國作不得主。

【彙校】

〔一〕穆文熙《鈔評》題作「叔仲勸襄公如楚」，傅庚生選本題作「襄公如楚」，上海師大本因之，兹合之以見首尾完具。

〔二〕午，静嘉堂本、南監本、弘治本、李克家本作「牛」，許宗魯本作「王」，據史實當作「午」，作「牛」、作「王」者均譌。

〔三〕宋，静嘉堂本、南監本、弘治本作「朱」，後者形譌，許宗魯本已從别本改。

〔四〕明道本無首「叔」字，脱，見《左傳・文公七年》。叔仲帶，明道本作「叔孫仲帶」，衍「孫」字，見《左傳・襄公三十一年》。

〔五〕次「名」字，遞修本同，静嘉堂本、南監本、弘治本、許宗魯本俱作「行」，後者誤。

〔六〕兵甲衆，《元龜》卷七四一引同，明道本作「兵田衆」，後者字之殘也。

〔七〕義楚，各本同，秦鼎、《集解》謂其前「疑脱『非』字」，其説是。

〔八〕《標注》：「聞畏，疑當作『以畏』。」於義有理，唯不見所據。

〔九〕芊，各本同，《正字通·羊部》：「芈，《正韻》譌作『芊』，舊本混入艸部三畫，並非。」《玉篇·羊部》：「芊，彌爾切，羊鳴也。又，姓，楚之先也。」唐張參《五經文字·羊部》：「芈、芊，上《説文》，下經典相承隸省。」知「芈」、「芊」通體，「芊」則「芊」之訛，在此要不讀作「干」可也，下文凡讀作「芊（芈）」而刻作「芊」者皆徑改作「芊」，不復出注。

〔一〇〕「德」前，明道本、正統本有「我」字。乎，明道本、正統本作「也」。

〔一一〕明道本、正統本無「之」字，疑脱，《考正》：「『不』字疑當在『言』字上。」其説亦通。

〔一二〕乎，明道本作「也」，此疑問句，作「乎」稍勝。

〔一三〕楚君，明道本、正統本作「楚君臣」，《元龜》卷七四一引亦有「臣」字，據義公序本脱。

〔一四〕後，葉邦榮本、張一鯤本同，明道本、遞修本、正統本、静嘉堂本、南監本、弘治本、《增注》、秦鼎本、《四庫薈要》作「慢」，《訂字》謂當作「慢」，據義是。

〔一五〕秦鼎云：「『若從』之『若』誤。」似不可必。

〔一六〕辟，明道本、正統本作「避」，「辟」通假字，「避」本字。

〔一七〕明道本、正統本無「乎」字，據義當删。

反，及方城，聞季武子襲卞，方城，楚北山。卞，魯邑也，季武子襲之以自予〔一〕。　〇《左傳・莊公二十九年》：「凡師，有鐘鼓曰伐，無曰侵，輕曰襲。」杜注：「襲，掩其不備。」〇《補正》：方城，在葉縣南，本作「萬城」，萬，俗字「万」，故轉爲「方」。卞，在今山東兖州府泗水縣東五十里。◎志慧按：周文王之子曹叔振鐸之庶子封於卞，周敬王三十三年，前四八七年，宋景公滅卞。方城，在今河南南陽方城縣，爲楚國北境的要塞。公欲還，出楚師以伐魯。伐季氏也，言魯者，季氏專魯國。榮成伯曰：「不可。成伯，魯大夫，聲伯之子〔二〕，名欒。君之於臣，其威大矣。不能令於國，而恃諸侯，諸侯其誰暱之？暱，親也。若得楚師以伐魯，魯既不違夙之取卞也，必用命焉，守必固矣。夙，武子名也。言夙取卞時，魯人不違而從之，是爲聽用其命，必同心而守，故言「固矣〔三〕」。〇戶埼允明：言若今欲得楚師以伐魯人，然而魯人既從夙其取卞也，則必用其命焉，其守魯必固矣。雖得楚師，其利不可知也。若楚之克魯，克，勝也。諸姬不獲闚焉，而況君乎？〇《方言》：凡相竊視，南楚謂之闚。〇《經典釋文・易・觀》：闚，古規反。〇《集解》：諸姬，謂諸姬姓國也，如魯、晉、鄭皆是。◎志慧按：闚、窺爲義符更旁字。彼無亦置其同類以服東夷，而大攘諸夏，將天下是王，而何德於君，其予君也？無亦，亦也。同類，同姓也。攘，卻也。言楚亦將自置其同姓於魯以取天下，不予君也〔四〕。〇《集解》：「也」字古通「耶」。〇《校補》：《淮南子・兵略篇》：「故至於攘天下。」高誘注：「攘，亂。」《說文》：「煩擾也。」韋注失之。◎志慧按：「攘」字在上古是一個表義功能很豐富的動詞，如

「攘羊」、「攘雞」、「攘臂」、「攘袂」、「征攘」、「擾攘」等，韋注與《校補》各得其中一義。**若不克魯，君以蠻、夷伐之，而又求入焉，必不獲矣，不如予之。**予之，以卞予武子也。○穆文熙：言借楚伐卞，勝不可，不勝亦不可，故不如予之，甚得處變之權（《國語評苑》）。**夙之事君也不敢不悛。**悛，改也。**醉而怒，醒而喜，庸何傷？**庸，用也。言公欲伐魯，若人醉而怒；今止，若醒而喜也[五]，用何傷乎？　○賈逵：醉除爲醒（釋慧琳《一切經音義》卷四引）。○李光縉：「醉而怒，醒而喜」指季武子耳，蓋言夙雖有過，不敢不改以事君。其敢於襲卞也，特如醉醒，喜怒之無常，曾何足爲傷害乎？（《國語秇型》）　○《補注》：劉海峰云：「謂季孫之悛也。」　○《述聞》：庸，亦何也。○秦鼎：或云：醉醒謂季氏也，其襲卞如醉，其悛如醒，亦通，然非韋意。○《辨正》：「醉、醒」直承「不敢不悛」而來，故主語仍然是夙（季武子），「怒」與「喜」的主語纔是魯襄公。若醉、醒的主語是魯襄公，就不存在「醒而喜」之事，不討季武子，何喜之有？下條及《左傳·襄公二十九年》季武子使季冶迎襄公，亦季武子「不敢不悛」的具體表現，則悛亦「醒」也，於襄公爲可喜之事。◎志慧按：庸何，同義連文，又見於《左傳·文公十八年》：「人奪女妻而不怒，一抶女，庸何傷？」《述聞》説是，類似的用法《莊子》中作「庸詎」。**君其入也！」乃歸。**

【彙校】

〔一〕予，正統本同，明道本作「號」，似以作「予」爲長，《補正》、《集解》、上海師大本從之。

〔二〕伯，弘治本作「侍」，後者形訛。

〔三〕韋注之「矣」字，静嘉堂本、南監本同，弘治本、許宗魯本作「也」，與正文不一。

〔四〕予，明道本、正統本作「與」，義同。

〔五〕若，正統本同，明道本作「者」，後者似形訛。

5　季治不義季氏而致禄〔一〕

襄公在楚，季武子取卞，使季治逆〔二〕，季治，魯大夫，季氏之族子治也。逆，迎也。○《辨正》：使季治逆，《左傳·襄公二十九年》作「使公治問」，楊伯峻《春秋左傳注》以爲作「問」字爲優，云：「問爲問候，逆爲迎接。襄公未離楚境，且季武子亦難以知襄公還歸之日程。」其説有理，當是《國語》編者疏忽或《魯語》原始材料已誤。韋昭以季治爲魯大夫，《左傳》杜預《集解》則稱之爲「季氏屬大夫」，《左傳》又載「公治致其邑於季氏」，則季治爲季氏屬大夫無疑，韋昭但見其致襄公之禄，而不見其致邑於季氏，故有此誤。**追而予之璽書，**璽，印也。古者，大夫之印亦稱璽。璽書，璽封書也〔三〕。○賈逵：璽，封書也（釋慧琳《一切經音義》卷八十八引）。○《補正》：自漢以後，天子始獨稱「璽」。**以告曰：「卞人將叛〔四〕，臣討之，既得之矣。」**此璽書之辭也。**公未言，榮成子曰：**恐公怒，故先言也。**「子股肱魯國，社稷之事，子實制之。唯子所利，何必卞？**利，猶便也。○《校補》：《晉語八》：「祁午見，曰：『晉爲諸侯盟主，子爲正卿，若能靖端諸侯，使服，聽命於晉，晉國其誰不爲子從，何必和？』」韋注：「皆從子之命，何但和大夫乎？」何必，猶言何但。**卞有罪而子征之，子之隸也，又何謁焉？」**隸，役也。謁，告也。○《爾雅·釋言》：告、謁，請也。○《補正》：「子股肱魯國」以下數句，是代君答武子語。**子冶歸，致禄而不出，**致，歸也。歸禄，還采邑也。《傳》曰：「公冶致其邑。」**曰：「使予欺君〔五〕，謂予能也。**欺，謂璽書言卞人將叛也。**能而欺其君，敢享其禄而立其朝乎？」**享，食也。○《黄氏日抄》：魯臣謀議，雖必于典禮，抑亦其文耳。三家日强，公室日卑，禮於何在？惟季冶爲季武子紿，使迎襄公，而璽書繆以取卞，爲卞人叛。既而知其使予欺君也，致禄不出，此爲知禮。○孫應鰲：季冶先坐不知，故爲所使，後乃知之，故遂致禄（《國語評苑》）。

【彙校】

〔一〕穆文熙《鈔評》題作「公冶不義季氏」，傅庚生選本題作「季冶致禄」，上海師大本因之，今合之以見首尾完具。

〔二〕季治，《左傳·襄公二十八年》作「公治」。

〔三〕末「璽」字，明道本、正統本作「印」，《考正》據《補音》「五璽字」謂當作「印」，秦鼎亦從作「印」，據賈注，似此字衍。

〔四〕叛，明道本作「畔」，「叛」本字，「畔」通假字，次同，此處用字明道本、公序本系統與常例適相反對。

〔五〕予，弘治本作「子」，後者形訛。

6 叔孫穆子知楚公子圍有篡國之心

虢之會，諸侯之大夫尋宋之盟也，在魯昭元年。○《釋地》：虢，鄭地，本故國，鄭武公滅之，其故城在今開封府汜水縣東十里，《地理志》謂之東虢。◎志慧按：此東虢，在鄭州西滎陽，其地現有虢亭。**楚公子圍二人執戈先焉。**楚公子圍，恭王之庶子靈王熊虔也，時爲令尹。先，謂使二人執戈在前導也。○《周禮·序官》：旅賁氏，中士二人。○《正義》：《内傳》疏引《士喪禮》言君臨臣喪之禮云：「小臣二人執戈先，二人後。」是知國君之行，常有二執戈者在前也，國君亦有二戈在後，此唯言前有二戈者，當是楚公子圍不設後戈故也。蔡公孫歸生與鄭罕虎見叔孫穆子，歸生，蔡大師子朝之子子家也。罕虎，鄭大夫，子罕之孫，子展之子子皮也〔一〕。穆子，魯卿叔孫豹也。穆子曰：「楚公子甚美，不大夫矣，美，謂服飾盛也。抑君也。」似君也。○張以仁《國語虛詞訓解商榷》：此「抑」疑即「抑或」之義，疑詞也。言楚公子容儀盛美，非大夫矣，抑或君也。鄭子皮曰：「有執戈之前，○户埼允明：與「執戈先焉」同。吾惑之。」惑，疑怪也。蔡子家曰：「楚，大國也；公子圍，其令尹也。有執戈之前，不亦可乎？」穆子曰：「不然。天子有虎賁，習武訓也；訓，教也。虎賁，掌先後三而趨〔二〕，舍則守王閑，在國則守宮門〔三〕，所以習武教也。○《周禮·夏官·虎賁氏》：下大夫二人，中士十有二人，府二人，史八人，胥八十人，虎士八百人。諸侯有旅賁，禦災害也；禦，禁也。旅賁，掌執戈盾，夾車而趨〔四〕，車止則持輪，所以備非常、禁災害也。○《爾雅·釋言》：禦，禁也。○《周官·夏官·旅賁氏》：「中士二人，下士十有六人，史二人，徒八人。」賈疏：「言旅見其衆，言賁見其勇。」大夫有貳車，備承事也；貳，副也。承，奉也。事，使也。○《正義》：《禮·少儀》：「貳車者，上大夫五乘，下大夫三乘。」《哀十六年傳》「孔悝使貳車反祏於西圃」杜注：「使副車還取廟主。」是也。士有陪乘〔五〕，告奔走也。陪，猶重也。奔走，使令也。○《增注》：陪乘，僕御。○秦鼎：告，猶命也。○帆足萬里：陪乘，驂乘之類，與大夫貳車異。○《補正》：陪乘，指同坐車中之人，訓「重」未合。今大夫而設諸侯之服，有其心矣。有篡國心也。○《國語疑義新證》：服，指器用，此謂器用儀仗，即所謂「執戈之前」也。若無其心，而敢設服以見諸侯之大夫乎？將不入矣。若不見討，必爲篡，不復入爲大夫也。○《略説》：敢，忍爲也。言雖無篡國心，而忍設服如國君以見諸侯之大夫，則其君疑而討之，將不得入國。○户埼允明：無篡國之心而敢設服以見諸侯之大夫乎？必將奔佗國而不入國也。○皆川淇園：謂其不復入於國也，言必死也，與下「若楚公子，不爲君，必死」可並考。◎志慧按：依情理，《略説》、户埼允明所言誠是，唯《國語》多載時人料事如神之記載，則又似韋注、皆川氏更得《國語》文風，且有内證。夫服，心之文也。言心所好，身必服之。如龜焉，灼其中，必文於外。若楚公子，不爲君，必死，○《增注》：言不果篡奪，則將必見誅殺。不合諸侯矣〔六〕。」不復爲大夫以會諸侯也。

【彙校】

〔一〕展，明道本作「辰」，作「辰」者字之誤也。

〔二〕三，葉邦榮本同，他本皆作「王」，當係寫工或刻工之誤。「趨」下，明道本、正統本尚有「以卒伍」三字，《考正》、秦鼎據《周禮》補，是。

〔三〕「在」前，明道本、正統本有「王」字，秦鼎據《周禮・夏官》補。

〔四〕夾，《舊音》摘「俠」，云：「夾、挾二音。」《補音》：「古洽反，又胡頰反。」陳樹華校云：「韋注作『夾』，與《周禮》合，作『俠』，蓋刻本誤。」陳説有《周禮·夏官·旅賁氏》爲據，唯如果原文作「夾」，則不會再施音注作「夾」，疑《舊音》與《補音》作者所見作「俠」。

〔五〕乘，《舊音》摘「椉」，云：「則『乘』字也，」《國語》多存古字，此其例。

〔六〕合，各本唯穆文熙《鈔評》作「令」，據注，後者字之訛也。

公子圍反，殺郟敖而代之。郟敖，楚康王之子麇。麇有疾，圍縊而殺之，葬之于郟，謂之郟敖〔一〕。○《補音》：殺，申志反。郟，古洽反。○秦鼎：楚人謂未成君而死者曰敖。○《釋地》：郟，今河南汝州郟縣。○《補正》：楚人謂無號謚者曰敖，如堵敖、訾敖是也。

【彙校】

〔一〕「謂之」前，明道本有「諸侯」二字。

7 叔孫穆子不以貨私免

虢之會，諸侯之大夫尋盟未退。尋宋之盟也。○《左傳・昭公元年》杜注：宋盟在襄二十七年。○《正義》：《哀十二年傳》杜注：「尋，重也。」疏引《少牢・有司徹》云：「乃尋尸俎。」鄭注：「尋，温也。」則諸言「尋盟」者，皆以前盟已寒，更温之使熱，温舊即是重義，故以尋爲重。○秦鼎：尋，重也，猶温燖之「燖」。前盟已寒，故重之使温也。《晉語七》「申盟而退」注：「申，尋也。」季武子伐莒，取鄆，鄆，莒邑。○《左傳・昭公元年》杜注：兵未加莒而鄆服，故書取而不言伐。○《正義》：東鄆，杜注：「城陽姑幕縣南有員亭。」員，即鄆也，今山東沂州府沂水縣北鄆城是。至(於)西鄆，當在山東東平府境。莒人告于會，楚人將以叔孫穆子爲戮。楚人，令尹圍也。以魯背盟取鄆，故欲戮之。○《標注》：「楚人」者，泛辭，不當舉一人作解。晉樂王鮒求貨於穆子，樂王鮒，晉大夫樂桓子。○《集解》：貨，謂賄也。曰：「吾爲子請於楚。」穆子不予。梁其踁謂穆子曰：「有貨，以衛身也。出貨而可以免，子何愛焉？」梁其踁，穆子家臣。衛，營也。○惠棟《春秋左傳詁》卷十五：孫愐曰：「梁其踁，魯伯禽子梁其之後。」○《補正》：衛，藩也。《内傳》作「貨以藩身」，不訓營。○《集解》：愛，吝也。穆子曰：「非汝所知也[一]。承君命以會大事，大事，盟也。而國有罪[二]，我以貨私免，是我會吾私也。苟如是，則又可以出貨而成私欲乎？苟，誠也。誠復有如此事者〔三〕，則當復以私貨求免而成私欲〔四〕，私欲成，則公義廢矣。雖可以免，吾其若諸侯之事何？○《集解》：若，猶奈也。夫必將或循之，曰：『諸侯之卿有然者故也。』必將有循效我者〔五〕，言諸侯之卿當有以貨私免者。則我求安身，而爲諸侯法矣。貨免之法。君子是以患作。患作，患所作不得中〔六〕，以亂事也。○秦鼎：作，猶作俑也。所作不中，而有效之者，是爲後人之先導也，效者滋多，是明其不中也。○《補正》：作，是作俑之「作」，謂始爲之者也。作而不衷，將或導之〔七〕，衷，中也。是昭其不衷也。余非愛貨，惡不衷也。欲殺身以成義，不欲求生以害道。且罪非我之由，由武子也。爲戮何害？」何害於義。楚人乃赦之。◎志慧按：《左傳·昭公元年》所記叔孫穆子辭令與此大異，曰：「諸侯之會，衛社稷也。我以貨免，魯必受師，是禍之也，何衛之爲？人之有牆，以蔽惡也；牆之隙壞，誰之咎也？衛而惡之，吾又甚焉。雖怨季孫，魯國何罪？叔出季處，有自來矣，吾又誰怨？然鮒也賄，弗與，不已。」嗣後趙孟固請於楚，乃免叔孫。

【彙校】

〔一〕汝，正統本同，明道本《元龜》卷七三三引作「女」。

〔二〕罪，靜嘉堂本、南監本漫漶不清，弘治本、許宗魯本、穆文熙《鈔評》作「難」，《考正》謂多作

「罪」，然從許宗魯本作「難」，於義是。

〔三〕如，所見諸本多同，唯南監本漫漶不清，弘治本、許宗魯本作「治」，疑弘治本未據他本核實，據義徑補，許宗魯又襲其訛。

〔四〕明道本、正統本「則」作「即」。首「私」字，明道本、正統本作「財」，「貨」字似無限定之必要。

〔五〕效，明道本、正統本作「傚」，後者俗字。

〔六〕中，明道本、正統本作「衷」。

〔七〕導，正統本同，明道本作「道」，此處用字明道本、公序本系統與常例適相反對。

穆子歸，武子勞之，日中不出。日中，旦至日中也〔一〕。穆子怨其背盟伐莒，故不出見之。其人曰：「可以出矣。」其人，穆子家臣曾皁也。○《正義》：以其人爲曾皁，據《内傳》文。鄭樵曰：「鄫爲莒所滅，鄫世子巫仕魯去邑，而以曾爲氏。巫生皁，皁生點，點生參，事孔子。」是皁爲曾子之祖。◎志慧按：鄭樵語見《通志·氏族略二》，文字略有出入。穆子曰：「吾不難爲戮，養吾棟也。武子，正卿也〔二〕，是爲國棟。言己爲戮，魯誅盡矣，故曰「養吾棟」。○《補正》：謂我身爲戮，諸侯誅魯之罪盡於此矣，而魯之執政可免，故曰養吾棟也。夫棟折而榱崩，吾懼壓焉。壓，笮也。言季氏亡，則叔孫氏亦必亡。○《略説》：榱，桷也。榱相交棟上，直達於檐，故棟折則榱隨崩，乃在其下者必壓。○帆足萬里：此譬季子受諸侯之誅，魯國敗壞也。故曰雖死於外，而庇宗於内，可也。庇，覆也。今既免大恥，而不忍小忿，可以爲能乎？」乃出見之。○秦鼎：大恥，戮也。小忿，季子也。或云：大恥，謂出貨以免死也。○《國語疑義新證》：能，與「賢」同義。《晉語四》「諸姬之良，掌其中官。異姓之能，掌其遠官。」「能」亦賢良之義。

【彙校】

〔一〕旦，正統本同，明道本作「早」，似據後世語言習慣擅改。

〔二〕正，正統本同，明道本作「政」，《補正》曰：「政卿，即正卿。」古通。

8 子服惠伯從季平子如晉

平丘之會，晉昭公使叔嚮辭昭公，弗與盟。晉昭公，晉平公之子昭公夷也。魯昭十年，季平子伐莒，取郠，莒人愬之於晉。十三年〔一〕，晉將討魯，會于平丘，使叔嚮辭魯昭公，不與之盟。○《釋地》：平丘，衛地也，故城在今衛輝府封邱縣東四十里。◎志慧按：平丘，在今河南封丘平街村。子服惠伯曰：「晉信蠻夷而棄兄弟，蠻夷，莒也〔二〕；兄弟，魯也。其執政貳也。執政之臣有二心於莒而助之也。　◎志慧按：其時晉國盛强，數爲盟主，昭公挾悼公、平公之餘威，欲續霸業，故韋注指其執政之臣有二心於莒似易生歧義，此「貳」爲「壹」的反義，如《僞古文尚書·大禹謨》「任賢勿貳，去邪勿疑」、《荀子·天論》「脩道而不貳，則天不能禍」，斥晉不嚴華夷之辨而棄同姓之魯，與叛離義無涉。貳必失諸侯〔三〕，豈唯魯然？言不獨失魯也。夫失其政者，必毒於人，魯懼及焉，必加毒於人。不可以不恭。必使上卿從之。」從至晉謝也。季平子曰：「然則意如乎？平子，季武子之孫，悼子之子意如也，時爲上卿。若我往，晉必患我，誰爲之貳？」患，謂見執。若，如也〔四〕。貳，副也。子服惠伯曰：「椒既言之矣，敢逃難乎？椒請從。」椒，惠伯名。

【彙校】

〔一〕「十三年」之前，明道本有「昭」字，似不必。

〔二〕莒也，正統本同，明道本「也」作「人」，以下句「魯也」而非「魯人」例之，公序本優。

〔三〕貳，明道本作「貳心」，《考正》謂承上句來，不得有「心」字，《集解》亦斷其衍，皆是也，疑「心」字因「必」字而衍。

〔四〕《增注》：「本注『若，如也』三字似衍。」其説有理，然未見所據。

晉人執平子。子服惠伯見韓宣子宣子，晉正卿〔一〕，韓獻子之子起也。**曰：「夫盟，信之要也。**要，猶結也。**晉爲盟主，是主信也。若盟而棄魯侯，信抑闕矣。**闕，缺也。○賈逵：闕者，缺也（《書鈔》禮儀部二引，並引《國語》，汪遠孫輯）。**昔欒氏之亂，齊人閒晉之禍，伐取朝歌。**閒，候也。欒氏，晉大夫欒盈也，獲罪奔楚，自楚奔齊。魯襄二十三年，齊莊公納盈，不克。秋，伐晉，取朝歌。朝歌，晉邑。○《補正》：朝歌，在今河南衛輝府淇縣北，本衛地，晉取之。**我先君襄公不敢寧處，使叔孫豹悉帥弊賦**〔二〕，賦，兵也〔三〕。**踦跂畢行，無有處人，**踦跂，跰蹇也〔四〕。○賈逵：跛，蹇也（《舊音》引，汪遠孫輯）。○《舊音》：跂，丘氏反，賈本作「跛」〔五〕，布我反，注云：「跛〔六〕，蹇也。」跰蹇，《説文》、《字林》、《玉篇》、《珠叢》並無「跰」字，義與「胼」同，音盤。○葉明元《抄評》：言無安處不從軍之人也。○《古文析義》：跂，以趾行，踵不能貼地。《老子》謂「跂者不立」是也。○《補正》：《説文》：「踦，一足也。」跂，與「跛」通。◎志慧按：《古文析義》所解者乃「跂」的通假字「企」，此「跂」似非踮起腳跟的「企」，而是「𠤩」的異體字，一從匕，一從足，各取其義。《詩·小雅·大東》「跂彼織女，終日七襄」毛傳：「跂，隅貌。」《説文·匕部》：「𠤩，頃也。从匕，支聲。匕，頭頃也。《詩》曰：『𠤩彼織女。』」段注：「《小雅·大東》『跂彼織女』傳曰：『跂，隅兒。』按隅者，陬隅不正。」吴曾祺「跂」與「跛」通之説未聞，恐非，與「跛」通者似爲「𡯌」字，《廣雅・釋詁》「𡯌，蹇也。」王念孫疏證：「𡯌之言偏頗也，《説文》：『𡯌，蹇也。』經傳通作『跛』。」以從軍吏，次於雝俞〔七〕，次，舍也。雍俞〔八〕，晉地。○《左傳・莊公三年》：「凡師，一宿爲舍，再宿爲信，過信爲次。」○《釋地》：雍俞，晉地也，在今衛輝府濬縣西南。與邯鄲勝擊齊之左，邯鄲勝，晉大夫，趙旃之子須子勝也〔九〕，食采邯鄲。左，左軍也。掎止晏萊焉〔一〇〕，從後曰掎。止，獲也。晏萊，齊大夫。○賈逵：從後牽曰掎（《文選》潘安仁《藉田賦》李善注引，王、汪、黄、蔣輯）。○《左傳・襄公十四年》「譬如捕鹿，晉人角之，諸戎掎之，與晉踣之」杜注：「掎其足也。」釋文：「掎，居綺切。」○《舊音》：掎，九倚反。○《正義》：晏萊，即晏氂，萊，古音爲氂。○帆足萬里：捉一足曰掎。齊師退，而後敢還。非以求遠也，非以求遠功也。○户埼允明：是舍近齊而求遠晉。以魯之密邇於齊，而又小國也，密，比也。邇，近也。齊朝駕則夕極於魯國，極，至也。○《爾雅・釋詁》：極，至也。◎志慧按：西晉太康五年《楊紹買冢地莂》有文如下：「西極黄藤，南極山背，北極於湖。」其中之「極」皆至義，可爲之補證。不敢憚其患，○户埼允明：其患，謂遠。而與晉共其憂，亦曰：『庶幾有益於魯國乎！』益，謂得晉之助也〔一一〕。今信蠻夷而棄之，夫諸侯之勉於君者，將安勸矣？若棄魯而苟固諸侯，羣臣敢憚戮乎？○《訂字》：一説：固猶安，是。諸侯之事晉者，魯爲勉矣。若以蠻夷之故棄之，其無乃得蠻夷而失諸侯之信乎？子計其利者，小國共命。」共，敬從也。　○《補正》：共，與「恭」通。
宣子說，乃歸平子。

【彙校】

〔一〕正，明道本作「政」。

〔二〕弊，明道本、正統本作「敝」，《考正》斷作「弊」非，可從。悉帥弊賦，許宗魯本同，《元龜》卷六六三作「帥師發敝賦」，明道本作「發帥敝賦」，《考正》謂作「發」非。「師」字蓋因「帥」字連類而及，當衍；「發」與「帥」二字不必並出，二本皆有「帥」字，則明道本「發」字衍，並脱「悉」字，《白氏六帖事類集》卷二十二作「發卒敝賦」，雖然「卒」係「率」之訛，但適可證公序本系統之是。

〔三〕兵，明道本、弘治本、許宗魯本同，遞修本、靜嘉堂本、南監本作「丘」，訓「賦」作「兵」固是，然《左傳·成公元年》「爲齊難故，作丘甲」，《昭公四年》「鄭子産作丘賦」，丘爲地方基層組織之名稱，《古經解鉤沉》卷十八《左傳·成公元年》「作丘甲」引宋章如愚《山堂考索續集》云：「丘則賦之本名。」則作「丘」者亦自有據。

〔四〕跰，明道本、《舊音》、正統本作「跘」，跰蹇、跘蹇作爲聯綿字於義俱通，如「踟躕」與「躊躇」、「徘徊」與「盤桓」之類。「跰蹇」、「跰𨇤」（《莊子・大宗師》：「跰𨇤而鑑于井。」）、「跰躚」（《集韻・僊韻》：「躚，跰躚，猶蹣跚也。或省，亦作𨇤。」）相通，而「蹣」、「跘」通作，故有明道本、《舊音》、正統本作「跘」。

〔五〕跛，弘治本作「跂」，後者字訛。

〔六〕跛，遞修本作「踦」，疑涉前一字而誤，微波榭本、文淵閣《四庫》本改作「跛」，《舊音》所引賈本所作之「跛」及注作「蹇也」之「跛」，疑皆作「尳」，蓋「跛」字易明不需注，微波榭本、《四庫》本所改未必是。静嘉堂本、南監本漫漶不可識，弘治本作「蹄」，後者字訛。

〔七〕雝俞，注作「雍俞」，正統本同後者，明道本正文作「雍渝」，《左傳・襄公二十三年》作「雍榆」，皆通作也。

〔八〕雍，弘治本改同正文。

〔九〕須，許宗魯本同，《補音》出「頊」，正統本作「頊」，《考正》及《札記》引惠棟説皆謂當作「頊」，《元龜》卷六六三引正作「頊」，作「須」者傳寫之誤耳。

〔一〇〕晏萊，《左傳・襄公二十三年》作「晏氂」，陸氏《音義》：「氂，力之反。徐音來。」《説文・里部》：「釐，家福也，从里，𠩺聲。」則二字同聲部，故可通假。

〔一一〕助，明道本作「力助」，疑衍「力」字。

9 孔子論羵羊〔一〕

季桓子穿井，獲如土缶〔二〕，其中有羊焉。桓子，魯正卿〔三〕，季平子之子斯也。或云：得土如瓦缶狀〔四〕，中有土羊。昭謂：羊，生羊也，故謂之怪〔五〕。◎志慧按：《孔子家語・辨物》亦載其事，文字略有出入，可參。使問之仲尼曰：「吾穿井而獲狗，何也？」獲羊而言狗者，以孔子博物，測之也。○《發正》：時人不識獲羊，以言獲狗爲問，韋解非。對曰：「以丘之所聞，羊也〔六〕。丘聞之：木石之怪曰夔、蝄蜽〔七〕，木石，謂山也。或云：「夔一足，越人謂之山繰〔八〕，或作『𤢖』，富陽有之，人面猴身〔九〕，能言〔一〇〕。或云『獨足』。」〔一一〕蝄蜽，山精，好斆人聲而迷惑人也〔一二〕。○賈逵：罔兩、罔象，言有夔龍之形而無實體（《左傳・宣公三年》正義引，汪、蔣輯）。水怪，妭鬼也（釋慧琳《一切經音義》卷六引）。○《舊音》：繰，音騷。唐、賈、孔並同。祖沖之《述異記》作「𤢖」，富陽有之，人面，玃身，一手一足，俗云能知人姓名，必中傷之。○《補音》：《說文》、《集韻》諸書無以「繰」字爲獸鬼之名者。《切韻》有「山㺑」，字如此作，音蘇遭反。又按《神異經》：「西方深山有人，長尺餘，袒身，捕蝦蟹以食，名曰『山□〔一三〕』。」疑非此類。本或作「𤢖」，音皆一耳，唯韋公作「繰」，將別有所據？今俗間印本又輒添韋注云「富陽有之」，皆妄也，《史記》備引韋注，無此語。　○錢保塘《剳記》：宋説是也。《太平寰宇記》：富陽縣本漢富春縣，晉太元中避簡文帝鄭太后諱改富陽，是韋氏時尚無富陽之名也。　○《補正》：蝄蜽，水精，見《淮南·道應訓》注。**水之怪曰龍、罔象，**　○賈逵：水怪，妖鬼也（釋慧琳《一切經音義》卷四十一引）。　○帆足萬里：罔象，不可見之謂，蓋水虎也。**土之怪曰墳羊**〔一四〕。」龍，神獸也。非所常見〔一五〕，故曰怪。或云〔一六〕：「罔象食人，一名沐腫〔一七〕。」唐云：「墳羊，雌雄不成者〔一八〕。」　◎志慧按：本篇《孔子論獖羊》與下文《孔子論大骨》《孔子論楛矢》爲同一組材料，皆極言孔子之博雅。《説苑·辨物》《孔子家語·辨物》俱將三篇置於一處，前者依次爲大骨——楛矢——獲羊，後者依次爲獲羊——大骨——楛矢，二者皆可證三篇係以類相聚，而不宜將獲羊篇隔著八篇公父文伯之母的材料。疑後來者見開篇「季桓子」，遂機械地以時間爲序，移此篇於季平子與季康子之間。

【彙校】

〔一〕《國語精華》題作「仲尼論獖羊」，上海師大本題作「季桓子穿井獲羊」。

〔二〕《淮南子·氾論訓》高注、《後漢書·張衡傳》李賢注、《非國語》等引俱無「如」字，《考異》：「『如』字疑涉注文而衍。」《平議》疑「獲如」爲「如獲」之倒，「如」、「而」古通用，《集解》從之。《斠證》則引《史記·孔子世家》索隱引《家語》「得物如土缶」、《封禪書》「文公獲若石云」及《白帖》卷二引《國語》「獲物如缶」，謂仍其舊可也，意謂獲物如土缶也，有後出轉精之妙，尤其是「文公獲若石云」一語，見當時有此語法，可息後人之訟。

〔三〕正，正統本同，明道本作「政」。

〔四〕明道本無「狀」字，疑脱。

〔五〕明道本無「昭謂」及以下十字，《史記·孔子世家》集解引有之，黄丕烈、吴曾祺等皆謂當據補，是。

〔六〕「羊」前，《文選》張平子《思玄賦》李善注引有「墳」字，《校證》謂與下文「土之怪曰墳羊」相應。疑今傳本脱。

〔七〕蝄蜽，《莊子·齊物論》、《後漢書·馬融傳》李賢注引《國語》作「罔兩」，《史記·孔子世家》正義作「魍魎」，從虫或從鬼者皆係義符加旁字。

〔八〕「繅」下，明道本有「音騷」二字，蓋《舊音》誤入韋注。

〔九〕喉，遞修本、静嘉堂本同，弘治本從虫，明道本、正統本、南監本、葉邦榮本、《增注》作「猴」，是。

〔一〇〕《考正》：「此十三字，《史記正義》引韋注無之，宋庠亦引《史記正義》爲證，云是俗間印本妄添。案衆本皆有此注，殊失宋氏之舊。」可從。

〔一一〕《考異》謂「或云」以下文字皆非韋注，然《史記·孔子世家》正義引韋注、宋代文讜注《詳注昌黎先生文集》卷四引已有之，不敢必其爲是。

〔一二〕明道本無「好」字，疑脱。斆，《史記·孔子世家》正義引韋注作「學」，明道本作「傚」，「斆」不常見，「傚」常見，明道本喜用習見字，作「學」者亦音「傚」。

〔一三〕此字遞修本殘缺，《御覽》卷八八三引《神異經》作「獟」，《集韻·豪韻》引同，可據補。南監本補修作「繅」，後出各本同，非。

〔一四〕墳，《史記·孔子世家》、《文選·思玄賦》李善注引皆同，明道本、《孔子家語·辨物》、《説苑·辨物》《元龜》卷七九七引作「羵」，《補音》：「本或作『羵』，非也。《説文》無此字。」「羵」當爲後起的專用字或類化字，不宜以《説文》之收録與否爲判斷是非之標準。

〔一五〕明道本、正統本及《史記·孔子世家》集解引俱無「所」字，義同。

〔一六〕云，明道本、正統本作「曰」。

〔一七〕沐，《史記·孔子世家》集解引同，明道本作「休」，《考正》斷其非，是。

〔一八〕不，《文選》張平子《思玄賦》李善注引同，《史記·孔子世家》集解引唐固作「未」，《考正》從之，是。

10 公父文伯之母對季康子問

季康子問於公父文伯之母康子，魯正卿〔一〕，季悼子曾孫〔二〕、桓子之子季孫肥也。文伯，魯大夫，季悼子之孫、公父穆伯之子公父歜也。母，穆伯之妻敬姜也。曰：「主亦有以語肥也？」大夫稱主，妻亦如之。語，教誡也〔三〕。○《删補》：此「語」，猶樂語、合語之「語」也，故韋注亦云教誡也，亦古學可視焉，韋氏猶存古之遺意哉。◎志慧按：韋昭、渡邊氏所言不虚，上古之語說，與養老乞言合語制度共生，猶今之援格言、警句及前賢時哲之語以教誨，下文「君子能勞，後世有繼」正其例也。對曰：「吾能老而已，何以語子？」○皆川淇園：能老，猶云幸不死也。康子曰：「雖然，肥願有聞於主。」覬得一言可行者。對曰：「吾聞之先姑夫之母曰姑，没曰先姑〔四〕。○《爾雅·釋親》：婦稱夫之父曰舅，稱夫之母曰姑，没則曰先舅、先姑。曰：『君子能勞，後世有繼。』」能勞，能自卑勞，貴而不驕也。有繼，子孫不廢也。○户埼允明：所謂「君子勞心，小人勞力」，此也，注非。◎志慧按：勞，未見卑義，就婆婆教導兒媳婦而言，勞似當與惰相對，合於「勞」之本義；就祖輩教導作爲執政官的季康子而言，勞似當與驕相對。則是敬姜自述其家訓，韋昭引而伸之，觸類而長之，「貴而不驕」，雖未必得訓詁要領，或者正是《魯語》編者所欲揭示之大義。户埼允明說不爲無據，但置於敬姜，仍嫌不穩。

【彙校】

〔一〕正，正統本同，明道本作「政」。

〔二〕曾，明道本作「之」，正統本作「之曾」，似明道本脱「曾」字。

〔三〕誡，明道本、正統本作「戒之」，秦鼎從明道本，《考正》則以爲不必增，是。

〔四〕没，明道本作「殁」，古通。明道本無次「姑」字，脱。

子夏聞之，曰：「善哉！商聞之曰：『古之嫁者，不及舅姑，謂之不幸。』夫婦，學於舅姑者也〔一〕。」○户埼允明：不及，言不及舅姑猶存也。◎志慧按：夫，發語詞，音扶。

【彙校】

〔一〕姑者，《爾雅·釋親》疏引同，其下明道本、正統本有「禮」字，疑衍。

11 公父文伯飲南宫敬叔酒

公父文伯飲南宫敬叔酒，敬叔，魯大夫，孟僖子之子、懿子之弟南宫説也。以露睹父爲客〔一〕。睹父，魯大夫。客，上客也。禮：飲，尊一人以爲客。○《左傳·襄公二十三年》：「季氏飲大夫酒，臧紇爲客。」杜注：「爲上賓。」◎志慧按：《儀禮·燕禮》云：「與卿燕，則大夫爲賓。與大夫燕，亦大夫爲賓。」韋注謂露睹父爲大夫疑本此禮。羞鼈焉，小。羞，進也。○《爾雅·釋詁》：羞，進也。○《正義》：下文言「祭養尸，饗養上賓」，則賓、祭之二羞當同，《小雅》「炰鼈膾鯉」，《大雅》「炰鼈鮮魚」，皆天子大夫養賓之事，則諸侯大夫亦得用也。睹父怒，怒鼈小也。相延食鼈，延，進也。衆賓相進以食鼈。○《爾雅·釋詁》：延，進也。○《補正》：相，贊禮者。延，請也。◎志慧按：吴闓生於「延」義亦同《補正》之説，《爾雅》邢疏：「延者，引而進之。」則各家持論並無大異。辭曰：「將使鼈長而後食之。」遂出。此睹父詞〔二〕。◎志慧按：《禮記·内則》：「不食雛鼈，狼去腸，狗去腎，狸去正脊，兔去尻，狐去首，豚去腦，魚去乙，鼈去醜。」僅從「不食雛鱉」一語看，容易得出前文里革「澤不伐夭，魚禁鯤鮞」等重視生態保護的結論，但與下文「狼去腸……」等並觀，「不食雛鱉」等似係當時的禁忌。鄭注云：「皆爲不利人也。」其説或爲東漢人的觀念，但這種觀念並無食品與營養衛生學的依據。從下文敬姜「鼈於何有」一語看，更似在責備公父文伯太過小氣。在公父文伯，招待晚輩南宮敬叔，不妨隨意，但讓貴爲上賓的露睹父失了面子，故拂袖而去。宋人江少虞《事實類苑》卷六十一謂「公父文伯，魯人，羞鱉致客怒而出大」，亦同此解。文伯之母聞之，怒曰：「吾聞之先子先子，先舅季悼子也。○《正義》：《爾雅·釋親》：「婦稱夫之父曰舅，没則曰先舅。」稱先舅爲先子者，從其夫而稱之也。**曰：『祭養尸**〔三〕**，饗養上賓。』**言祭祀之禮，尊養尸；饗宴之禮，養上賓也。**鼈於何有？**於何有，猶何禮有鼈也〔四〕。○《存校》：言鼈至微末之物，何至以小而使客怒，注未然。○《補韋》：言何吝于鼈而用其小也。○《補正》：禮主敬，不在鼈之大小。○張以仁《國語虚詞訓解商榷》：鼈於何有，蓋即「何有於鼈」之倒句，謂何愛於鼈也（愛有愛吝之義）。◎志慧按：「……於何有」係當時常見倒裝句式，如《左傳·僖公二十八年》「勞之不圖，報於何有」，同書《哀公二十六年》「四方以爲主，而國於何有」，張説是。**而使夫人怒也！」**○《集解》：夫人，猶言此人也，指睹父。◎志慧按：「夫人」作爲代詞時，言主所指向之人不在現場，且大抵心存敬意，猶今語「那位」。**遂逐之**〔五〕。**五日，魯大夫辭而復之**〔六〕。辭，請也。◎志慧按：《列女傳》下文尚有以下文字：「君子謂敬姜爲慎微。《詩》曰：『我有旨酒，嘉賓式燕以樂。』言尊賓也。」本組叙述敬姜的八篇短文，一篇以子夏語作結，四篇以仲尼語作結，一篇以師亥語作結，准此，則似有此君子之語更爲整齊。

【彙校】

〔一〕露睹父，《古列女傳·母儀傳》、《左傳·襄公二十七年》正義作「露堵父」。露，《儀禮·燕禮》鄭注作「路」，古通。睹，《舊音》從日，並云：「善本多從日，據《説文》，從目者見也，從日者旦明也，然字畫易爲相亂，諸書又無引證，未知孰是，今從多本。」

〔二〕詞，明道本、正統本作「辭」。此四字韋注《四庫全書·國語提要》謂當在「將使鼈長」句下，而誤入「遂出」二字下，可從。

〔三〕「尸」前，《左傳·襄公二十七年》正義引有「上」字，似涉下句而衍。

〔四〕猶何禮有鼈也，《札記》據段玉裁説謂當作「猶何有於鼈也」。

〔五〕之，《列女傳》作「文伯」，於文法較勝。

〔六〕大夫，《通鑒外紀》卷九引同，明道本作「夫人」，顧廣圻影鈔明道本題跋云：「今本『夫人』作『大夫』，若是，則敬姜何以爲别於男女之禮乎？」其實，復亦不待敬姜親復，《斠證》疑明道本涉上文「使夫人怒也」而訛，是。

12 公父文伯之母論内朝與外朝

公父文伯之母如季氏，如，之也。○《爾雅·釋詁》：如、之，往也。康子在其朝，自其外朝也〔一〕。○戶埼允明：在其朝，季氏家朝也。○《翼解》：大夫之家亦稱朝，《論語》曰：「冉子退朝。」與之言，弗應；從之，及寢門，弗應而入。入康子之家。○龜井昱：入寢門也。

◎志慧按：作爲季康子的從祖叔母，敬姜兩度「弗應」，在敘述者，是當作正面敘述的，這從本組八篇借師亥、仲尼、子夏之口反覆肯定敬姜知禮可知，倒顯得季康子有逾禮之嫌了。究其原因，或者與百年之前宋襄夫人與公子鮑的緋聞有關，到敬姜與敘述者之時，禮崩樂壞更其嚴重，以致於敘述過程中有矯枉過正之嫌，祖母與孫子之間同樣横亙著男女之大防。康子辭於朝而入見，辭其家臣，入見敬姜。曰：「肥也不得聞命，無乃罪乎？」得無有罪乎？曰：「子弗聞乎：天子及諸侯，合民事於外朝，言與百官考合民事於外朝也。　○《正義》：外朝，聽朝也，即《秋官·朝士》所掌之外朝也。江永曰：「先鄭以天子雉門在庫門外，《小司寇》注亦因之，謂外朝在雉門外。康成『朝士』注云：『外朝在庫門之外，皋門之內。』此爲定説。」則謂在雉門外者非也。聽朝者，《鄉士》、《遂士》、《縣士》等所謂「職聽於朝」，《訝士》所謂「四方之獄訟」，故曰「眡四方之聽朝」，冢宰贊之，王親往而會其期，三訊、三詢皆在焉，小司寇與朝士所掌是也。　○《翼解》：戴吉士：「此外朝，在中門外庭，小司寇掌其政，朝士掌其法，斷獄蔽訟及詢非常之朝也。」並注云：「天子之諸侯曰應，諸侯之中門曰雉。」合神事於内朝；神事，祭祀也。内朝，在路門内。　○《正義》：内朝，在路門内者，燕朝也。《夏官·太僕》「王眡燕朝則正位」注：「燕朝，朝於路寢之庭。」《聘禮》「君與卿圖事，遂命使者」，亦是在内朝。　○《翼解》：此《文王世子》之内朝也，所云「其朝於公，内朝則東面北上」，注：「内朝，路寢之庭也。」蓋在路門以内路寢以外之庭，故韋説云然。若《稾人》及《玉藻》之内朝，或謂之治，或謂之正朝，或又謂外朝，則在路門之外庭，戴吉士所謂司士正其位，而君臣日見之朝。然則内朝一在路門内，一在路門外，固異朝而同名也。**自卿以下，合官職於外朝，**外朝，君之公朝。○《備考》：蓋卿大夫家自有内外朝也。○《翼解》：外朝者，謂君所設之公朝也。**合家事於内朝；**家，大夫也[二]。内朝，家朝也。○《正義》：《禮・玉藻》「揖私朝」注：「私朝，自大夫家之朝也。」《襄三十年傳》「皆自朝布路而罷」，是大夫有内朝也。◎志慧按：《翼解》以《詩・鄭風・緇衣》正義之「卿大夫夕治家事，私家之朝」指此内朝，近是，鄭知同《國語箋》更明言：「敬姜既云外朝内朝皆非吾所敢言，是明就現在季氏之家朝言之，不然，敬姜何從得至君之公朝？」可從。**寢門之内，婦人治其業焉。上下同之。**寢門，正室之門。上下，天子以下也[三]。◎志慧按：寢門，上文已出現，韋於上文失注。**夫外朝，子將業君之官職焉；内朝，子將庀季氏之政焉，**庀，治也。○賈逵：庀，猶理也（《原本玉篇殘卷・广部》引）。庀，由（猶）理也（《文選》張平子《南都賦》李善注引，王、汪、黄輯）。○《補音》：庀，匹婢反。○《略説》：攻、治曰業，此訓治。○《翼解》：此所云外朝，即君所設之公朝；内朝，即私室之朝。◎志慧按：《方言》：「紕、繹、督、雉，理也。秦晉之間曰紕。」錢繹《箋疏》：「庀與紕聲近義同。」**皆非吾所敢言也。」**○《正義》：皆，指外朝、内朝也。上注指康子在其朝爲外朝，别乎内朝而言也，則卿大夫家自有二朝。◎志慧按：關於卿大夫内外朝之制，劉台拱《補校》言之甚詳，可參，文繁不録。

【彙校】

〔一〕陳奐：「外，乃『内』之譌。」《考異》：「外，當是『内』字之誤。」胡培翬《研六堂文鈔》卷四《與陳碩甫論禘祫及〈國語〉注書》據鄭玄注《玉藻》「私朝，自大夫家之朝也」斷「外」字當是「家」字之誤，蓋因韋注常因襲鄭氏。陳奐、汪遠孫基於大夫無外朝，故作此推論，唯《魯語》正文明確指出「自卿以下，合官職於外朝」，則是不便多疑。《標注》則云：「『自』字疑『在』字訛。」公父文伯之母似不會在外朝與季康子相見，《標注》説亦不合禮制，這正是韋昭不用「在」而改用「自」字的原因，「自其外朝」而又「在其朝」，則只能是内朝了，即「辭其家臣」之朝，原文與韋注本皆不誤。

〔二〕秦鼎云：「『大夫』下疑脱『家』字。」於義是。

〔三〕以，明道本、正統本作「已」。

13 公父文伯之母論勞逸

公父文伯退朝，朝其母，其母方績。文伯曰：「以歜之家而主猶績〔一〕，言家有寵，不當績也。○《補音》：歜，昌欲反，人行〔二〕。○《存校》：注言家有寵未當，蓋言其爲大夫之家也。○《删補》：績，謂緝麻也。懼干季孫之怒也〔三〕，季孫，康子也。位尊，又爲大宗。其以歜爲不能事主乎？」

【彙校】

〔一〕下文敬姜云：「爾今曰『胡不自安？』」唯文伯之語中並無「胡不自安」四字，致文句前後針鋒不接。檢《慎子·外篇》有相同内容，首尾部分文字與此全同，其中文伯之語作：「以歜之家而主猶績，胡不自安？」敬姜責問之語則作「爾今曰『何不自安』」，前後呼應，疑「以歜之家而主猶績」下脱「胡不自安」四字。觀劉向《列女傳》卷一載同一内容也無此一句，則此四字之脱早在韋昭之前。

〔二〕人行，南監本、弘治本、陳樹華校正德十二年本同，微波榭本改作「人名」，據義是。文淵閣《四庫》本無「人行」二字，疑脱。

〔三〕干，遞修本、正統本、許宗魯本俱如此作，明道本、《御覽》卷八二六引作「忓」，《列女傳·母儀傳》作「干」，或者傳抄者以「干」爲通假字，「忓」爲本字，故從作忄，唯《説文·干部》云：「干，犯也。」《心部》云：「忓，極也。」則「干」本有犯義，韋昭於《晉語》、《鄭語》、《楚語》、《吴語》八處並注「干，犯也」，則不必以「忓」爲本字。静嘉堂本、弘治本作「于」，形訛。怒，《御覽》卷八二六引同，明道本作「怨」，《考正》、李慈銘以爲作「怒」者是，據《詩・邶風・柏舟》句「薄言往愬，逢彼之怒」，則是也。

其母歎曰：「魯其亡乎！使僮子備官而未之聞邪〔一〕？僮，僮蒙不達也。言已居官而未聞道。　○《舊音》：古以「童」字爲隸，以「僮」爲稺，與今反〔二〕。　○《標注》：聞道太重，蓋但謂下文云云之理而已。　○《補正》：僮，古「童」字，《玉篇》：「僮，幼迷荒者。」居，吾語女。居，坐也。昔聖王之處民也〔三〕，　○《集解》：處，猶處理也。擇瘠土而處之〔四〕，墝确爲瘠〔五〕。　○賈逵：墝，薄也（釋慧琳《一切經音義》卷八十四引）。　○《舊音》：墝埆，上口交反，下確、學二音。　○《補音》：埆，苦學反〔六〕，若從學，即胡角反。勞其民而用之，故長王天下。瘠土利薄，又勞而用之，使不淫逸；不淫逸則向義，故長王天下也。　○帆足萬里：勞，勞勉也。夫民勞則思，思則善心生；民勞於事，則思儉約，故善心生。　○《增注》：思，善思慮而不生惰性也。逸則淫〔七〕，淫則忘善，忘善則惡心生。　○賈逵：佚，樂也（出處見本則校勘記）。沃土之民不材，淫也〔八〕；沃，肥美也。不材，器能少也。瘠土之民莫不嚮義〔九〕，勞也。善心生，故嚮義也。是故天子大采朝日，與三公、九卿祖識地德；禮：天子以春分朝日，示有尊也。虞説云〔一〇〕：「大采，衮織也〔一一〕。祖，習也。識，知也。地德，所以廣生。」昭謂：《禮・玉藻》〔一二〕：天子玄冕以朝日。玄冕〔一三〕，冕服之下，則大采非衮織也。《周禮》：王搢大圭〔一四〕，執鎮圭，藻五采五就以朝日。則大采謂此也。言天子與公卿因朝日以脩陽政而習地德，因夕月以治陰教而糺天刑〔一五〕。日照晝，月照夜，各因其明以脩其事也〔一六〕。○孔晁：大采，謂袞冕（《禮記・玉藻》正義引，汪、黄輯）。○《刪補》：一匝爲一就。五采，朱、白、蒼、黄、玄也。○《略説》：祖，祖述之「祖」，法也。地德，生育百物也。○皆川淇園：《禮・鄉飲酒義》「亨狗於東方，祖陽氣之發於東方也」鄭注：「祖，法也。」地德，地承天而載物之德也，人迎日而各致其敬，乃祖識之事也。識，讀作「式」，式、識相通。○《補韋》：祖，始也。識，記也。仲春，陽氣烝，土脈發，始記農功之所宜也。○董作賓《董作賓先生全集（乙編）》：兹以武丁及文武丁兩世之卜辭爲例，其紀時之法，曰明，曰大采，曰大食，曰中日，曰昃，曰小食，曰小采。一日之間分七段，夜則總稱之曰夕也。◎志慧按：玄冕，《玉藻》原作「玄端」，鄭玄注：「端，當爲『冕』，字之誤也。」韋解從之。搢，今傳《周禮・春官・典瑞》作「晉」；藻，作「繅」。鄭衆注：「晉，讀爲搢紳之『搢』。繅，讀爲藻率之『藻』。」韋注皆依鄭注。「天子以春分朝日」句，《南齊書・志・禮上》屬之馬融，《典瑞》鄭玄注：「天子常春分朝日，秋分夕月。」鄭承師説。此係禮家經典之説，故韋昭用「禮」字撮出。

日中考政，與百官之政事〔一七〕，**師尹惟旅、牧相宣序民事**〔一八〕；宣，徧也。序，次也。三君云〔一九〕：「師尹，大夫官也，掌以美詔王〔二〇〕。惟，陳也。旅，衆士也。牧，州牧也。相，國相也。皆百官政事之所及也。」一曰：「師尹，公也。《詩》曰〔二一〕：『赫赫師尹。』」　○《略説》：惟，是。旅，陳也。言師尹是陳於牧相所宣序之民事也。　○《補韋》：師，六官之貳。《周官》：「二曰師，掌官成以治凡。」是也。尹，一官之正，如膳夫、太僕之類。旅，衆士也。牧，都鄙之長。相，都鄙之屬，《周官》所謂立其兩、設其伍、陳其殷也。蓋天子與公卿考百官之政事而師尹及衆士都鄙之長及其屬則宣序民事。惟，助語辭。　○《補注》：師尹，庶官之長也。旅，陳也。牧，治民者。相，其副也。言天子考百官政事之時，庶官之長則惟陳奏其事，牧相則宣達民事於天子。　○《述聞》：政事之「政」讀曰「正」，長也。《説文》曰「事，職也」，百官之政事爲百官府之爲長官及任群職者。注訓惟爲陳，亦失之。　○《增注》：師與尹皆長官大夫，惟旅猶亞旅，謂衆大夫也，《書》曰「亞旅師氏」，相輔弼也。　○《正義》：《周官》具在，並無以相名官者。隱五年《公羊傳》：「天子三公者何？天子之相也。」何注：「相，助也。」則相非官名。《月令》「命相布德和令」，相之官始見於經，然此秦制，非周制，豈得引以釋敬姜之語？蓋牧，養也；相，助也。言庶尹及衆士於王養民之事當共爲贊助之，而旬宣次第之，以布於天下也。　○秦鼎：惟，陳也，未詳。**少采夕月，與太史**[二二]、**司載糾虔天刑**[二三]；夕月以秋分。糾，共也[二四]。虔，敬也。刑，法也。或云：「少采，黼衣也。」昭謂：朝日以五采[二五]，則夕月其三采也。載，天文也。司天文謂馮相氏[二六]、保章氏[二七]，與太史相儷偶也。此因夕月而共敬觀天法[二八]、考行度以知妖祥也[二九]。　○孔晁：少采，謂黼衣（《禮記・玉藻》正義引，汪遠孫輯）。　○《周禮・典瑞》「繅皆三采三就」賈疏：三采，朱、白、蒼。二采，朱、緑也。

○《古文析義》：下文各敘出朝晝夕月，不應屬春分、秋分，即所謂地德、天刑，亦言每日之刑賞，如此，若據舊注，則本文以日中繫春分，日入繫秋分，説不去矣。○《存校》：禮：春分，朝日於東郊。秋分，夕月於西郊。《國語》所云端是朝日夕月，乃日日爲之矣。即如終奉郊、禘之粢盛，亦非日日之事也。此等處注皆略之。○《略説》：糾，察也。月，陰，陰主肅殺，故曰天刑。○戶埼允明：天刑，殺伐之氣。○《補韋》：補正：「司載，疑即《秋官》『司民以歲登下萬民死生之數』，故又名司載。刑以秋冬，故秋分之後。糾虔之太史與司載聯事者，太史嘗建六典，正歲年頒之于官府也。」○《正義》：馮相與保章相儷，非馮相、保章與太史相儷也，太史，下大夫；馮相、保章皆中士，皆其所屬，故以司載之事統歸太史也。○秦鼎：載，天文也，未詳。《晉語解》云：「載，祀也。」馮相、保章，皆見《周禮》。三采，朱、白、蒼也。林云：「朝日、夕月與下文朝修、夕省皆謂每日勤政，不必屬二分。」得之。○帆足萬里：《晉語解》云：「載，祀也。」糾，正也。◎志慧按：董作賓《殷曆譜》認爲大采爲朝，小采爲夕。董蓮池、王彩雲《〈國語〉韋昭注匡謬一則》繼董作賓之後亦謂「大采」、「少（小）采」當爲一日時辰之名，非天子禮服，梅晶《先秦「傍晚」語義場研究》更指小采爲下午一餐後至太陽落山之間的一段時間，三文基於新材料的運用，俱有後出轉精之妙。**日入監九御，使潔奉禘、郊之粢盛，**監，視也。九御，九嬪之官，主粢盛、祭服者。○《述聞》：此與《昏義》不同，《昏義》九嬪次於三夫人之下，此則有九嬪而無三夫人，非有其人而不列於此也。《周禮》無三夫人明矣，《周語》「內官不過九御」，《魯語》「日入監九御，使潔奉禘、郊之粢盛」，韋注並云：「九御，九嬪。」《月令》「后妃帥九嬪御」，乃禮天子所御，皆言九嬪而不及夫人，與《周禮》合。蓋三夫人之有無，經傳所言各異，解者各如其本書以説之可矣，必欲合以爲一，則治絲而棼之也。而後即安。即，就也。○《略説》：下文各敘出朝晝夕夜，則此段朝日、夕月不應屬春分、秋分，即所謂地德、天刑亦言每日之刑賞。諸侯朝脩天子之業命，業，事也。命，令也。晝考其國職，夕省其典刑，典，常也。刑，法也。夜儆百工〔三〇〕，使無慆淫〔三一〕，而後即安。儆，戒也。工，官也〔三二〕。慆，慢也。○《補音》：慆，土刀反。卿大夫朝考其職，在公之官職。晝講其庶政，夕序其業，序，次也。○秦鼎：講，講習也。夜庀其家事，而後即安。庀，治也。○賈逵：庀，由（猶）理也（《文選》張平子《南都賦》李善注引，蔣曰豫輯）。○《補注》：列士在朝者自與卿大夫同，此士謂方學者，受業、講貫皆言爲學也。○秦鼎：庀，治之使具也。士朝而受業〔三三〕，受事於朝。晝而講貫〔三四〕，貫，習也。○《爾雅·釋詁》：貫，習也。○《翼解》：講貫，即講習，《易》曰：「君子以朋友講習。」夕而習復，復，覆也。夜而計過無憾〔三五〕，而後即安。憾，恨也。凡此者先公後私之義〔三六〕。○秦鼎：無憾，謂省己所爲無恨悔也。自庶人以下，明而動，晦而休，無日以怠。晦，冥也。○《爾雅·釋言》：晦，冥也。

【彙校】

〔一〕秦鼎引或説云：「使，當爲『汝』，誤寫也。『汝童子』句，『備官而未之聞邪』句。『而』訓『汝』，亦通。然非韋意也。唯《列女傳》亦與今本同。」邪，明道本作「耶」。指「使」爲「汝」之誤，無據。

〔二〕反，遞修本原作「皮」，形訛，兹據微波榭本、文淵閣《四庫》本改。

〔三〕《古列女傳》卷一、《慎子·外篇》同，《左傳·成公六年》正義引「昔」下有「者」字。

〔四〕《慎子·外篇》同，《左傳·成公七年》正義引「處」作「居」，義通：不僅如此，戰國文字中，「居」、「處」二字常通作，如《老子》第二章「聖人處無爲之事」，《郭店楚簡·老子甲》「處」書作「居」；第八章「處衆人之所惡」，馬王堆帛書甲乙本「處」亦作「居」。

〔五〕墝确，遞修本同，《補音》出「埆」，正統本亦作「埆」，明道本二字皆從石，文獻中二字或從石，或從土，皆義符更旁字也，於義皆通，該詞在今浙東一帶仍在使用，上或音燒，下音確，兼土地貧瘠和乾燥二義。

〔六〕苦學反，微波榭本同，文淵閣《四庫》本作「苦角反」，孔繼涵云：「元板亦作『苦學反』，校本改『苦角反』。」知作「角」者，陳樹華所改。

〔七〕逸則淫，敦煌卷子伯二四九四《楚辭音》引作「佚則淫」，且引賈逵注：「佚，樂也。」逸、佚通。

〔八〕淫也，《慎子・外篇》、《古列女傳・母儀傳》、《通鑒外紀》卷九、《文選・西京賦》李善注引同，《左傳・成公六年》正義引作「逸也」，《述聞》謂據文法當作「逸」，各本唯《集解》和上海師大本作「逸也」，疑從《左傳正義》和王説徑改。

〔九〕嚮，《左傳正義》、《文選》張平子《西京賦》李善注引作「向」，「向」、「嚮」古今字。

〔一〇〕云，明道本、正統本作「曰」。

〔一一〕織，明道本作「職」，次同，秦鼎從之。

〔一二〕玉，静嘉堂本、南監本、弘治本作「王」，字殘。

〔一三〕明道本無「玄冕」二字，李慈銘斷其脱。

〔一四〕王，明道本作「王者」，今本《周禮・春官・典瑞》無「者」字，「搢」作「晉」，「搢」本字，「晉」通假字。遞修本王作「玉」，形訛。

〔一五〕治，明道本、正統本作「理」，疑避唐高宗諱。

〔一六〕明，明道本、正統本作「照」，似涉上「照」字而誤。

〔一七〕與，《禮記・禮運》「選賢與能」，《大戴禮記・主言》、《管子・侈靡》皆作「選賢舉能」，「與」和「舉」，或云古字通用，或云「與」讀爲「舉」，亦或「與」爲「舉」之殘，文獻用例頗多，不敢必其一爲是。

〔一八〕惟，明道本、正統本作「維」，注同，古通。斷句從《正義》之解。

〔一九〕君，各本唯静嘉堂本、南監本、弘治本作「羣」，南監本誤，弘治本自前二者出，襲其誤。

〔二〇〕詔，《左傳・昭公十年》正義、《尚書・顧命》正義同，明道本作「制」，疑後者誤。

〔二一〕曰，遞修本、南監本同，明道本、《正義》作「云」。

〔二二〕太史，正統本同，明道本作「大史」，注同，與二本用詞常例適相反對。

〔二三〕刑，静嘉堂本、南監本、弘治本作「刅」，形訛，三本韋注仍作「刑」。

〔二四〕共，正統本同，明道本作「恭」，《三國志・武帝紀》裴注、《文選・册魏九公錫文》李善注引韋注作「察」。

〔二五〕采，弘治本作「就」，後者誤。

〔二六〕明道本無「氏」字，疑脱。

〔二七〕章，弘治本作「意」，形訛。

〔二八〕明道本無「此」字。共，明道本、正統本作「恭」。

〔二九〕妖，静嘉堂本、南監本、弘治本作「沃」，後者形訛。

〔三〇〕百工，《記纂淵海》闕儀部之一引作「百官」，《校證》謂引韋解爲正文耳，是。

〔三一〕慆，《記纂淵海》作「滔」，用其通假字也。

〔三二〕官，静嘉堂本、南監本、弘治本作「宫」，形訛。

〔三三〕明道本無「而」字，《令集解》卷三引《國語》有「而」字，並云「子將業君之官職也」，或係舊注，《孝經疏》引《國語》亦有之。

〔三四〕《舊音》：「貫，或作『慣』。」

〔三五〕訃，《中論·譴交》、《説文解字繫傳·夕部》「夤」下、《文章正宗》卷六引同，《古列女傳·母儀傳》作「討」，《述聞》據此謂作「討」者義長，並引《公羊傳·隱公四年》注「討，除也」爲説。《備考》亦以「討」爲是。但不知爲何僅僅在晚上除過，《斠證》已有見於此，且《管子·立政》有「三月一復，六月一訃，十二月一著」之説，與此段文字義近，故疑作「討」者形訛。

〔三六〕者，明道本、正統本作「皆」，秦鼎從明道本，是。

「王后親織玄紞，説云：「紞，冠之垂前後者。」昭謂：紞，所以縣瑱當耳者〔一〕。　○賈逵：紞，冠垂者也（《原本玉篇殘卷·糸部》引）。　○《舊音》：紞，丁感反。　○《補音》：紞，經典多敢反，《字林》丁坎反，《舊音》從《字林》。　○郭萬青《〈原本玉篇殘卷〉引〈國語〉斠證》：《説文·糸部》：「紞，冕冠塞耳者。」段注：「紞所以縣瑱，瑱所以塞耳者也。」若爲塞耳，紞則當是垂冠兩旁而非前後。**公侯之夫人加之以紘、綖，**既織紞，又加之以紘、綖也〔二〕。冕曰紘。紘，纓之無緌者也，從下而上，不結〔三〕。綖，冕上之覆也〔四〕。○《舊音》：紘綖，上音宏，下音延。○《補音》：紘綖，上獲耕反，下弋然反，《字林》弋善反。○《刪補》：紘，冠冕之繫，以組爲之，自頷下屈而上屬於兩旁之笄，垂餘者爲纓，天子朱，諸侯青，大夫、士緇。**卿之内子爲大帶**，卿之適妻曰内子。大帶，緇帶也。○任大椿《弁服釋例》：《玉藻》：「大夫素帶，裨垂。」又曰：「襍帶，大夫玄華，士緇辟。」然則緇帶，士帶也，故《士冠禮》、《士喪禮》陳士帶皆曰緇帶。卿之内子所爲之帶當素帶，辟以玄華，韋昭云緇帶，誤也。**命婦成祭服**，命婦，大夫之妻也。祭服，玄衣、纁裳。○陳奂《詩毛氏傳疏·葛覃》：韋注與《七月傳》同，《禮器》「士玄衣、纁裳」，此士統大夫言，大夫祭服玄冕玄衣，而冕亦纁裳。士無冕，唯爵弁爲異耳。《正義》謂大夫玄冕，受之於君，妻所成者，自祭之〈朝〉服，則以祭服、朝服合爲一，誤。**列士之妻加之以朝服**，列士，元士也。既成祭服，又加之以朝服也。朝服，天子之士皮弁素積，諸侯之士玄端委貌。○任大椿《弁服釋例》：列士助祭之服爵弁，亦玄衣、纁裳。士之妻既織此爵弁服，而又加之以朝服，「加之」二字蒙上「成祭服」爲文，謂士妻不僅如大夫命婦成祭服而已。是「祭服」、「朝服」二文對舉，顯爲二服，《葛覃疏》誤。○《補注》：列士，有職官者。庶士，乃未有職者，故無朝服，所事則受業、講貫，學者之事也。○《正義》：《周禮·司服》「眂朝則皮弁」服注：「眂朝，眂内外朝之事。皮弁之服十五升，白布衣，積素以爲裳。」諸侯視朝，君臣同服，推之天子，亦當君臣同服，故士亦皮弁素積也。諸侯之士朝服玄冠、緇布衣、素裳，《士冠禮》、《特牲饋食禮》可據，今云玄端，則上士玄裳，中士黄裳，下士雜裳，而非素裳，韋解與《周禮注》異矣。　○秦鼎：積，猶辟也。以素爲裳，辟蹙其要（腰）中。

自庶士以下皆衣其夫。庶士，下士也。下，至庶人。　○《正義》：《詩·大雅》疏：「庶士，謂庶人在官者。」故《祭法》曰：「官師一廟，庶士、庶人無廟。」注：「官師，中士、下士、庶士、府史之屬。」庶士與朝服異文，則亦府史之屬。韋解云下士，非也。此庶士下至庶人，其妻各衣其夫，則夫之所服，妻悉爲之也。　◎志慧按：「庶士，謂庶人在官者」見載《詩·葛覃》疏，董氏偶誤。社而賦事，烝而獻功，社，春分祭社也。事，農桑之屬也。冬祭曰烝，烝而獻五穀、布帛之功也〔五〕。◎志慧按：《文選》吴季重《在元城與魏太子箋》「賦事行刑」劉良注：「賦，布也。」其義可移用於此。男女效績，愆則有辟，古之制也。績，功也。辟，罪也。　○《爾雅·釋詁》：辟，辠也。君子勞心，小人勞力，先王之訓也。自上以下，誰敢淫心舍力？今我寡也，爾又在下位，下位，下大夫也〔六〕。朝夕處事，猶恐忘先人之業，處事，處身於作事也。　○《發正》：處，讀如「智者處物」之「處」，處事，辨事也，韋注迂迴。　○《補正》：處事，謂處置諸事也，注近曲。況有怠惰，其何以避辟？上言「愆則有辟」，故言「何以避辟」。　○《集解》：有，讀爲「又」，古通用。吾冀而朝夕脩我曰：『必無廢先人。』冀，望也。而，汝也〔七〕。脩，敬也〔八〕。　○賈逵：覬，望也（《文選》王仲宣《登樓賦》李善注引，並謂「『冀』與『覬』同」，汪、蔣輯，蔣同時將此條置於《越語下》「其事將易冀也」下）。○《輯存》：「冀」、「覬」古字通用。爾今曰『胡不自安』，欲使我不績而自安。以是承君之官，余懼穆伯之絶祀也〔九〕。」承，奉也。以是怠惰之心奉君官職〔一〇〕，無以避辟，將見誅絶也。◎志慧按：絶祀，謂香火不繼，未必爲誅絶。

【彙校】

〔一〕縣，明道本、正統本作「懸」，「縣」、「懸」古今字。

〔二〕又，明道本、正統本作「復」，明道本並無「以」字。

〔三〕秦鼎謂「不」字衍，但他本皆有。《正義》稿本作「不」，刊本作「下」，後者訛。

〔四〕之覆，明道本作「覆之者」。

〔五〕功，明道本作「屬」。

〔六〕明道本無「下」字，脱。

〔七〕汝，明道本作「女」。

〔八〕敬，明道本、正統本作「儆」，户埼允明謂修飾之義，秦鼎謂公序本誤，皆是也。

〔九〕祀，《文章正宗》卷六引同，明道本、正統本與《慎子·外篇》、《古列女傳·母儀傳》皆作「嗣」，於語用似後者稍勝，於義則兩通。

〔一〇〕惰，明道本作「墮」，疑後者誤。

仲尼聞之曰：「弟子志之，志，識也。季氏之婦不淫矣。」○秦鼎：淫，即上文「逸則淫」之「淫」。○《集解》：淫，汰也。汰，謂驕也。

14 公父文伯之母別於男女之禮

公父文伯之母，季康子之從祖叔母也。祖父昆弟之妻。○《補正》：敬姜，穆伯妻。穆伯是季平子之弟，故於康子爲從祖叔母。康子往焉，闖門與之言，闖，闢也。門，寢門也。○賈逵：闖，闢也，猶開也（釋慧琳《一切經音義》卷十九引）。○《舊音》：闖，尤彼、尤逼二反。○《廣韻》平聲佳韻：闖，斜開門。《國語》云：「闖門而與之言。」又，玉詭切。○《補音》：《説文》並諸韻曰（但）有韋委反〔一〕，未見作尤逼者，《舊音》或別有據。○《標注》：門，指房室之闥也，非寢門，下注「不出門」亦是。皆不踰閾。閾，門限也〔二〕。皆，二人也。敬姜不踰閾而出，康子不踰閾而入。《傳》曰「婦人送迎不出門，見兄弟不踰閾」是也〔三〕。○《正義》：閾，亦名梱，《曲禮》「外言不入於梱」是也。◎志慧按：《傳》文見《左傳・僖公二十二年》：「君子曰：婦人送迎不出門，見兄弟不逾閾，戎事不邇女器。」簡朝亮《尚書集注述疏》卷二十六謂係古制，疑是俗而非制。**祭悼子，康子與焉，**悼子，穆伯之父、敬姜先舅也。與，與祭也。**酢不受**〔四〕，**徹俎不宴，**《禮》：祭，主人獻賓，賓酢主人。不受，敬姜不親受也。祭畢徹俎，又不與康子宴飲〔五〕。○《補音》：徹，通作「撤」。**宗不具不繹，**繹，又祭也。唐尚書云：「祭之明日也。」昭謂：天子、諸侯曰繹，以祭之明日〔六〕；卿大夫曰賓尸，與祭同日。此言繹者，通言之也〔七〕。賈侍中云：「宗，宗臣，主祭祀之禮。不具，謂宗臣不具在，則敬姜不與繹也。」○《爾雅・釋天》：繹，又祭也。○《略説》：此蓋宗人也，賈云宗臣，恐非。或云：不具，謂宗族不具在。○《正義》：繹，即賓尸也。宗，宗臣。「主祭祀也」者，《周禮・春官》「家宗人掌家祭祀之禮」，不具，不備其人，猶《襄二十九年傳》「三耦不具」之類。不繹，謂不敢舉賓尸之禮也。◎志慧按：韋用鄭玄《三禮目録》義。唐固、韋昭、董增齡諸説皆各有當，蓋季康子身爲大夫，於主祭之後當天再行賓尸之禮。**繹不盡飫則退。**説云〔八〕：「飫，宴安私飲也。」昭謂：立曰飫〔九〕，坐曰要〔一〇〕。言宗具則與繹，繹畢而飲，不盡飫禮而退，恐有醉飽之失，皆所以遠嫌也。○《詩・小雅・常棣》「飲酒之飫」鄭箋：不脱屨升堂謂之飫。○《略説》：飫，饜也，言賓尸之宴，飲者不盡饜飫而退。立飫則惟王公有之，未可妄施大夫之堂。○《補韋》：補正：「天子諸侯有内外宗，佐后夫人薦徹籩豆，卿大夫之祭亦宜有宗女贊事，《記》所謂「觀於祭祀」，《禮》相助奠，《詩》所謂「有齊季女」，皆是也。舊説宗臣則不應曰「不具」，蓋敬姜寡也，必宗女盡至乃行繹祭之禮，又不盡飫而退耳。」○《發正》：此條當以舊説爲長。繹祭之飫與立成之飫不同，《詩·常棣》「飲酒之飫」毛傳云：「飫，私也。」《韓詩》作「醧」（見《文選注》），《説文》：「醧，私宴飲也。」正本《國語》舊説。「醧」、「飫」古通用。《詩·楚茨》「諸父兄弟，備言燕私」毛傳云：「燕而盡其私恩。」《尚書大傳》：「宗室有事，族人皆侍終日。大宗已侍，于賓奠，然後燕私。燕私者何也？祭已而與族人飲也。不醉而出，是不親也。醉而不出，是渫宗也。」《初學記》引《韓詩説》云：「跣而上坐者，謂之宴。能飲者飲之，不能飲者已，謂之醧。」若立成之飫不盡，同姓且建大德、昭大物，豈所施於繹乎？韋宏嗣主立成之飫，意用鄭《小雅箋》説。《小雅》飲酒之飫，亦非立成之飫，鄭亦誤。○《補正》：飫，與「醧」通，故有私宴飲之義，與立成之飫義迴别。

【彙校】

〔一〕旦，南監本、弘治十五年本、正德十二年明德堂本同，微波榭本作「止」，文淵閣《四庫全書》本作「但」，疑作「旦」者字殘，作「止」、作「但」者疑皆以意爲之。

〔二〕門限，正統本同，明道本無「門」字，疑脱。

〔三〕明道本、正統本無「是也」二字。

〔四〕酢，明道本作「胙」，注同，《考異》：「依注，作『酢』爲是。」可從。
〔五〕明道本無「又」字，據義疑脱。
〔六〕明道本無「之」字，疑脱。
〔七〕明道本無「之」字，亦疑脱。
〔八〕云，明道本、正統本作「曰」。
〔九〕飫，明道本作「飲」，李慈銘斷後者訛，是。
〔一〇〕要，葉邦榮本、張一鯤本、李克家本、盧之頤本同，他本如明道本、遞修本、正統本、静嘉堂本、南監本、弘治本、許宗魯本、《增注》、秦鼎本皆作「宴」，可從，作「要」者字之訛也，《訂字》已揭其非。

仲尼聞之，以爲别於男女之禮矣。

15 公父文伯之母欲室文伯

公父文伯之母欲室文伯，室，妻也。○《補正》：爲之成室也。饗其宗老，家臣稱老。宗，宗人，主禮樂者也。《楚語》曰：「屈到嗜芰，有疾，屬其宗老曰：『祭我必以芰。』」○《增注》：

宗老，同姓之家老也，非官名也。　○《正義》：《禮・王制》疏引崔氏曰：「饗則體薦而不食，爵盈而不飲，依尊卑爲獻，〈數〉取數畢而已。」家臣稱老者，《襄二十一年傳》欒氏之老州賓、《哀十五年》孔氏之老欒寧是也。　○帆足萬里：宗老，蓋宗臣之長也。下文「宗臣」，乃衆宗臣也。**而爲賦《緑衣》之三章。**《緑衣》，《詩・邶風》〔一〕也。其三章曰：「我思古人，實獲我心。」〔二〕以言古之賢人，正其室家之道〔三〕，我心所善也。　○《補正》：此韋誤以四章爲三章也。《緑衣》三章「我思古人，俾無訧兮」傳：「尤，過也。」箋：「古人，謂制禮者。我思此人，定尊卑，使人無過差之行。」語意正與下「謀而不犯」合。　◎志慧按：《舊音》出「緑衣」〔四〕，並引鄭注云：「緣，士奐反。」《詩・緑衣》鄭箋：「『緑』，當爲『褖』，故作『褖』，轉作『緑』，字之誤也。」《毛詩正義》從之，於義皆是也，唯經傳相沿既久，今所見各本《國語》俱誤作「緑」。**老請守龜卜室之族。**守龜，卜人也。族，姓也。　○《述聞》：守龜，指龜言之，世守之龜也。　○秦鼎：室之族，猶言誰氏之女也，言娶何姓，吉否。**師亥聞之，**師亥，魯樂師之賢者。　◎志慧按：指師亥爲樂師，疑韋昭據師曠、師摯、師襄等之類推，至於指其爲「魯樂師之賢者」，不知其何所據而云然，存疑可也。**曰：「善哉！男女之饗，不及宗臣；**賈侍中云：「男女之饗，謂宴相饗食之禮〔五〕，不及宗臣。」昭謂：即上章所謂「徹俎不宴」是也〔六〕。**宗室之謀，不過宗人。**虞、唐云：「不過宗人，則不與他姓議親親也〔七〕。」昭謂：此宗人，則上「宗臣」也〔八〕。亦用同姓，若漢宗正用諸劉矣〔九〕。凡時男女之饗，不及宗臣，至於謀宗室之事，則不過宗臣。

故敬姜欲室文伯而饗其宗老，賦《詩》以成之也。○《略說》：宗老之「宗」，韋說失考。○户埼允明：蓋古禮典之語。「宗不具」之「宗」，宗族可與祭者也。宗老，宗家之老臣也。宗臣，宗家之臣也。宗人，宗家之親親〔一〇〕、同姓者也。舊注不問親族之遠近，於是乎窮矣。○《增注》：宗人，凡謂同族之人。**謀而不犯，微而昭矣。**不犯，不犯禮也。微而昭，《詩》以合意也。○皆川淇園：宗人未爲之先謀，而文伯之母歌詩以動之，故「謀而不犯」。**詩所以合意，歌所以詠詩也。今詩以合室，歌以詠之，度於法矣。**」合，成也。○秦鼎：合意，謂彼我之意合也，意合則事成，故又訓成合室，謂欲室之意，由詩以相合也。室，疑「意」誤。○《集解》：度，準也。

【彙校】

〔一〕邶，《補音》、明道本、正統本作「鄁」。

〔二〕所引詩在《邶風·緑衣》之第四章，秦鼎謂古「四」書作「亖」，故相混，其説有理。

〔三〕明道本無「其」字，疑脱。

〔四〕此遞修本誤，據注文當作「緣」。

〔五〕宴相，各本同，然不辭，疑「相」爲「俎」之訛。

〔六〕明道本無「即」字，明道本、正統本次「謂」字作「云」。

〔七〕明道本無「則」字，疑脱，正統本有之。

〔八〕上，明道本作「正」，後者訛。

〔九〕宗正，靜嘉堂本、南監本、弘治本、許宗魯本作「宗臣」，最初者涉上「宗臣」而誤，後來者襲其誤。

〔一〇〕親親，疑當作「親族」。

16 公父文伯卒其母戒其妾

公父文伯卒，其母戒其妾曰：「吾聞之：好內，女死之；好外，士死之。今吾子夭死，吾惡其以好內聞也。二三婦之辱共先祀者〔一〕，辱，自屈辱，共奉先人之祀者。○賈逵：辱，恥也（釋慧琳《一切經音義》卷八引）。請無瘠色，毁瘠之色。無洵涕〔二〕，無聲涕出爲洵涕也。○賈逵：洵，彈也（《舊音》引，汪遠孫輯）。○《經義叢鈔》：洵，即「泫」字，《禮記·檀弓》：「孔子泫然流涕。」無搯膺〔三〕，搯，叩也。膺，胷也。○賈逵：搯，叩也（釋慧琳《一切經音義》卷九十四引）。○《舊音》：搯，音叨。○《補音》：搯，土刀反。無憂容，◎志慧按：此句費解。初以爲「無憂容」之「無」爲誤字，檢各本同。從整齊的句式與上下文看，當非誤字。爲塑造文伯知禮的形象，居然剥奪文伯之妾悲痛的天性，不知後者如何能做到無瘠色、無憂容。對比《論語》中孔子關於禮的表述，更多彈性，也容易校正，這一組八篇有關敬姜的材料則僵化得多。原敬姜本人也未必如此冬烘，疑爲七十二子後學所托。其後，《禮記·檀弓》《孔子家語·正論》《曲禮子貢問》和《子夏問》等篇一再轉述，至《孔子叢子·記義》甚至敷演成「内人從死者二人」，在《韓詩外傳》卷一，這位公父文伯又成爲孔子的追隨者，曰：「吾（敬姜）使之事仲尼，仲尼去魯，送之不出魯郊，贈之不與家珍。」至劉向《列女傳》遂成大觀。凡此，皆係當時的禮教敘述，不宜視爲歷史敘述，然其影響於後世者至深且巨，且極具警示意義：人類爲了抵達更高階的目標，展開更宏大的敘事，往往會忽視常識，有時是有意的，有時則幾乎出於本能。特别是當這種目標成爲群體價值時，這種敘述也就成爲一種道德與政治正確的呈堂證供。伴隨著人們道德感與集體歸屬感的逐步滿足，個體的判斷力漸次讓渡，群體的智商也因之退化，甚至連基本的共情能力也會退化。前者表現爲愚蠢，後者則可能呈現出反人性、反文明的傾向。**有降服，無加服。** 輕於禮爲降，重於禮爲加。◎志慧按：周代喪服，根據與死者親疏關係，分别有斬衰、齊衰、大功、小功、緦麻五等，所謂「降服」、「加服」即此。**從禮而静，是昭吾子也。」**

【彙校】

〔一〕《韓詩外傳》卷一同，明道本「祀者」互乙，《考正》斷其非，是。

〔二〕洵，《孔子家語·曲禮子夏問》作「揮」。

〔三〕搯，明道本作「掐」，《發正》、《補正》據《說文》有「搯」無「掐」，謂當依公序本，《集解》亦據以訂正，《斠證》則認爲二字形近易誤而義皆可通，「不敢必其一，存疑可也。」爲「按，古代版刻從舀從臽之字常相混，其實二者無別。」。

仲尼聞之曰：「女知莫如婦，男知莫如夫〔一〕。言處女之知不如婦，童男之知不如丈夫〔二〕。**公父氏之婦知也夫！**公父，季氏之別也。知也夫者，凡婦人之情，愛其子，欲令妻妾思慕而已，今敬姜乃反割抑，欲以明德，此丈夫之知，故曰「知也夫」。○《補音》：仲尼褒公父文伯母曰「女知莫如婦，男知莫如夫」，其意以爲女與童皆未成人之時，其智莫如成婦與爲丈夫之後耳。末乃嘆而結之曰：「公父氏之婦知矣夫。」此是嘆美之辭，則「夫」字當爲「扶」，韋公乃解云此丈夫之智，疑非本旨。○《訂字》：夫，嘆美之辭。○《正義》：此是歎美之辭，則「夫」字當爲扶，韋氏乃解云「此丈夫之智」，疑非本旨。○秦鼎：猶言其智猶丈夫也。○《補正》：「夫」字宜讀如「扶」，爲語助辭，注訓丈夫，非。◎志慧按：細繹文脈，「知也夫」一語蓋從述聞之成語「女知莫如婦，男知莫如夫」而來，則「知也夫」之「夫」當與「莫如夫」之「夫」照應，准此，則韋注正不可謂誤，《考正》云：「韋解頗新異，詳譯傳文，卻非乖舛，古人學必有師承，若讀作『扶』，殊少意味。」其說有理。秦鼎在渡邊操、岡島順之後，其說多從前二者出，本條所以不從《刪補》、《訂字》而從韋注，蓋有由也。**欲明其子之令德也**〔三〕。

【彙校】

〔一〕二「如」字，正統本同，明道本俱作「若」，《考正》據韋注謂當作「若」，是。下句正文「知也夫」之「知」，正統本同，明道本作「智」。

〔二〕丈夫，明道本作「夫」，疑脱。

〔三〕明道本、正統本無「也」字，疑脱。

17 孔子謂公父文伯之母知禮〔一〕

公父文伯之母朝哭穆伯，而莫哭文伯〔二〕。服〔三〕，謂既練之後，哀至之哭也。此夫子之喪，哭不相及〔四〕，終言之耳。《禮》：「寡婦不夜哭。」遠情欲也。◎志慧按：韋昭謂此在既練之後，疑本於《儀禮・喪服傳》：「既虞，朝一哭、夕一哭而已。既練，哭無時。」然不敢必韋注爲是，《儀禮・士喪禮》「卒哭」鄭注：「卒哭，三虞之後祭名。始朝夕之間，哀至則哭，至此祭止也，朝夕哭而已。」《左傳・僖公三十三年》「卒哭而祔」《正義》亦云：「自初死至於卒哭，晝夜哭，無時。謂之卒哭者，卒此無時之哭。自此以後，唯朝夕哭耳。」則是哭穆伯當在卒哭以後，哭文伯在卒哭以前。據「夫(父)子之喪，哭不相及」一語，知韋昭認定穆伯與文伯父子喪期有相交集者，未見其所據。《禮記・檀弓下》

載：「穆伯之喪，敬姜晝哭。文伯之喪，晝夜哭。」與此「莫哭文伯」不同，是傳聞有異，還是《魯語》基於文句對仗所作的修改，俱不可知。仲尼聞之曰：「季氏之婦可謂知禮矣。愛而無私，上下有章。」上下有章，夫朝、子莫也[五]。○《略説》：言愛其子而哭其夫，無私情也。鄭玄注《檀弓》云：「喪夫不夜哭，嫌私情勝也。」

【彙校】

〔一〕上海師大本題作「孔丘謂公父文伯之母知禮」，以「孔丘」易「孔子」，係特殊年代的餘緒，茲從俗回改，下文「孔子論大骨」、「孔子論楛矢」、「孔子不對田賦之訪」同。

〔二〕莫，明道本、正統本作「暮」，「莫」、「暮」古今字。

〔三〕服，明道本、遞修本、正統本、靜嘉堂本、南監本、弘治本、葉邦榮本、秦鼎本皆作「哭」，《刪補》：「服，當作『哭』。」《訂字》云：「本文無『服』字，『哭』字之誤。」皆是也。

〔四〕此，各本唯金李本作「比」，疑爲刻工之誤，茲徑改。夫子，明道本作「父子」，依禮當從。「及」下，明道本有「練」字，李慈銘斷其衍，是。

〔五〕莫，明道本、正統本作「暮」。

18 孔子論大骨

吴伐越，墮會稽〔一〕，會稽，山名。墮，壞也。吴王夫差敗越於夫椒，越王句踐棲於會稽，吴圍而壞之，在魯哀元年。○王肅：墮，毁也（《史記·孔子世家》集解引，黄奭輯）。○《舊音》：墮，休規反。○《補音》：會，古外反。夫差，夫音扶。差，初佳反。◎志慧按：夫椒，《左傳·哀公元年》杜注：「太湖中山也。」《越語下》謂「戰於五湖」，可互證，譚其驤《中國歷史地圖集》將之標在今太湖西山島，太湖西山島今有夫椒山路，無錫方志與口傳則謂在今無錫馬山。**獲骨焉，節專車**〔二〕。骨一節，其長專車。專，擅也。○賈逵：專，滿也（《文選》郭景純《江賦》李善注引，汪、蔣輯）。○秦鼎：《史記》載吴事于定公五年。余有丁曰：「此時吴未墮會稽。」○《補正》：專車，爲滿一車也。**吴子使來好聘，**吴子，夫差也。好聘，脩舊好也。○《標注》：好是好會之「好」，何曾帶舊意？**且問之仲尼，曰：「無以吾命。」**○《略説》：是使以其私問。**賓發幣於大夫，及仲尼，仲尼爵之。**發所齎幣於魯大夫，次及仲尼也〔三〕。爵之，飲之酒也。**既**〔四〕**，徹俎而宴，**獻酢禮畢，徹俎而宴飲也。○《正義》：《儀禮·公食大夫禮》「雍人以俎入，陳於鼎南」，又云「有司卷三牲之俎，歸於賓館」，又云「上大夫八豆、八簋、六鉶、九俎，魚、腊皆二俎」，其「大夫相食，（唯）親戒速」以下諸禮節，其牲器則皆準《公食大夫禮》，故得有俎。《王制》「周人修而兼用之」，皇侃云：

「先行饗，次燕，次食。」一日中行兼三事，是食與宴一日得兼行，故仲尼之禮吴使亦先行食禮，食禮畢則徹俎而行宴禮也。**客執骨而問，**因折俎之骨，執以問之〔五〕。**曰：「敢問骨何爲大〔六〕？」**凡骨何者爲大？**仲尼曰：「丘聞之：昔禹致羣神於會稽之山〔七〕，**羣神，謂主山川之君，爲羣神之主，故謂之神。○《補韋》：舜巡四岳，望秩於山川，蓋禹致群神而秩祀于會稽也，韋昭以文連『防風氏後至』，遂謂群神爲主山川之君也，誤矣。○《補正》：會稽山即塗山，因禹於此會計理國之道，故得名。此壽春之會稽，非山陰之會稽也。**防風氏後至〔八〕，禹殺而戮之〔九〕，**防風，汪芒氏之君名也〔一〇〕。違命後至，故禹殺之。陳尸爲戮。◎志慧按：此戮與前文釋爲殺戮之諸「戮」字均異，析言之也，《周禮·秋官·掌戮》：「凡殺人者，踣諸市，肆之三日。」《禮記·檀弓下》：「肆諸市朝而妻妾執」鄭注：「肆，陳尸也。大夫以上於朝，士以下於市。」蓋陳諸市朝，令千人萬衆絡繹審醜，係對作惡者莫大的羞辱。**其骨節專車。此爲大矣。」客曰：「敢問誰守爲神〔一一〕？」**○户埼允明：言誰所守而謂之爲神。○秦鼎：守，猶主也，主山川者謂之群神。◎志慧按：《説文·言部》：「誰，何也。」下文客又曰「防風氏何守也」正與此相應。**仲尼曰：「山川之靈〔一二〕，足以紀綱天下者，其守爲神；**山川之守主，爲山川設者也。足以紀綱天下，謂名山大川能興雲致雨，以利天下也。○王肅：守山川之祀者爲神，謂諸侯也（《史記·孔子世家》集解引，黄奭輯）。○《補韋》：補正：「言名山大川爲一方之鎮，其靈氣足以紀綱天下而爲神者，多即其守土之君也，蓋上世守土者有明德，或神明之胄即爲神以主其山川，如《春秋》所稱臺駘爲汾神之類。」**社稷之守爲公侯**〔一三〕：封國，立社稷而令守之，是謂公侯也。　○王肅：但守社稷，無山川之祀者，直爲公侯而已（《史記・孔子世家》集解引，黄奭輯）。　○《正義》：伯、子、男亦爲社稷之守，獨言公侯，舉尊以包卑也〔一四〕。◎志慧按：《説苑・辨物》：「孔子曰：『山川之靈，足以紀綱天下者，其守爲神，社稷爲公侯，山川之祀爲諸侯，皆屬於王者。』」文可互參，或者後者正祖述於《國語》。**皆屬於王者。」**　◎志慧按：此「皆」字，並承上文山川之靈與社稷之守，所見今人標點本「爲公侯」下施句號，誤；同理，「屬」當釋作「繫屬」「連屬」，而不宜釋作「歸屬」「附屬」「統屬」，《禮記・曲禮下》：「天子祭天地，祭四方，祭山川，祭五祀，歲遍。」義可與此相參。《孔子家語・辨物》釋作「神與公侯之屬也」，不密。**客曰：「防風氏何守也**〔一五〕**？」仲尼曰：「汪芒氏之君也**〔一六〕，汪芒，長翟之國名。　○《札記》：《説文》：「在夏爲防風氏，在殷爲汪茫氏。」《説苑》：「在虞夏爲防風氏，在商爲汪茫氏。」**守封、隅之山者也**〔一七〕，封，封山。隅，隅山。在今吴郡永安縣。　○賈逵：山在吴越之間也（《原本玉篇殘卷・山部》引）。　○洪興祖《楚辭補注・天問》：今湖州武康縣東有防風山，山東二百步有禹山，防風廟在封、禺二山之間。　◎志慧按：《史記・孔子世家》集解：「晉太康元年改永安爲武康縣，今屬吴興郡。」目前學界一般認爲其地在今浙江德清一帶，附近出土有屬於良渚文化時期的遺物。**爲漆姓**〔一八〕。　漆姓，汪芒氏之姓也〔一九〕。　**在虞、夏、商爲汪芒氏**〔二〇〕，**於周爲長翟**〔二一〕，周世其〔二二〕國北遷，爲長翟也。　○王肅：周之初，及當孔子之時，其名異也（《史記・孔子世家》集解引，黄奭輯）。今爲大人。」今，孔子時。　○《校證》：爲，謂也。《左傳疏》引作「今曰大人」，《説苑》作「今謂之大人」，可證。　客曰：「人長之極幾何？」仲尼曰：「僬僥氏長三尺〔二三〕，短之至也。　僬僥，西南蠻之别名〔二四〕。　○《舊音》：僬僥，上音樵，下音堯。　○《補音》：僬，諸字書並音樵，未知孰是。　○《史記・孔子世家》集解：《括地志》：「僬僥，在大秦國北也。」　◎志慧按：《山海經・大荒南經》：「有小人，名曰焦僥之國，幾姓，嘉穀是食。」又見於同書《海外南經》。二〇〇四年十月二十八日，《自然》雜誌 *Archaeology and age of a new hominin from Flores in eastern Indonesia*（Vol431，P1087—1091）一文公佈了在印尼佛洛勒斯島的考古發掘成果，發現史前時期該小島上曾經存在過這樣一種人類，成年男子的平均身高只有一米，《國語》及《山海經》所述僬僥氏之活動方位與身高與此考古發現十分接近，是巧合，是古來口傳，或者後人見古人骸骨附會，待考。　長者不過十之〔二五〕，數之極也。」十之〔二六〕，三丈，則防風氏也。　○王肅：十之，謂三丈也，數極於此也（《史記・孔子世家》集解引，黄奭輯）。　○《正義》：《穀梁》及《書傳》未可深信，客問人長之極幾何，泛問人長，非問防風氏也。天地之大何所不有，容有長於防風者，然以理斷之，亦不過三丈而止，故曰其長不過十之，數之極也。　◎志慧按：結合上文「此爲大矣」，則韋注亦未可輕議。　哀公元年，當前四九四年，是年前後孔子周游列國，並不在魯，故其事當爲後世杜撰，即上文季桓子穿井獲羊、下文肅慎氏之矢等越出常規的傳聞皆不宜視爲實然，又如本則載孔子謂防風氏骨節專車，其實傳説中的防風氏時代是否有車亦是一大問題。原其杜撰之由，蓋其時孔子形象已被拔高，遂呈現出此類無所不知的博物君子形象。至於拔高的時間，在七十二子時代，雖有子貢「仲尼之墻數仞」、「仲尼如日月」、「夫子之不可及猶天之不可階而升」等誇飾之語，但畢竟曾經親炙於孔子，細節處不至於太離譜，故頗疑此類傳聞出自七十二弟子之後，無怪乎柳宗元以《論語》中「不語怪力亂神」的孔子否定《魯語》中的孔子敘事。復次，《穀梁傳·文公十一年》：「《傳》曰：長狄也，弟兄三人，佚宕中國，瓦石不能害。叔孫得臣，最善射者也，射其目，身橫九畝；斷其首而載之，眉見於軾。」據此，不僅虞、夏等傳説時代有巨人，即前七世紀末仍有巨人在山東半島活動，但從考古界得到的信息恰好相反：承考古學家朱巖石先生告知，他的經驗中古人的骨架極少有超過一八〇公分的。准此，是否可以得出以下結論：極少數基因突變的個人與家族確實比常人更高大，也更有力量，但如「骨節專車」、「身橫九畝」之類的描述只能視爲傳説，斷非歷史上所實有，或者古人見類人猿的遺骨而生想像之辭乎？

【彙校】

〔一〕墮，《史記·孔子世家》同，《説苑·辨物》作「隳」。

〔二〕「節」前，《御覽》人事部十六有「一」字。

〔三〕次，弘治本作「以」，許宗魯本承弘治本，用《説文》小篆，作「㠯」，疑因南監本脱爛而臆補。

〔四〕《補正》、上海師大本、《集解》、董立章《國語譯注辨析》皆未於此斷句，當從韋注斷。

〔五〕明道本、正統本無「之」字。

〔六〕何，《孔子家語・辨物》作「何如」。

〔七〕神，《水經注・淮水》同，《孔子家語・辨物》、《左傳・文公十一年》正義等引作「臣」，下文先言「山川之靈，其守爲神」，然後纔及於屬於王者的社稷之守公侯，在此，禹以一個王者的身份主祭，所以這首先是一個祭祀事件，而非政治事件，蓋祭山嶽之神也，《補正》非也，今人有視此爲最早的審計，則近乎畫鬼。

〔八〕《札記》謂韋解防風是汪芒氏君之名，「氏」字衍，《史記》亦衍，《集解》徑删，秦鼎云：「防風氏，『氏』字或有或無，有者國名，無者人名，今以爲人名，故無者爲是。」《校證》：「古本自有『氏』字，韋解無『氏』字，蓋省略耳。」《説苑・辨物》、《楚辭章句・天問》引亦有之，鄭説有據，《斠證》亦持此説，可從。

〔九〕「殺」前，《文選》張平子《思玄賦》李善注引有「乃」字。

〔一〇〕之君，正統本同，明道本作「君之」，《考正》以李善引韋注合於明道本，故據以訂正，是。

〔一一〕守爲神，《孔子家語・辨物》同，《史記・孔子世家》、《説苑・辨物》無「守」字，《校證》據以爲

「守」字涉下文而衍。但「誰守爲神」、「其守爲神」句式整齊，似不便多疑。

〔一二〕靈，《孔子世家》作「神」，《史記・封禪書》索隱作「守」，似各有當。

〔一三〕明道本、正統本「守」下有「者」字，《考正》據《史記》、《家語》以爲不必增，有據，唯與上句「紀綱天下者」並列，則有「者」字亦不爲誤。《説苑・辨物》引本句作「社稷爲公侯，山川之祀爲諸侯」。

〔一四〕本條上海圖書館藏稿本《國語正義》有删除標記，但刊本仍録，可釋《國語》未盡之義，故録於此。

〔一五〕明道本、《諸子瓊林》前集卷十七外修門無此「氏」字，正統本有之，《札記》云：「有者衍也，惟此（明道本）不誤。」據上述秦鼎、鄭良樹等意見，明道本脱，疑正統本據公序本補。

〔一六〕芒，《史記・孔子世家》作「罔」，二字古同屬明母陽部，可通。

〔一七〕隅，明道本、正統本作「嵎」，《史記》作「禺」，《説文・山部》「嵎」引作「嵎」，疑「隅」、「嵎」皆「禺」之形符加旁字也。

〔一八〕漆，各本同，《史記・孔子世家》作「釐」，索隱云：「釐，音僖，《家語》云姓漆，蓋誤，《世本》無漆姓。」《述聞》：「漆當爲『來』字，古字『來』與『釐』通。『來』與『桼』字形相似，因誤爲『桼』，後人又加水旁耳。」《札記》：「漆當爲『淶』之譌，隸體絶類，其相亂者。淶、釐聲相近，於古爲同字也。」《札記》未説明「洓」字從水之由，似王説更長。

〔一九〕明道本、正統本本條韋注作：「漆，汪芒之氏姓也。」《札記》謂當從公序本，檢《諸子瓊林》作「漆，汪芒氏之姓也」，則似目前所見明道本「之氏」二字互乙，公序本贅前一「姓」字。

〔二〇〕《説苑·辨物》云：「在虞、夏爲防風氏，商爲汪芒氏。」《説文·邑部》「鄋」下云：「在夏爲防風氏，在殷爲汪芒氏。」段注：「《國語》本作『在虞、夏爲防風氏，在商爲汪芒氏』，爲《説苑》、《説文》、《家語》所本，今《國語》及《史記·孔子世家》皆誤奪數字耳。」其説有理，鄭知同《國語箋》同其説。

〔二一〕《説苑·辨物》、《左傳·文公十一年》正義引句下尚有「氏」字，《校證》以爲與上句句法一律，當據補，可從。

〔二二〕其，弘治本作「封」，與各本異，未見所據。

〔二三〕僬，《史記·孔子世家》、《左傳·文公十一年》正義、《白氏六帖事類集》卷七引同，《孔子家語·辨物》引作「焦」，《考異》謂當作「焦」，似不可必，疑「僬」爲「焦」之形符加旁字，或即爲「僥」字之類化。

〔二四〕明道本、正統本無「名」字，《山海經·海外南經》郭注、《史記·孔子世家》集解引有之，無者疑脱。

〔二五〕十之，《孔子世家》、《左傳·文公十一年》正義引同，明道本、《諸子瓊林》無「之」字，《考正》、《考異》、《校證》疑其脱，是。

〔二六〕十，《史記·孔子世家》集解引王肅語、《元龜》卷七九七引同，明道本作「計」，誤。

19 孔子論楛矢

仲尼在陳，有隼集于陳侯之庭而死，楛矢貫之，石砮，其長尺有咫〔一〕。隼，鷙鳥，今之鶚也〔二〕。楛，木名。砮，鏃也，以石爲之。八寸曰咫。楛矢貫之，墜而死也。○應劭：楛，木名。砮，鏃也（《漢書·五行志》顔注引）。○賈逵：砮，矢鏃之石也（《尚書·禹貢》正義引，並引《魯語》，汪、蔣輯）。八寸曰咫（《左傳·僖公九年》正義等引，並引《國語》，汪、蔣輯）。○《補音》：楛，侯古反。**陳惠公使人以隼如仲尼之館問之**〔三〕。惠公，陳哀公之孫、悼太子之子吴也。館，仲尼所舍。○《正義》：《漢書·五行志》引《史記》「魯哀公時，隼集陳庭而死，陳閔公使使問仲尼」。顔注：「閔公名周，懷公之子。」《史記·孔子世家》索隱、《家語》、《國語》皆作陳惠公，非也。惠公於魯昭元年立，定四年卒。又《系家》「湣公六年，孔子適陳。十三年，亦在陳」。則此湣公爲是。案：《史記·陳杞世家》「懷公卒於吴，陳乃立懷公之子越，是爲湣公。湣公六年，孔子適陳。」又閔公名周，《左傳》、《孟子》並同，故顏監遵之，特與《史記》異耳。　◎志慧按：楛矢石砮，文獻及相關傳注並無明確解釋，韋所注「木名」，亦復不知究屬何木，近見張秀仁《「楛矢石砮」新解》云：「楛矢石砮，即古代黑龍江流域肅慎族及其後裔在漫長的原始社會時期所使用的以樺木爲桿、以石爲鏃的箭。」可參。**仲尼曰：「隼之來也遠矣！此肅慎氏之矢也。**肅慎，北夷之國〔四〕，故隼來遠矣。《傳》曰：「肅慎、燕、亳，吾北土也。」　○《正義》：其地即今寧古塔，謂東者是也。予留京師久，遇有從寧古塔來者，詢其風土，云東去一千里曰混同江，江邊有榆樹、松樹，枝既枯，墮入江，爲波浪所激盪，不知幾何年，化爲石，可取以爲箭鏃。榆化爲上，松次之。西南去六百里，曰長白山，山巔之陰〔五〕及黑松林偏生楛木，可取以爲矢，質堅而直，不爲燥溼所移。又有鳥曰海東青，即隼也。予固請，得一石砮以歸。　○《補正》：肅慎，後音轉爲女真，在今寧古塔。　◎志慧按：針對從西伯利亞南飛的候鳥，目前在中國東北由北往南有如下保護區：黑龍江扎龍、内蒙古圖牧吉、科爾拜沁、吉林莫莫格、向海、遼寧臥龍湖、獾子洞，則於此隼之飛行線路及楛矢之所自來或可參考。該地域秋冬吹北風，春夏吹西南風，隼從肅慎上空到今河南周口淮陽一帶，春夏季節作逆風飛行，路線大致吻合。以目前所見體型最大的隼而論，體長也不足兩尺，受箭傷以後，能夠拖著長一尺餘的箭作如此長途的飛行，堪稱奇事。或者傳播者想用這一類小概率事件證實孔子的博雅。**昔武王克商，通道于九夷、百蠻**〔六〕，九夷，東夷九國。百蠻，蠻有百邑也。　○韋注佚文：通道，譯使懷柔之。（《尚書·旅獒篇》正義引）　○王肅：九夷，東方夷有九種也。百蠻，夷狄之百種（《史記・孔子世家》集解引，黄奭輯）。○《標注》：曰「九」曰「百」，皆語多數也，不當細討之。○《集解》：蠻類不一，故言百耳。亦有作「八蠻」者，皆非實指其數。使各以其方賄來貢，方賄，各以所居之方所出貨賄爲貢也。○王肅：各以其方面所有之財賄而來貢（《史記・孔子世家》集解引）。使無忘職業。於是肅慎氏貢楛矢、石砮，○賈逵：砮，矢鏃之石也（《尚書・禹貢》正義引《國語》及賈注）。其長尺有咫。先王欲昭其令德之致遠也，以示後人，使永監焉，監，視也。○《標注》：監，「鑑」之本字，注「視」未能當焉。◎志慧按：《標注》説有後出轉精之功，《校補》亦持此義。故銘其楛曰『肅慎氏之貢矢』〔七〕，刻曰銘。栝，箭羽之閒也。○《釋名・釋兵》：（矢）末曰栝，栝，會也，與弦會也。◎志慧按：栝，箭末扣弦處也。上海師大校點本《國語》與王樹民、沈長雲點校《國語集解》於韋注「箭」和「羽」之間施頓號，上海中華書局一九三七年版《國語精華》與傅庚生《國語選》則無之，此「箭」係「羽」的限定詞而不與「羽」並列，故當從無。以分大姬，配虞胡公而封諸陳。分，予也。大姬，武王元女。胡公，舜後，虞遏父之子胡滿也〔八〕。諸，之也。古者，分同姓以珍玉，展親也〔九〕；展，重也。玉，謂若夏后氏之璜。○賈逵：珍，寶也（《文選》盧子諒《贈劉琨一首並書》李善注引，王、汪、黄輯）。○《正義》：書傳以寶玉分同姓之國，是用誠信其親親之道。○帆足萬里：展，陳示也。◎志慧按：釋展爲重，不知韋昭何所據而云然，《爾雅・釋詁》云：「展，信也。展，誠也。」《正義》即據《爾雅》爲解：帆足萬里之解亦通，如《左傳·成公十六年》「展車馬」、《襄公三十一年》「各展其物」杜注皆云：「展，陳也。」分異姓以遠方之職貢，使無忘服也，故分陳以肅慎氏之貢。陳，嬀姓也。○王肅：使無忘服從於王也（《史記·孔子世家》集解引，黄奭輯）。○《補韋》：補正：「服，事也。《周書·畢命》『纘乃舊服』。」○《正義》：書傳謂遠夷之貢，以分賜異姓諸侯，使無廢其職。君若使有司求諸故府，其可得也。」故府，舊府也。使求，得之金櫝，如之〔一〇〕。櫝，櫃也〔一一〕。金，以金帶其外也。如之，如孔子之言也。○《漢書·五行志》顔注：得昔所分之矢於府藏中。

【彙校】

〔一〕砮，《藝文類聚》卷六〇、《御覽》羽族部十三引作「砮」，形符更旁字也。其長尺有咫，《說苑·辨物》作「矢長尺而咫」，作「而」者於句法不通。《考正》據《漢書·五行志》謂「其」字似衍，不可必。

〔二〕今之鶚，《史記·孔子世家》集解引同，明道本無此三字，疑脱。

〔三〕惠公，《國語》各本同，《孔子家語·辨物》亦同，陳惠公卒於魯定公四年（前五〇六年），與孔子抵達陳國時間不相值。《考正》、《考異》據《史記·陳杞世家》認爲當作「湣公」，據時間上論則是，但類似記載並非史實，故不必詳考其實。疑太史公視其爲史實，再據相關時序將《國語》中的惠公改易作「滑公」。

〔四〕北夷之國，《左傳・昭公九年》正義引韋注「東北夷之國，去扶餘千里」，《備考》、《考正》、《考異》皆斷今本脱，可據補。

〔五〕陰，刊本作「險」。

〔六〕《考正》：「《尚書・旅獒》正義引韋注有此七字：通道，譯使，懷柔之，衆本皆脱，今亟增入。」可備考。百蠻，《史記・孔子世家》、《説苑・辨物》、《孔子家語・辨物》同，孔氏詩禮堂本、《御覽》居處部二十三、兵部八十引作「八蠻」，據韋注，後者必誤，《考異》謂後者係承《僞古文尚書・旅獒》之文而誤，則不可必。

〔七〕栝，明道本同，正統本、《御覽》羽族部十三、《玉海》兵制引作「括」，《尚書・旅獒》正義引作「桰」，義並同。

〔八〕胡滿，《御覽》學部六引同，明道本、正統本作「胡公滿」，秦鼎從明道本，「公」字疑爲尊稱。

〔九〕「展親」前，《説苑・辨物》有「所以」二字。

〔一〇〕如之，《御覽》兵部八十作「如言」。

〔一一〕櫝，明道本、正統本作「匵」，「櫝」爲「匵」之形符加旁字。

20 閔馬父論恭〔一〕

齊閭丘來盟，閭丘，齊大夫閭丘明也。初，齊悼公在魯，取季康子之妹，及即位而逆之，季魴侯通焉。女言其情，不敢予也。齊侯怒，伐魯，魯與齊平，齊使閭丘明來盟公〔二〕。在魯哀八年也。**子服景伯戒宰人曰：「陷而入於恭。」**景伯，魯大夫，子服惠伯之孫、昭伯之子子服何也。宰人，吏人也〔三〕。陷，猶失過也〔四〕。如有失過，寧近於恭也。○穆文熙：景伯言陷而入於恭，猶言不得已，寧失之恭，勿失之驕也（《國語評苑》）。○《增注》：下文曰「陷而後恭」，然則景伯之意謂不有失過，則不敢用恭遜；有所失過，而後入於恭遜。◎志慧按：宰人職司有二，《左傳·哀公三年》：「命宰人出禮書，以待命。」是爲司禮相禮之官，《晉語九》「及臣之長也，端委韠帶，以隨宰人」即此；《韓非子·内儲説下·六微》「昭僖侯之時，宰人上食而羹中有生肝焉」，是爲宫中掌管膳食之官。後者亦叫宰夫，如《左傳·宣公二年》「宰夫胹熊蹯不熟，殺之」即是。此宰人當屬前一種，韋注釋爲吏人失之太泛。子服景伯其人又見于《論語》、《左傳》，與子貢多有過從。復次，閔馬父笑景伯驕滿，則是景伯此言甚爲不當，而非韋昭與穆文熙之解，蓋在景伯，恭只是因爲有錯在先，故而不得已而爲之的權宜之計，《增注》之解是也。**閔馬父笑，景伯問之，**馬父，魯大夫也。**對曰：「笑吾子之大滿也**〔五〕。

滿，驕滿也。○《補正》：大，與「忕」通，又作「汰」。昔正考父校商之名《頌》十二篇於周大師，以《那》爲首，正考父，宋大夫，孔子之先也。名頌，頌之美者也。大師，樂官之長，掌教詩、樂。《毛詩敘》曰〔六〕：「微子至于戴公，其閒禮樂廢壞，有正考父者，得《商頌》十二篇於周之大師，以《那》爲首。」鄭司農云：「自考父至孔子，又亡其七篇，故餘五耳。」○《補音》：那，乃河反。◎志慧按：《史記·宋微子世家》：「其大夫正考父美之，故追道契、湯、高宗，殷所以興，作《商頌》。」司馬貞所見《毛詩·商頌序》謂「正考父於周之太師得《商頌》十二篇，以《那》爲首」，其索隱謂《商頌》非考父追作。當以《國語》作「校」爲穩。其輯之亂輯，成也。凡作篇章，義既成〔七〕，撮其大要，以爲亂辭〔八〕。詩者，歌也，所以節舞者也〔九〕，如今三節舞矣。曲終乃更變章亂節，故謂之亂也。◎志慧按：《尚書·益稷》「簫韶九成」鄭注：「樂備作，謂之成，成猶終也。每曲一終必變，更奏。」《楚辭·離騷》「亂曰」王逸注云：「亂，理也。所以發理詞指，總撮其要也。」准此，則「其輯之亂」即商之名《頌》十二篇的卒章。今存《商頌》唯五篇。曰：『自古在昔，先民有作。温恭朝夕，執事有恪。』恪，敬也。先王稱之曰自古，古曰在昔，昔曰先民。所作〔一〇〕，言先聖人行此恭敬之道久矣，不敢言創之於己，乃云受之於先古也。先聖王之傳恭，猶不敢專，稱曰『自古』，古曰『在昔』，昔曰『先民』。此其不敢專也。今吾子之戒吏人曰『陷而入於恭』，其滿之甚也。驕爲滿，恭爲謙〔一一〕。周恭王能庇昭穆之闕而爲『恭』，庇，覆也。恭王，周昭王之孫、穆王之子也。昭王南征而不反〔一二〕，穆王欲肆其心，皆有闕失。言恭王能庇覆之〔一三〕，故爲「恭」也。　○皆川淇園：庇、庀同，治之使具也。　○《平議》：庇，當讀爲裨，比聲，與卑聲相近，《詩·皇矣篇》「克順克比」，《禮記·樂記篇》引作「克順克俾」，《節南山篇》「天子是毗」，《荀子·宥坐篇》引作「天子是庳」，竝其證也。《晉語》「子若能以忠信贊君而裨諸侯之闕」，注曰：「裨，補也。」此云能庇昭穆之闕，庇與「裨」字異而義同。韋以本字讀之，而訓爲覆，於義轉迂矣。　◎志慧按：皆川氏之解於文義順，於字形亦有據，《魯語上》「内朝，子將庀季氏之政焉」韋注：「庀，治也。」正可移釋於此。庀、庇文獻中或通作，《周禮·地官·遂師》「庀其委積」，釋文：「庀，又作『庇』。」是其證。**楚恭王能知其過而爲『恭』。**　恭王，楚莊王之子也。知其過者，有疾，召大夫曰：「不穀不德，覆亡楚國之師〔一四〕。若没〔一五〕，請爲「靈」若「厲」。」子囊曰：「君實恭，可不謂『恭』乎〔一六〕？」大夫從之。**今吾子之教官寮**〔一七〕唐云：「同官曰寮。」昭謂：此景伯之屬，下寮耳，非同官之寮也。同官，謂位同者也。《詩》云：「我雖異事，及爾同寮。」　○《標注》：寮如後世之曹，同曹之人亦有位同者，亦有位高下者，不可泥一偏，《左傳》「同官曰寮」元非精語，此注更混官位作説，大謬。**曰『陷而後恭〔一八〕』，道將何爲？」**失道尚爲恭，如其得道，將何爲乎〔一九〕？　○《增注》：恭遜，即君子之道也。今曰「陷而後恭」，則君子之道將何爲之事？　○秦鼎：將何爲，猶言將爲何等德也。

【彙校】

〔一〕穆文熙《鈔評》題作「閔馬父論恭」，葉明元《抄評》題作「閔馬父笑景伯言恭」，上海師大本題作「閔馬父笑子服景伯」，今從穆氏，既是緊扣文意，亦與上二篇標題相諧。

〔二〕明道本、正統本無「公」字，《考正》、秦鼎從無，是。

〔三〕吏，弘治本作「史」，字殘。

〔四〕失過，明道本、正統本作「過失」，次同。古代「失過」、「過失」兩作，而以「過失」爲多見。

〔五〕大滿，正統本同，明道本無「滿」字，並韋注之首「滿」字亦作「謂」，《通鑒外紀》卷九引亦無「滿」字，顧廣圻影鈔明道本題跋云：「注『謂驕滿也』，蓋『大』即驕泰字爾，今本於正文加『滿』字，遂改注『謂』爲『滿』以就之。」《札記》、秦鼎、《集解》從明道本，《正義》引徐養原語云：「下文言其滿之甚也，故韋即以滿釋大，此以後注前也。」並謂「哀十三年《穀梁傳》曰『大矣哉，夫差未能言冠而欲冠也』，與此傳『大』字同訓」，皆是也。

〔六〕明道本、正統本「敘」作「序」，「曰」作「云」。

〔七〕義既成，明道本、正統本作「篇義既成」，秦鼎謂公序本脱，從補。

〔八〕明道本無「以」字。

〔九〕舞，明道本作「儛」，古同，次同。

〔一〇〕所，張一鯤本同，《删補》謂當作「有」，明道本、正統本、李克家本作「有」，依正文當作「有」，疑李克家本據改。

〔一一〕謙，明道本、《正義》同，《舊音》、正統本作「嗛」，古從言之字亦或從口。

〔一二〕不，静嘉堂本、南監本漫漶不清，弘治本、許宗魯本作「弗」，疑弘治本因底本漫漶，又未據他本核對，徑據義補，許宗魯本承之。

〔一三〕《舊音》摘「能覆」二字，《考正》：「疑有誤，或古本無『庇』字，存考。」

〔一四〕明道本、正統本無「亡」字，秦鼎云：「據《楚語》，則無者爲是。」可從。

〔一五〕没，明道本、正統本作「殁」，古通。

〔一六〕乎，静嘉堂本、南監本漫漶不可識，弘治本作「于」，後者形訛。

〔一七〕寮，明道本、正統本作「僚」，古通，依注所引《詩》之文，則當作「寮」，注同。

〔一八〕後，孔氏詩禮堂本作「能」，秦鼎云：「依解，『後恭』之『恭』當作『爲』字之誤。」皆不可必。

〔一九〕何爲，明道本作「何爲事」，疑衍「事」字。

21 孔子不對田賦之訪〔一〕

季康子欲以田賦，田賦，以田出賦也。賈侍中云：「田，一井也。周制：十六井賦戎馬一匹、牛二頭〔二〕。一井之田，而欲出十六井之賦也。」昭謂：此數甚多，似非也。下雖云「收田一井」，凡數從夫、井起，故云井耳。○《司馬法》曰：「六尺爲步，步百爲畝，畝百爲夫，夫三爲屋，屋三爲井，四井爲邑，四邑爲丘。丘有戎馬一匹，牛三頭，是曰匹馬丘牛。四丘爲甸，甸六十四井，出長轂一乘，馬四匹，牛十二頭，甲士三人，步卒七十二人，戈楯具，謂之乘馬。」（《左傳·成公元年》正義引）○《左傳·哀十一年傳》杜注：丘賦之法，因其田財，通出馬一匹，牛三頭，今欲別其田及家財，各爲一賦，故言田賦。○《增注》：方里爲井，十六井爲丘。《家語》作「季康子欲以一井田出法賦焉」，然則雖數多也，當如賈說，事在哀十一年。○《標注》：田賦是廢井田什一而如貢法，隨田立税，因以厚斂也，田租兵賦皆在焉，但多少之法則無傳，注皆妄作。○《補正》：賈注不可從，韋駁之極是。考舊制，田之所收及家内資財共爲一賦，今又別賦其田，故曰田賦。**使冉有訪諸仲尼。**冉有，孔子弟子冉求也，爲季氏宰。康子欲加賦，使訪之也。**仲尼不對，**以其非制也。**私於冉有曰：「求，來！汝不聞乎**〔三〕**？先王制土，藉田以力**〔四〕**，而砥其遠邇；**制土，制其肥磽以爲差也。藉田，謂稅也。以力，謂三十者受田百畝，二十者受五十畝〔五〕，六十還田也。砥，平也，平遠近，遠近有差也〔六〕。

《周禮》：近郊十一，遠郊二十而三，甸、稍、縣〔七〕、都皆無過十二也〔八〕。○《略説》：恐非謂稅矣。○《補韋》：補正：「謂籍民之力以田也。砥其遠邇，謂近地多力役，則薄其租稅，遠則每加。遠邇有差，乃得其平，即《周官》載師之法也。」○皆川淇園：言遠者少役，近者多役，故藉近者少，遠者多也。**賦里以入，而量其有無；**里，廛也〔九〕，謂商賈所居之區域也。以入，計其利入多少，而量其財業有無，以爲差也。《周禮》：國宅無征，園廛二十而一，漆林二十而五〔一〇〕。○賈逵：量，分齊也（釋慧琳《華嚴經音義》上引，汪遠孫輯）。○《刪補》：園廛，《孟子》所謂五畝之宅是也。○《輯存》：齊，讀爲「劑」。**任力以夫，而議其老幼。**力，謂徭役〔一一〕。以夫，以夫家爲數也〔一二〕。議其老幼，老幼則有復除也〔一三〕。○《標注》：夫，謂農之當家人也。**於是乎有鰥、寡、孤、疾，**又議其鰥、寡、孤、疾而不役也。疾，廢疾也。○賈逵：嫁娶不時曰鰥（釋慧琳《一切經音義》卷八十二引）。○《存校》：此下疑有脱文，先王之制，即有軍旅之出，未必徵及於鰥、寡、孤、疾也。**有軍旅之出則徵之，無則已。**徵，徵鰥、寡、孤、疾之賦也〔一四〕。已，止也。無軍旅之出，則止不賦。**其歲，收田一井，出稯禾、秉芻、缶米，不是過也。**其歲，有軍旅之歲也。缶，庾也。《聘禮》曰：十六斗曰庾，十庾曰秉。秉，一百六十斗也〔一五〕。四秉曰筥，十筥曰稯。稯，六百四十斛也。○《舊音》：稯，音宗。○《補音》：稯，子紅反。據韻宗在冬部，則當爲作冬反；稯在東部，則當子紅反，疑《舊音》誤。○《存校》：禾、芻非可以量言之，未詳。○孔廣森《禮學卮言》：《聘禮記》：「十六斗曰籔，十籔曰秉，二百四十斗。四秉曰筥，十筥曰稯，十稯曰秅，四百秉爲一秅。」案：《説文解字》引此經云：「二百四十斤爲秉，四秉曰筥。」以下文同，則許叔重所讀《儀禮》斗字爲「斤」，《五經異義·周禮説》：「有軍旅之歲，一井九夫百畝之賦，出禾二百四十斛，芻秉二百四十斤，釜米十六斗。」其説本於《國語》「田一井出稯禾、秉芻、缶米」，彼以缶米爲十六斗，則缶即此之「籔」也。以秉芻爲二百四十斤，合於《説文》，以稯禾爲二百四十斛，是秉乃六斛矣。本注云：「今文『籔』爲『逾』，似今文不但『逾』、『籔』字異，且唯作六斗曰逾，而無『十』字，『逾』即『庾』也。」《考工記》曰「庾實二觳」，鄭司農注：「觳受三斗。」梓人「一獻而三酬，則一豆矣」。後鄭讀「豆」爲「斗」，蓋《旊人》「豆實三而成觳」，先鄭亦讀豆爲「斗」，故云「觳受三斗」，古升斗之字或作「㪷」，因變爲「豆」，非四升之豆也。觳亦非十斗之斛，同音而所容實異。三斗爲觳，六斗爲庾，十庾爲秉，秉六斛二百四十斤也。四十秉爲稯，稯二百四十斛九千六百斤也。諸家説斗、斛、斤稱皆不同，《漢書》以十兩爲升，六斤四兩爲斗，説《左氏》者以十斗爲石，一石百二十斤，則一斗十二斤，此許叔重以二百四十斤之秉爲六斛，則又每斛四十斤矣。据《小爾雅》石四謂之鼓，鼓四百八十斤也。而《禮記隱義》云：「東海樂浪人呼容十二斛者爲鼓。」是古有以四十斤爲斛之證。○《發正》：孔氏説極精確，韋注蓋引今文，後人依今本《儀禮》改之，「六斗曰庾」上衍「十」字，二百四十斤，斤譌「斗」，二百四十斛，二譌六，遂不可復通矣。◎志慧按：《集解》依《發正》徑改原文。樊善標《韋昭〈國語解〉用禮書研究》指出：「鄭玄認爲《聘禮》的三個『秉』字有兩個不同的意義，『十籔曰秉』是米的單位，『四秉曰筥……四百秉爲一秅』是禾的單位，斗、斛、籔、秉用來計算容量，秉、筥、稯、秅則用來計算束數，但韋解說『稯，六百四十斛也』以稯爲容量單位，則顯然不認爲《聘禮記》的『秉』字前後異義。」可正韋氏之誤。「禾、芻非可以量言之」，然前賢多混一，且於「二百四十斗」一句之解莫衷一是，姑且存疑；誤豆爲斗，亦啟後人疑竇。今僅據有共識之材料推算：步百爲畝，一井九○○畝。秉，字作右手持禾狀，《詩·小雅·大田》「彼有遺秉」毛傳：「秉，把也。」《正義》：「秉，刈禾之把也。」《儀禮·聘禮》鄭注：「禾之秉，手把耳。」據上引「四秉曰筥，十筥曰稯」，一井出稯禾，則一井出四○秉禾。秉芻，即一井出一秉草料，明顯偏少；如以禾束之秉爲量名，則芻又非可以量言之，原文容有誤奪。缶米，《考工記》賈疏引《小爾雅》：「匊二升，二匊爲豆，豆四升，四豆曰區，四區曰釜。」知一釜當六斗四升，又引曰：「二釜有半謂之庾。」自注：「今文藪爲逾，逾即庾也。」知一籔當十六斗，與《儀禮·聘禮》説正合。《小爾雅》卷四「量」云：「藪二有半謂之缶。」知一缶當四○斗。但《左傳·襄公二十九年》「子皮以子展之命餼國人粟，户一鍾」杜預《集解》云：「六斛四斗曰鍾。」與釜十則鍾之成説合，上引《小爾雅》下一句爲「缶二謂之鍾」，若此，則一缶當三十二斗，故胡承珙《小爾雅義證》疑「藪二有半謂之缶」之「有半」爲衍。另有一説：《考工記·旊人》云：「豆實三而成觳。」鄭注：「豆實四升。」同篇《陶人》云：「庾實二觳。」則此一庾當二斗四升。同期《論語·雍也》載冉有爲公西赤向孔子請粟，孔子曰「與之釜」，冉有請益，孔子曰「與之庾」，苞氏謂十六斗曰庾，從六斗四升到十六斗，跳躍太大，楊伯峻《論語譯注》譯作「再給他二斗四升」，似更合理。**先王以爲足。**足，供用也。**若子季孫欲其法也，則有周公之藉矣**[一六]；藉田之法，周公所制也。○《備考》：籍，典籍也，即《孟子》「皆去其籍」之「籍」。○秦鼎：子季孫，子，嘉稱也。**若欲犯法，則苟而賦，又何訪焉？」**苟，苟且也[一七]。時康子不聽，魯哀十二年春，卒用田賦。○穆文熙：冉有爲季氏宰而問田賦，仲尼既以爲不可行，乃康子卒行之。此冉有爲季氏聚斂而仲尼鳴鼓攻之也（《鈔評》）。◎志慧按：《左傳》載其事於哀公十一年（前四八四），是年，冉有爲季氏宰，「季孫欲以田賦，使冉有訪諸仲尼。仲尼曰：『丘不識也。』三發，卒曰：『子爲國老，待子而行，若之何子之不言也？』仲尼不對，而私於冉有曰：『君子之行也，度於禮：施取其厚，事舉其中，斂從其薄。如是，則以丘亦足矣。若不度於禮，而貪冒無厭，則雖以田賦，將又不足。且子季孫若欲行而法，則周公之典在；若欲苟而行，又何訪焉？』弗聽。」可互參。

【彙校】

〔一〕穆文熙《鈔評》題作「仲尼不對田賦」，葉明元《抄評》題作「孔子不對田賦之訪」，上海師大本題作「孔丘非難季康子以田賦」，今從葉氏。

〔二〕二，明道本、正統本作「三」，依史實當作「三」。

〔三〕汝，明道本、正統本作「女」，古通。

〔四〕藉，明道本、正統本作「籍」，注同，次同。

〔五〕明道本無此「受」字。

〔六〕近，明道本作「邇」，並不重「遠近（邇）」，秦鼎謂公序本衍。正統本則先出「遠邇」，後出「遠近」，似應一律。

〔七〕懸，明道本、遞修本、正統本、静嘉堂本、南監本、弘治本作「縣」，作「懸」者誤。

〔八〕明道本無「十二」二字，語出《周禮·地官》，可據補，《補正》、《集解》、上海師大本皆從補。

〔九〕廛，明道本作「壥」，形符累增字也，次同。

〔一〇〕「漆林」下，明道本、正統本有「之征」二字，《周禮·地官·載師》原文有，可據補。

〔一一〕徭，明道本、正統本作「繇」，《說文·系部》：「繇，隨從也。」段注云：「繇之譌體作『䌛』，亦用爲傜役字，傜役者，隨從而爲之者也。」

〔一二〕明道本與《玉海》食貨引不重「以夫」二字，李慈銘斷其脱，據義是。

〔一三〕明道本在「除也」前有「□□」，於義似不必。

〔一四〕首「徵」字，明道本作「云」，李慈銘斷其誤，是。

〔一五〕一百六十斗，明道本作「二百四十斗」，盧文弨謂當依十庾爲一秉之常數作一百六十斗，可從。

〔一六〕藉，《左傳·哀公十一年》作「典」，義同。

〔一七〕明道本不重「苟」，疑脱。

魯語下卷第五